JN412960

곰믹스 라이센스 키(6개월)

IL01-94D6-B5F8-43A6

21세기 지식 정보화 시대
대한민국의 **IT 인재**로 만드는 비결!

Digital **I**nformation **A**bility **T**est

멀티미디어 제작

포토샵 CS4+곰믹스 for DIAT

발 행 일 : 2025년 11월 03일(1판 1쇄)
I S B N : 979-11-92695-72-3(13000)
정   가 : 16,000원   A type : S/W 미포함

I S B N : 979-11-92695-73-0(14000)
정   가 : 21,000원   B type : S/W 곰믹스 포함
                                              (포토샵 제외)

집   필 : KIE 기획연구실
진   행 : 김동주
본문디자인 : 앤미디어

발 행 처 : (주)아카데미소프트
발 행 인 : 유성천
주   소 : 경기도 파주시 정문로 588번길 24
홈페이지 : www.aso.co.kr

CONTENTS

PART 01

DIAT
시험 안내 및
답안 전송
프로그램 사용법

DIAT 시험 안내

- 디지털정보활용능력(DIAT) 시험 과목 및 합격 기준
- 디지털정보활용능력(DIAT) 검정 기준

1. DIAT란?

DIAT(다이어트)는 Digital Information Ability Test(디지털정보활용능력) 약자로 디지털 시대의 IT 분야 활용 능력 및 기술수준 인증을 위하여 2001년 정보통신부 정책 사업인 청소년 지원 사업으로 처음 시행되었으며, 2003년에 국가공인 취득, 2008년부터 과목 분리를 통하여 대내외적으로 신뢰성과 효율성을 인정받은 최고 권위의 IT 분야 자격입니다.

2. 도입 목적과 필요성

- 디지털 경제시대에 범용의 방송통신 관련 기능의 활용 능력을 객관적이고 종합적으로 평가하여 문제 해결 능력을 점수로 등급화하여 방송통신 실무 관리 능력 인증
- 고급 수준의 정보 활용 능력을 갖출 수 있는 교육훈련 참여 유도

3. 시험 과목

검정과목	검정내용	검정방법	문항 수	제한시간	배점
정보통신 상식	• 컴퓨터 이해 • 정보통신 이해 • 정보사회 이해	CBT (객관식, 사지선다)	40	과목당 40분	100점
워드프로세서	한글	실기 (작업형)	2		200점
스프레드시트	MS 엑셀 / 한셀		5		200점
프리젠테이션	MS 파워포인트 / 한쇼		4		200점
인터넷 정보검색	정보검색		8		100점
멀티미디어 제작	• 이미지 제작 • 디지털 영상 편집		3		200점

합격기준
- 고급 : 해당과제의 80% ~ 100% 해결능력
- 중급 : 해당과제의 60% ~ 79% 해결능력
- 초급 : 해당과제의 40% ~ 59% 해결능력

※ 검정 수수료 및 시험 일정은 www.ihd.or.kr 홈페이지 하단의 [자격안내]에서 확인할 수 있습니다.

4. DIAT 멀티미디어 제작 검정 기준

과목	대분류	중분류	문제수
이미지 제작	이미지 보정	이미지 크기 조정/이미지 자르기	3
		밝기 및 레벨 조정	
		색조 및 채도 조정	
		Tool 활용	
		파일 저장 규칙	
	이미지 편집	사진 합성/이미지 크기 조정	
		Filter 기능을 활용한 이미지 편집	
		Type Tool 기능을 활용한 텍스트 편집	
		Layer Style 조정	
		Layer Mask 기능 활용	
		Shape Tool 기능 활용	
		파일 저장 규칙	
디지털 영상 편집	이미지 영상 편집	재생 시간 지정/파일 저장 규칙	
		클립 가져오기/순서 지정하기	
		클립 길이 변경하기	
		오버레이/클립 트랜지션	
		음악 파일 삽입 및 편집하기	
		자막 넣기	
	비디오 영상 편집	재생 시간 지정/파일 저장 규칙	
		클립 가져오기/순서 지정하기	
		동영상 클립 트리밍/결합/분할하기	
		비디오 효과/비디오 전환 지정하기	
		음악 파일 삽입 및 편집하기	
		자막 넣기	
계			3

02
시험안내

DIAT 회원 가입 및 시험 접수

- 회원 가입하기
- 본인인증하기(본인 명의 휴대폰이 있는 경우, 본인 명의 휴대폰이 없는 경우)
- 로그인하고 사진 등록하기

1. 회원 가입하기

❶ 인터넷 익스플로러를 실행한 후 주소 표시줄에 'www.ihd.or.kr'를 입력하고 Enter 키를 눌러 자격 검정 사이트에 접속합니다.

❷ 회원 가입을 하기 위해 화면 오른쪽의 [회원가입]을 클릭합니다.

❸ 회원 가입에서 [14세 미만 가입]을 클릭합니다.

※ 응시자가 14세 이상일 경우에는 [14세 이상 가입]을 눌러 가입을 진행합니다.

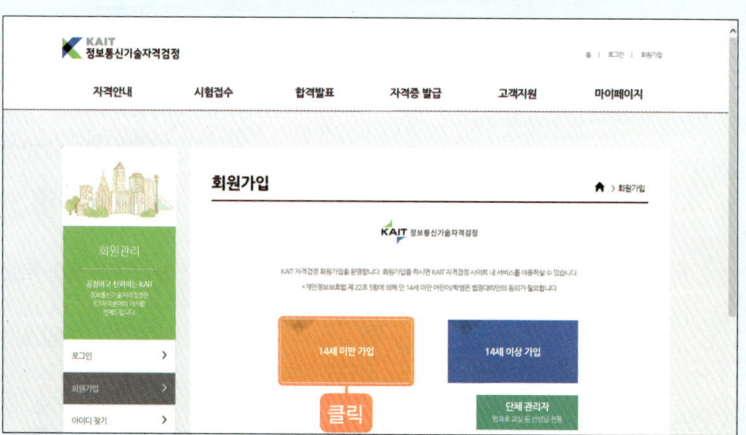

❹ [약관동의]에서 '한국정보통신진흥협회 자격검정 회원서비스 이용을 위한 필수 약관에 모두 동의합니다.' 체크 박스를 클릭합니다.

❺ [보호자(법정대리인)동의]에
서 '보호자 성명'과 '생년월일',
'e-mail'을 입력합니다. '[필수]
14세미만 자녀의 회원가입에
동의합니다.' 체크 박스를 클릭
하고 [약관동의]를 클릭합니다.

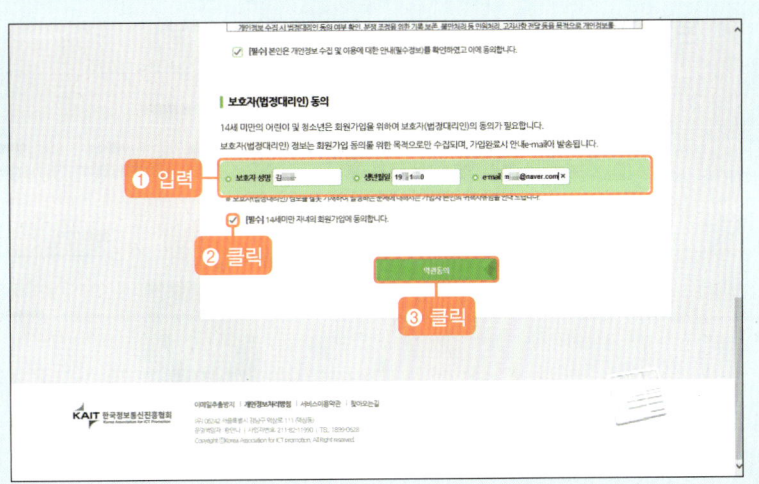

❻ [정보입력]에서 항목별로 정보를 정확하게 입력하고
[회원가입하기]를 클릭합니다.

영문, 숫자, 특수문자(⟨, ⟩, (,), #, ;, / 제외)를
각 1자 이상 포함하여 8자이상 20자 이내로 입
력합니다.

만약 본인의 휴대폰이 없는 경우에는 부모님
휴대폰 번호를 입력합니다.

학교 및 단체를 통해 접수하는 경우에 '단체접
수'를 선택하고 차례로 '지역', '학교/기관명',
'담당선생님'을 선택합니다.

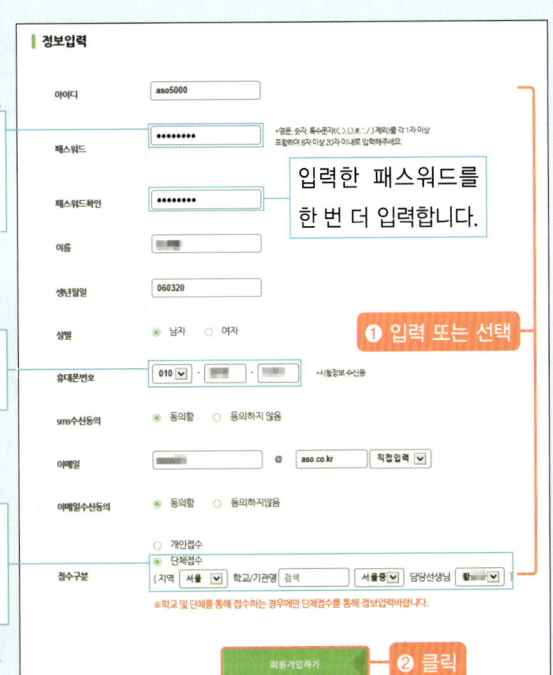

입력한 패스워드를
한 번 더 입력합니다.

❼ '저장하시겠습니까?' 메시지 창이 나타나면 ⟨확인⟩ 버튼을 클릭합니다.

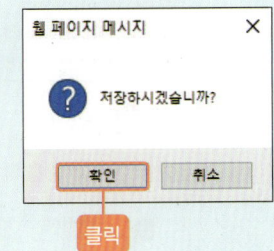

2. 본인인증하기(본인 명의 휴대폰이 있는 경우)

❶ 본인 인증하기 화면에서 [본인 인증하기]를 클릭합니다.

※ 시험 접수 및 합격정보 확인 등을 이용하기 위해서 본인 인증이 필요합니다.

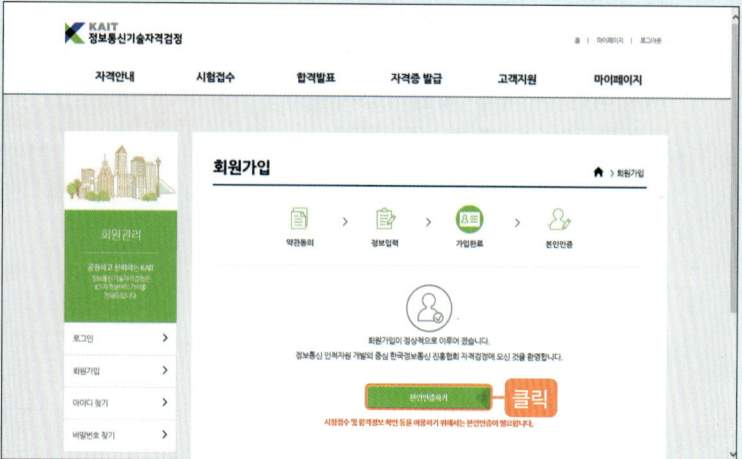

❷ 본인 인증 방법에서 [휴대폰]이 선택된 것을 확인하고 [인증하기]를 클릭합니다.

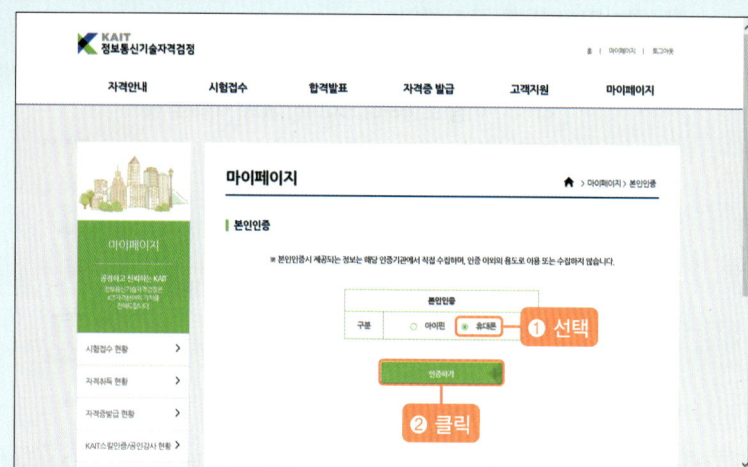

❸ '통신사 확인' 창에서 사용 중인 이동통신사를 선택합니다.

❹ '본인확인' 창에서 [휴대폰 본인 확인(문자)]를 클릭하고 개인 정보를 입력하고 〈확인〉 버튼을 클릭합니다.

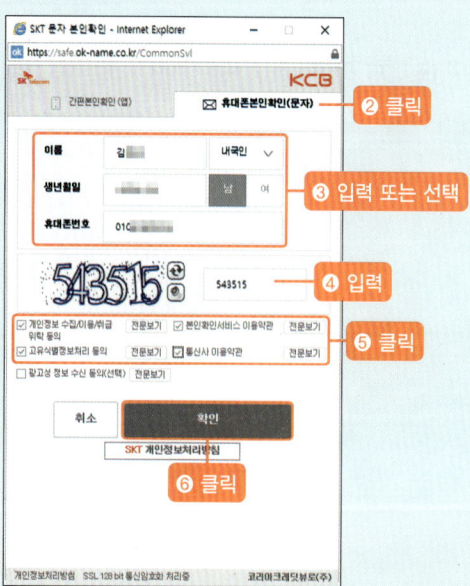

❺ 휴대폰에 수신된 본인확인인증번호를 입력하고 〈확인〉 버튼을 클릭합니다.

❻ '휴대폰본인확인완료' 메시지를 확인하고 〈완료〉 버튼을 클릭합니다.

❼ '본인인증성공' 메시지 창이 나타나면 〈확인〉 버튼을 클릭합니다.

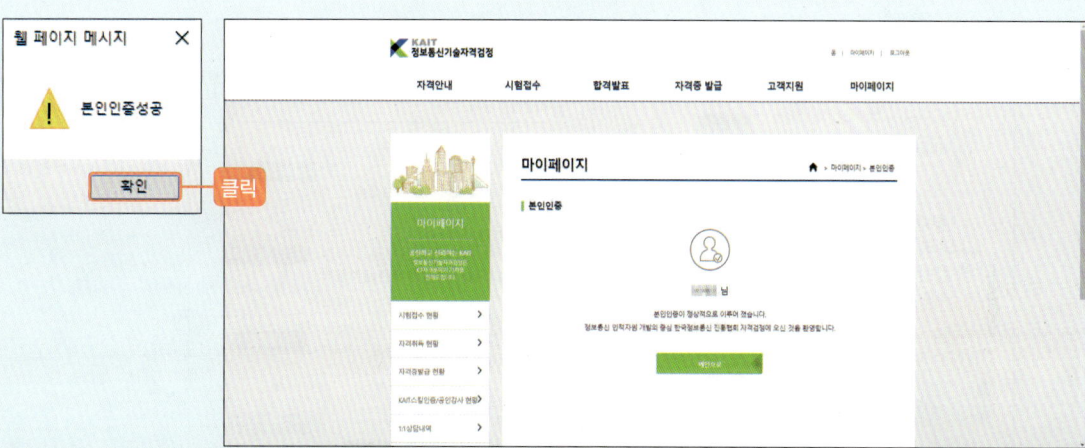

3. 본인인증하기(본인 명의 휴대폰이 없는 경우)

① 본인 인증 방법에서 [아이핀]을 선택한 후 [인증하기]를 클릭합니다.

② '메인 화면' 창이 열리면 왼쪽 하단의 [신규발급]을 클릭합니다.

※ 만약 아이핀ID와 비밀번호가 있는 경우에는 '아이핀ID, 비밀번호, 문자입력'을 한 후 〈확인〉 버튼을 클릭합니다.

③ '약관 동의' 창이 나오면 약관 동의에 체크한 후 〈확인〉 버튼을 클릭합니다.

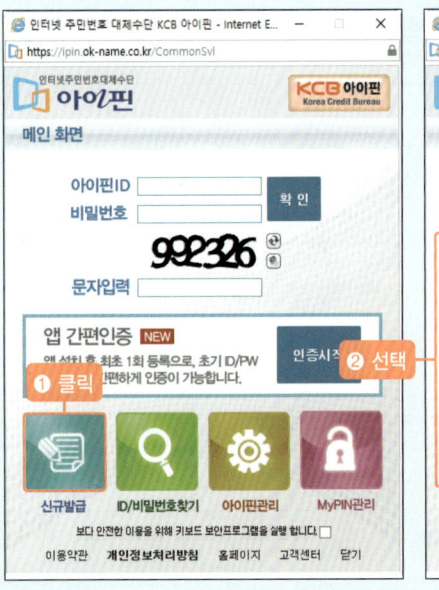 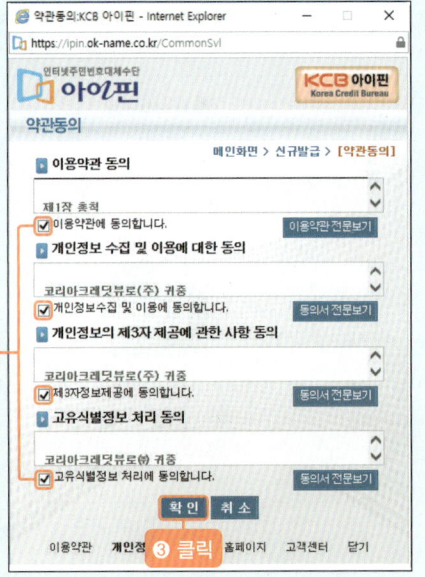

TIP

아이핀이란?

아이핀은 주민 등록 번호를 대체할 수 있는 인증방법으로 아이디와 패스워드를 이용하여 본인 확인을 하는 수단입니다. 이전에 아이핀을 가입하였다면 바로 로그인을 진행하도록 합니다.

④ '발급자 정보입력' 창에서 내용을 입력하고 아이핀 ID를 중복 확인한 후 〈발급하기〉 버튼을 클릭합니다.

⑤ '추가 인증수단 설정' 창에서 2차 비밀번호를 선택한 후 〈확인〉 버튼을 클릭합니다.

⑥ '법정대리인 동의' 창에서 법정 대리인의 정보를 입력하고, 개인정보처리 동의에 체크한 후 〈확인〉 버튼을 클릭합니다.

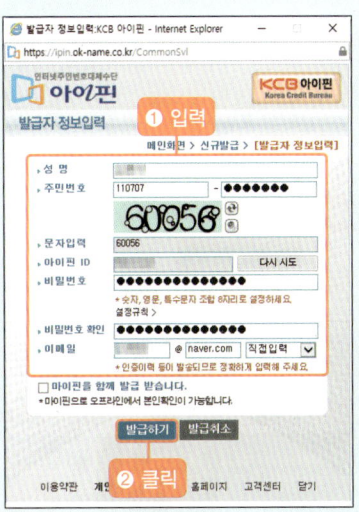 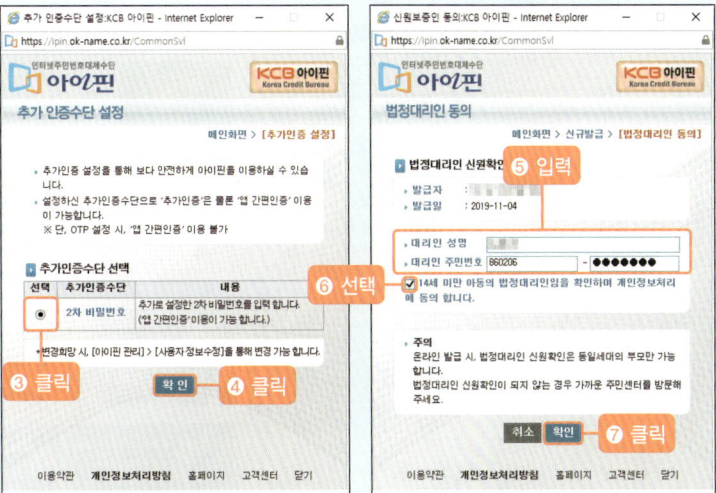

⑦ '아이핀 신원확인' 창이 나오면 법정 대리인의 휴대폰 정보를 입력한 후 〈인증번호 확인〉 버튼을 클릭합니다.

※ 범용 공인인증서를 이용하여도 신원확인이 가능합니다.

⑧ 휴대폰에 수신된 승인번호를 입력한 후 〈인증번호 확인〉 버튼을 클릭합니다.

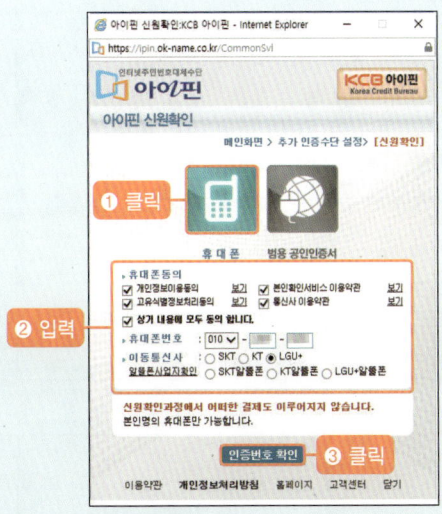 

⑨ '2차 비밀번호 설정' 창이 나오면 2차 비밀번호를 입력한 후 〈확인〉 버튼을 클릭하여 아이핀 발급을 완료합니다.

⑩ '메인 화면' 창이 나오면 '아이핀 ID', '비밀번호', '문자입력' 내용을 입력한 후 〈확인〉 버튼을 클릭합니다.

⑪ '추가인증' 창에서 2차 비밀번호를 입력한 후 〈확인〉 버튼을 클릭하여 본인 확인 절차를 완료합니다.

4. 로그인하고 사진 등록하기

❶ 우측 상단의 [로그인]을 클릭합니다. 이어서, 아이디와 비밀번호를 정확하게 입력하고 [로그인]을 클릭합니다.

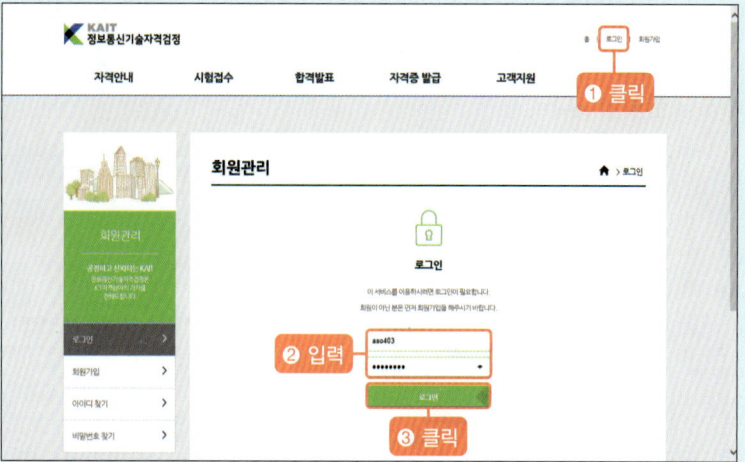

❷ [마이페이지]를 클릭합니다.

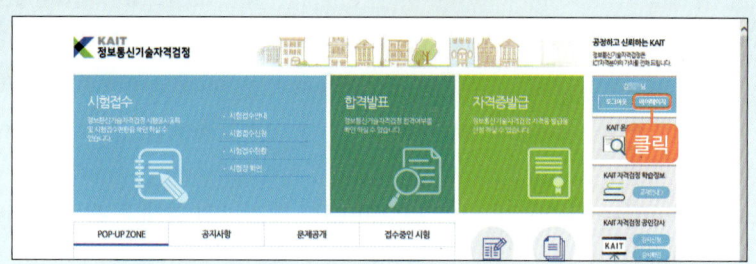

❸ 왼쪽 메뉴에서 [사진관리]를 클릭합니다.

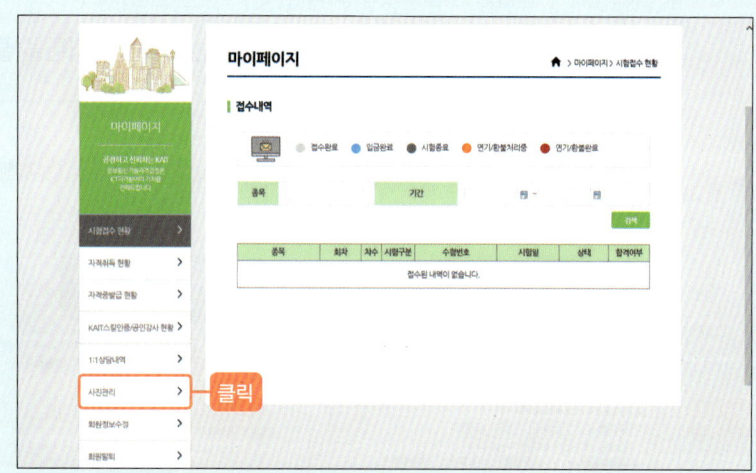

❹ [사진 선택]을 클릭합니다.

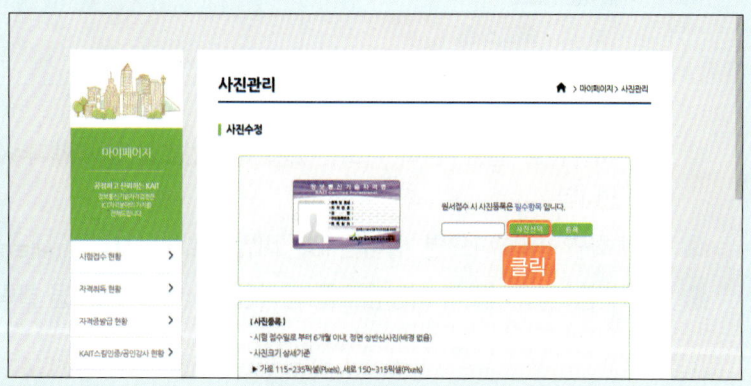

⑤ [업로드할 파일 선택] 창에서 내 사진 파일을 선택하고 〈열기〉 버튼을 클릭합니다.

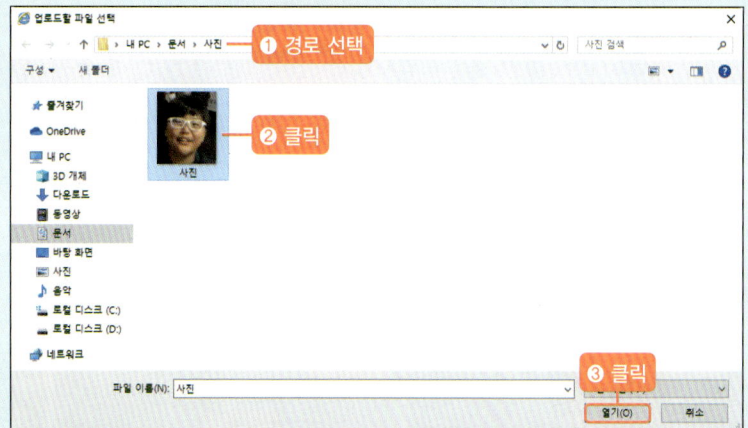

⑥ [등록]을 클릭합니다.

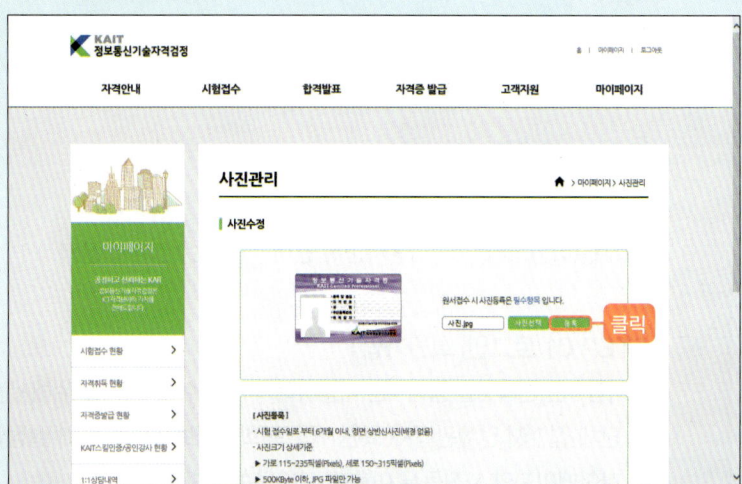

⑦ '수정 하겠습니까' 메시지 창이 나타나면 〈확인〉 버튼을 클릭합니다.

⑧ '저장 성공!!' 메시지 창이 나타나면 〈확인〉 버튼을 클릭합니다.

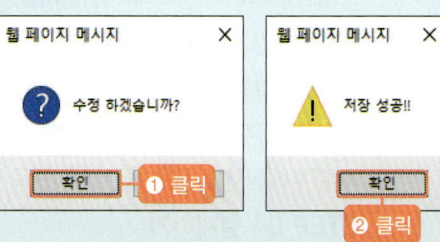

⑨ 사진이 등록된 것을 확인합니다.

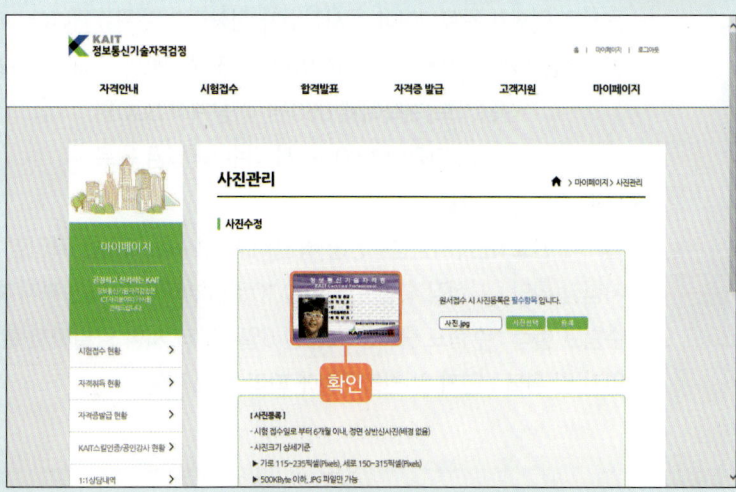

TIP

개인으로 시험 접수하는 방법 알아보기

정보통신기술자격검정(www.ihd.or.kr) 사이트에서 [시험접수]를 클릭하고 [시험접수 신청]을 클릭합니다.

시험 접수 신청 절차 알아보기

STEP 01	STEP 02	STEP 03	STEP 04	STEP 05
로그인(회원가입)	응시종목 선택	응시지역 선택	결제하기	접수완료

• STEP 01 로그인(회원가입)

응시접수는 인터넷을 통해서만 가능하며, 시험접수 및 응시를 위해서는 반드시 회원으로 가입되어야 합니다.

※ 단체 접수시 단체관리자(회원가입 및 회원정보수정을 통해 설정)를 통해 접수바랍니다.

※ 마이페이지의 사진등록 이후에 시험접수가 가능합니다.

• STEP 02 응시종목 선택

응시하고자 하는 종목과 시험일자를 확인한 후 '접수하기'를 선택합니다.

• STEP 03 응시지역 선택

– 응시하고자 하는 응시지역과 시험장을 선택합니다.

– 시험장 정원이 모두 마감된 경우에는 더 이상 해당 시험장을 선택할 수 없습니다.

※ 추후배정 시험장은 응시접수 완료 후 10일전 시험장 확인을 통해 시험장 확인 가능

• STEP 04 결제하기

– 응시료 결제가 완료되어야 응시접수가 정상적으로 완료됩니다.

– 결제수단 : 개인–신용카드, 계좌이체 입금 중 택일, 단체–가상계좌 입금만 가능, 정보이용료 별도–
신용카드/계좌이체 650원, 가상계좌 300원

※ 접수마감일 18:00까지 접수 및 입금 완료

• STEP 05 접수완료

– 결제가 완료되면 [시험접수현황 확인]에서 접수한 내역을 확인할 수 있습니다.

– 시험장 확인 : 시험장 확인은 시험일 10일전부터 시험 당일까지 확인 가능

– 수험표 출력 : 수험표 출력은 시험일 5일전부터 시험 당일까지 확인 가능

– 연기 및 환불 : 연기 및 환불규정에 따라 신청 가능

DIAT 답안 전송 프로그램

- DIAT 답안 전송 프로그램 다운로드
- DIAT 답안 전송 프로그램 사용 방법

1. DIAT 답안 전송 프로그램 다운로드

❶ 아카데미소프트 홈페이지(https://www.aso. co.kr)에 접속한 후 [컴퓨터 자격증 교재]–[DIAT 자격증]–[00 이공자 DIAT 멀티미티어 제작(포토샵CS4+곰믹스프로)]를 클릭합니다. 이어서, 화면 아래에 [커뮤니티]–[자료실]을 클릭하여 '학습 자료'를 다운로드 합니다.

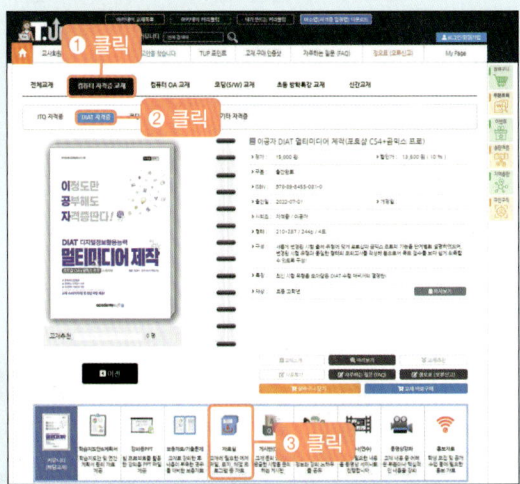

2. DIAT 답안 전송 프로그램 사용 방법

❶ 다운받은 'DIAT 답안 전송 프로그램.zip' 파일을 바탕 화면에 압축 해제한 후 [DIAT 답안 전송 프로그램] 폴더를 더블 클릭합니다. 'KAITCBT_ DEMO' 프로그램을 더블 클릭하여 실행합니다.

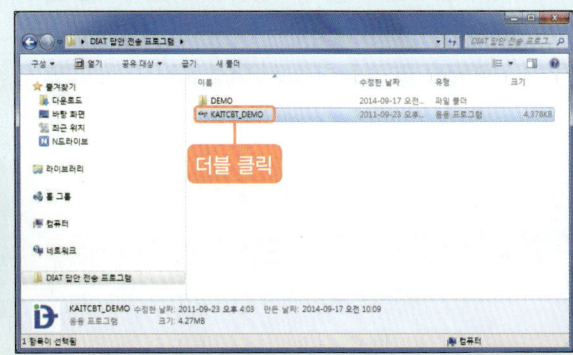

TIP

'KAITCBT_DEMO' 프로그램

'KAITCBT_DEMO' 프로그램은 KAIT에서 배포한 데모 버전의 개인 실습용 프로그램이기 때문에 서버에서 제어가 되지는 않습니다. 실제 시험 환경을 미리 확인하는 차원에서 테스트 하시기 바랍니다.

② 답안 전송 프로그램이 실행되면 '수검번호'에서 목록 단추를 클릭하여 해당 과목을 선택합니다.

③ 과목 선택이 끝나면 '수검번호' 및 '수검자명'을 입력한 후 〈확인〉 단추를 클릭합니다.

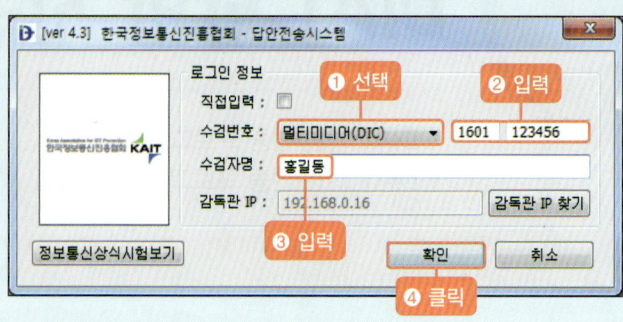

　　※ 데모용 연습 프로그램이기 때문에 '수검번호' 및 '수검자명'은 본인이 원하는 내용을 입력하세요.

④ 수검자 유의사항이 나오면 내용을 확인한 후 마스터 키 칸을 선택하고 Enter 키를 누릅니다.

⑤ 감독관이 시험을 시작하면 포토샵 프로그램을 실행한 후, [바탕 화면-KAIT-제출 파일] 폴더에 자동으로 생성된 자신의 1번 문제 답안 파일(dic_01_수검번호_이름.PSD)을 열어 답안 작성을 시작합니다.

 TIP

답안/예제 파일이 있는 경로

[바탕 화면-KAIT-제출 파일] 폴더에 답안 파일과 예제 파일이 있습니다. DIAT 멀티미디어 제작 시험에서는 자동으로 생성된 자신의 답안 파일 3개를 포함하여 모두 11개의 파일이 제공됩니다.

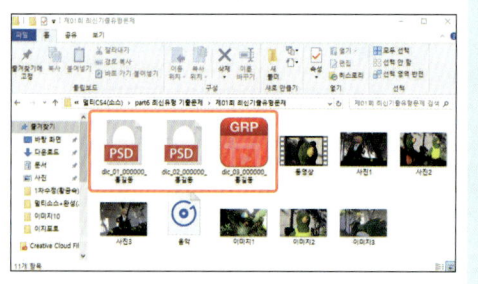

04 시험안내

시험 전 확인 할 사항

- 해상도 확인하는 방법
- 창을 불러오는 방법
- 저장 파일을 확인하는 방법

Q. 새로운 캔버스를 작성할 때 해상도를 임의로 변경했다면 작성 중에 변경할 수 있나요?

A. 네. 변경할 수 있습니다. [이미지(Image)]–[이미지 크기
(Image Size)] 메뉴를 클릭합니다. 대화상자에서 이미지
의 폭과 높이 뿐만 아니라 해상도까지 변경할 수 있습니다.

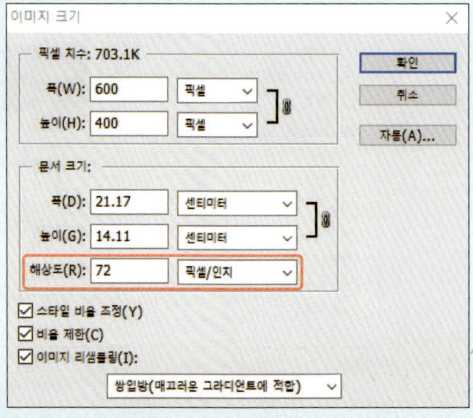

 TIP

- 문제에서 주어진 폭(W)과 높이(H)는 반드시 **픽셀 단위** 설정
- 해상도 [72 픽셀/인치] 로 설정(센티미터로 설정하면 안됨.)

Q. 포토샵을 실행했을 때 기본적인 창이 없어졌을 때는 어떻게 해야 하나요?

A. [창] 메뉴에서 필요한 창을 선택
하여 창을 보이도록 한 뒤 배치할
수 있습니다.

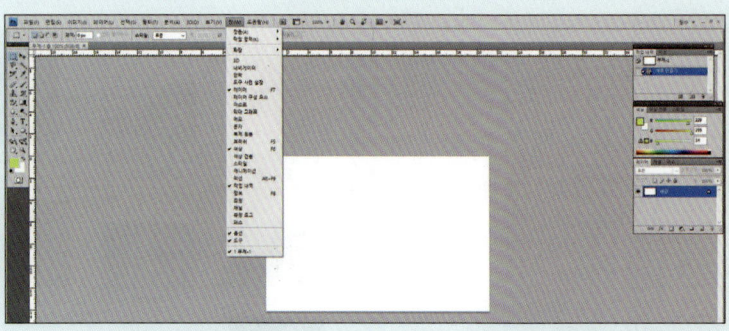

TIP

문제풀이에 필요한 기본적인 창의 종류를 살펴보고 이름을 알아두면, 작업 중 창을 닫거나 창이 없어
졌을 때 필요한 창을 열어서 사용할 수 있습니다.

Q. 완성된 포토샵(JPG, PSD) 파일은 어떻게 저장해야 하나요?

A. 시험장에서는 [바탕화면]-[KAIT]-[제출파일] 폴더에 PSD 2개 파일이 수험자의 이름으로 배부됩니다.

※ 문제에 제시된 파일명을 그대로 입력하여 JPG와 크기를 줄여 PSD 파일은 '덮어쓰기'하여 저장합니다.

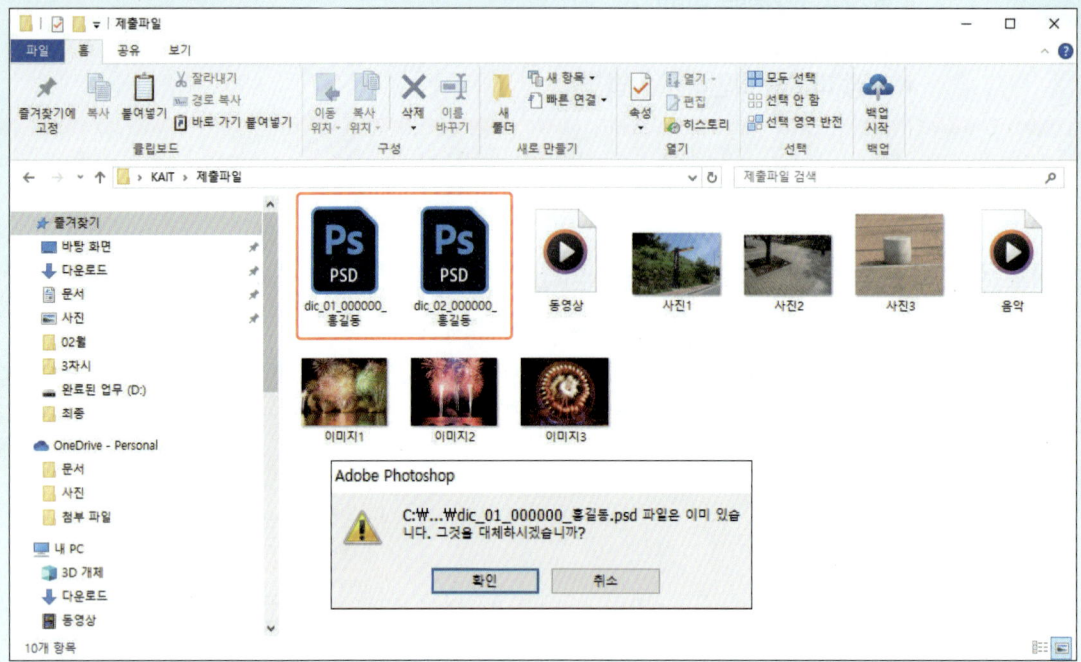

Q. 멀티미디어제작은 정답 파일이 몇 개인가요?

A. 멀티미디어제작은 포토샵 파일 [문제1]의 JPG, PSD 파일과 [문제2]의 JPG, PSD 파일 그리고 동영상 제작 폴더를 포함하여 5개의 파일 및 폴더가 [제출파일] 폴더에 존재해야 합니다.

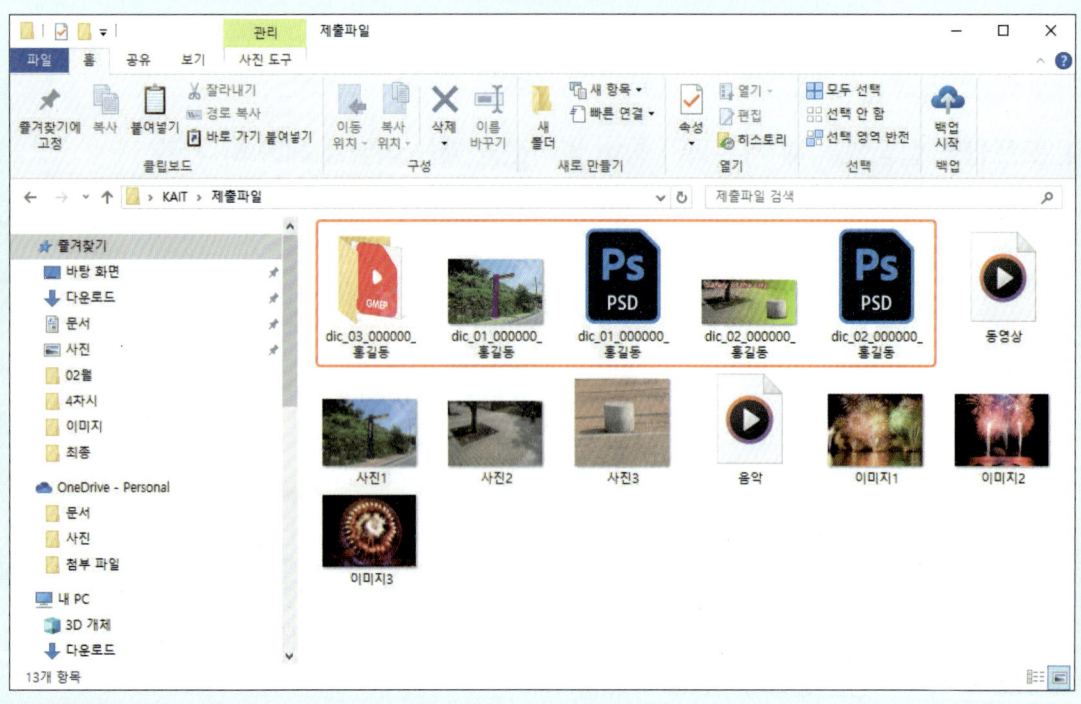

PART 02

[문제1]
PhotoShop
CS4

01
출제유형

포토샵의 기본 익히기

- ● 새로운 캔버스 열기
- ● 예제 이미지 불러와 복사하기
- ● 브러쉬로 그림 그리기
- ● 색칠하여 완성하기
- ● 저장하기

◆◆ 문제 미리 보기

＊소스 파일 : 직접 작성　＊정답 파일 : 2-1유형(완성).psd / jpg

원본파일

결과파일

▶ 다음과 같은 크기의 새로운 캔버스를 여시오.

- ● 캔버스 크기[Canvas Size] ⇒ 가로(600 픽셀[Pixels]) × 세로(400 픽셀[Pixels])

▶ '사진2-1.jpg' 이미지를 불러와 기존 캔버스에 복사한 후 결과 파일로 완성하시오.

▶ JPG 파일과 PSD 파일로 각각 저장하시오.

※ 시험에서 중요한 포인트

1. 포토샵 도구의 선택 방법과 사용 방법을 배웁니다.
2. 예제 이미지를 불러와 복사하고, 색상을 변경하여 색칠합니다.
3. PSD 파일과 JPG 파일로 저장하고, 그 차이점을 이해합니다.

유형체크 01 새로운 캔버스 열기

❶ 새로운 캔버스를 열기 위하여, [파일(File)]–[새로 만들기(New)] 메뉴를 선택합니다([Ctrl]+[N]).

❷ [새로 만들기(New)] 대화 상자에서 조건으로 제시된 폭(가로)과 높이(세로)를 입력하고 〈확인〉 단추를 클릭합니다.

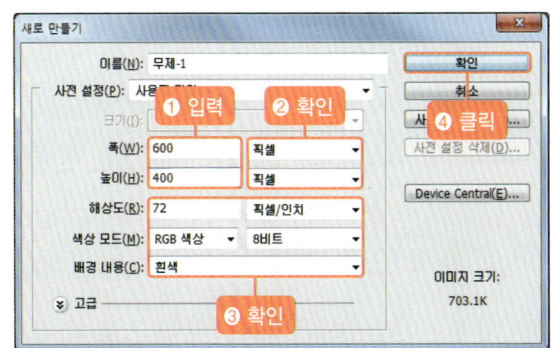

　※ 단위가 픽셀(Pixels)이 아닌 센티미터(cm) 등으로 되어 있다면 단위를 맞춰 줍니다.

❸ '무제-1'의 이름으로 새로운 캔버스가 열립니다.

TIP

나머지 설정 확인하기

[새로 만들기] 대화상자에서 폭과 높이를 지정한 후 나머지 사항은 기본값을 사용합니다.
(해상도 : 72 픽셀/인치, 색상 모드 : RGB 색상 8비트, 배경 내용 : 흰색)

유형체크 02 예제 이미지 불러와 복사하기

❶ [파일(File)]–[열기(Open)] 메뉴를 선택하여, '사진2-1.jpg' 이미지를 불러옵니다([Ctrl]+[O]).

❷ [🔍돋보기 도구(Zoom Tool)]를 클릭하고, 불러온 이미지에서 확대할 부분(🔍)을 클릭합니다.

　※ 이미지를 축소하고 싶다면 [Alt] 키를 누른 채 축소할 부분(🔍)을 클릭합니다.

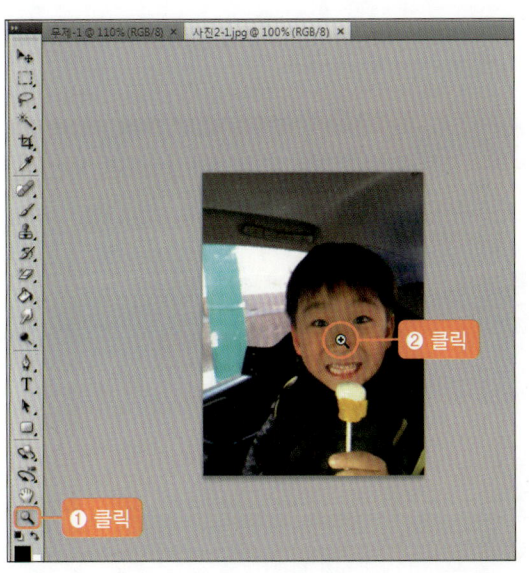 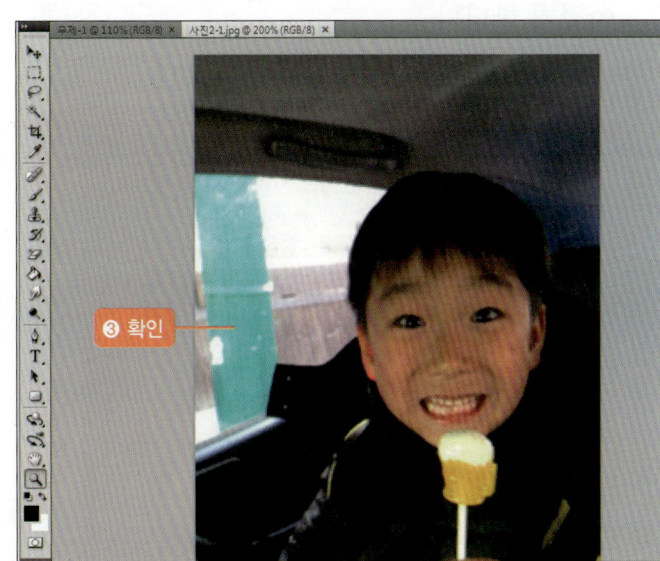

❸ [□ 사각형 선택 윤곽 도구(Rectangula Marquee Tool)]를 오른쪽 단추로 클릭한 후, [○ 원형 선택 윤곽 도구(Elliptical Marquee Tool)]를 선택합니다.

❹ 마우스 포인터가 ' + ' 모양으로 바뀌면, 얼굴 부분을 드래그하여 원형 모양으로 선택 영역을 지정합니다.

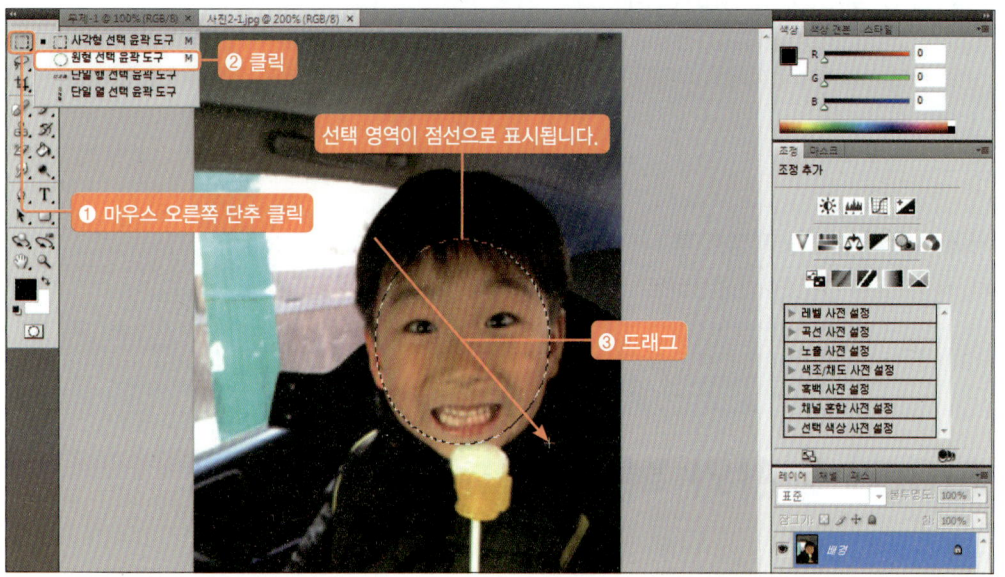

❺ 선택 영역을 복사하기 위하여, [▶ 이동 도구(Move Tool)]를 클릭한 다음 Ctrl+C 키를 눌러 선택 영역을 복사합니다. 이어서, [무제-1] 캔버스를 선택한 후 Ctrl+V 키를 눌러 선택 영역을 붙여넣기 합니다.

※ 이미지의 위치를 그림과 같이 변경합니다.

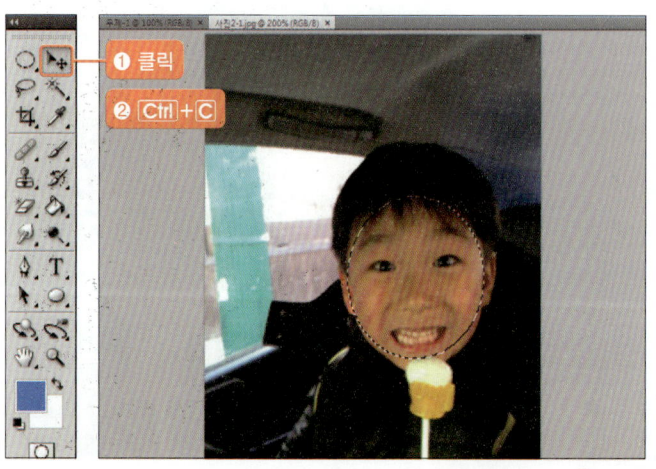

❶ 얼굴을 복사한 후 [레이어(Layer)] 팔레트에 새로운 레이어가 추가된 것을 확인할 수 있습니다.

❷ [ 새 레이어] 단추를 클릭하면 '레이어 2(Layer 2)'라는 이름의 새로운 레이어가 만들어집니다.

 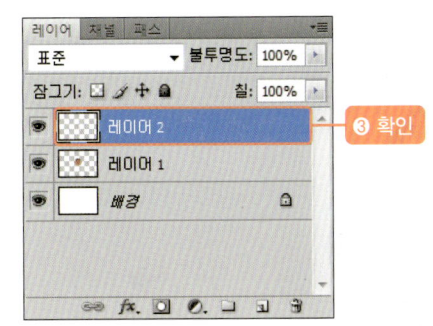

TIP

레이어에 대하여

레이어는 '층'이라는 뜻으로, 포토샵 등과 같은 그래픽 프로그램에서는 겹쳐져 있는 투명한 필름이라고 생각하면 됩니다. 각각의 레이어에 다른 그림들을 배치해 놓고 겹쳐 놓으면 한 장의 그림처럼 보이지만, 실제로는 여러 장에 나누어져 있어 원하는 레이어의 그림만 따로 편집할 수 있습니다.

❸ [✎브러쉬 도구(Brush Tool)]를 클릭한 다음, 상단에 있는 옵션 바에서 브러쉬 크기(20px), 경도(100%)를 지정합니다.

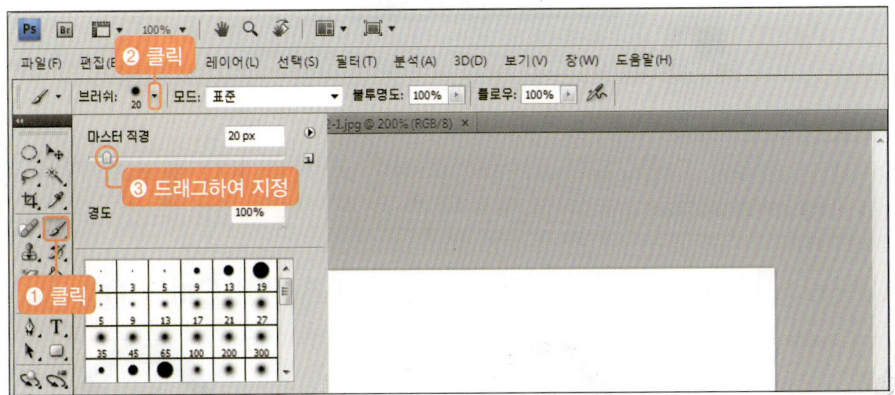

❹ 전경색이 검정으로 되어 있는지 확인하고, 캔버스의 얼굴 주위에 꽃 모양을 그립니다.

※ [편집]-[이전단계]를 클릭하거나 Alt + Ctrl + Z 키를 누르면 이전 상태로 되돌릴 수 있습니다.

유형 04 색칠하여 완성하기

① [✦자동 선택 도구(Magic Wand Tool)]를 클릭하고, 꽃 모양의 안쪽 부분을 클릭해 선택 영역으로 지정합니다.

> ※ 만약 꽃 모양의 안쪽 부분이 제대로 선택되지 않을 경우, Shift 키를 누른 채 선택되지 않은 부분을 클릭하여 선택 영역에 포함시킵니다.

② 도구 상자에서 전경색 부분을 클릭하여, [색상 피커(Color Picker)]를 표시하고 원하는 색상을 선택합니다.

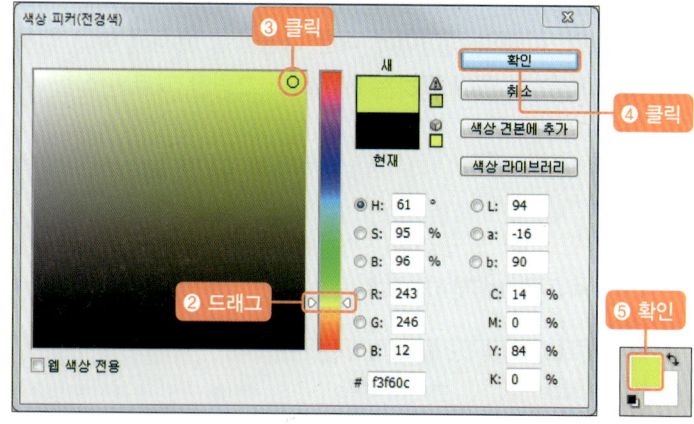

③ [✎브러쉬 도구(Brush Tool)]를 클릭한 다음 옵션 바에서 브러쉬 크기를 100 정도로 키운 다음 캔버스를 드래그해 색을 칠합니다.

④ [선택(Select)]-[선택 해제(Deselct)] 메뉴를 클릭해 선택 상태를 해제합니다(Ctrl + D).

⑤ [레이어(Layer)] 팔레트에서 [레이어 1]을 드래그하여 [레이어 2] 위쪽으로 이동시킵니다. 겹치는 순서가 변경되어 얼굴 이미지가 꽃 그림의 앞쪽으로 표시됩니다.

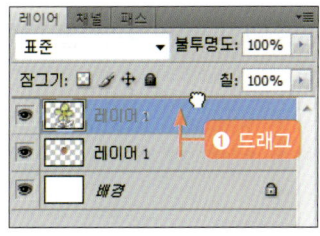 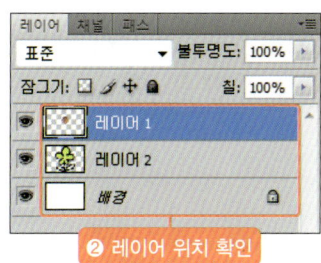 

⑥ [레이어(Layer)] 팔레트에서 [레이어 2]를 클릭해 '레이어 2' 작업 상태로 만듭니다.

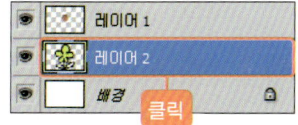

⑦ [자동 선택 도구(Magic Wand Tool)]를 클릭하고 왼쪽 나뭇잎 내부를 클릭하여 선택한 다음, 계속해서 **Shift** 키를 누른 채 오른쪽 나뭇잎 내부를 클릭하여 선택 영역을 추가합니다.

⑧ 전경색을 초록색 계열로 변경하고, [브러쉬 도구(Brush Tool)]로 색칠한 후 **Ctrl**+**D** 키를 눌러 선택 상태를 해제합니다.

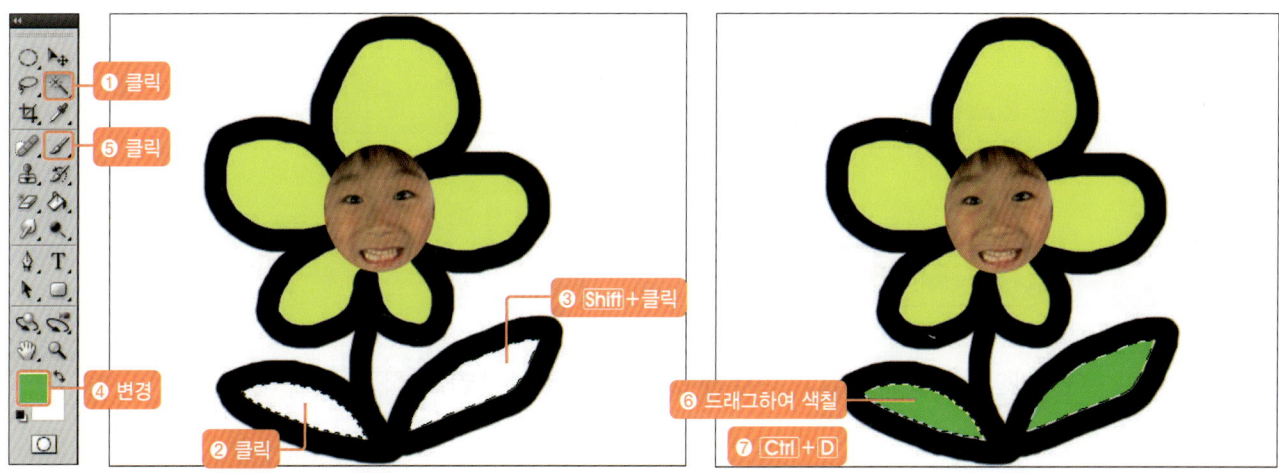

유형체크 05 저장하기

❶ [파일(File)]-[저장(Save)] 메뉴를 클릭하여, '2-1유형(내이름)'의 파일명으로 저장합니다(**Ctrl**+**S**).

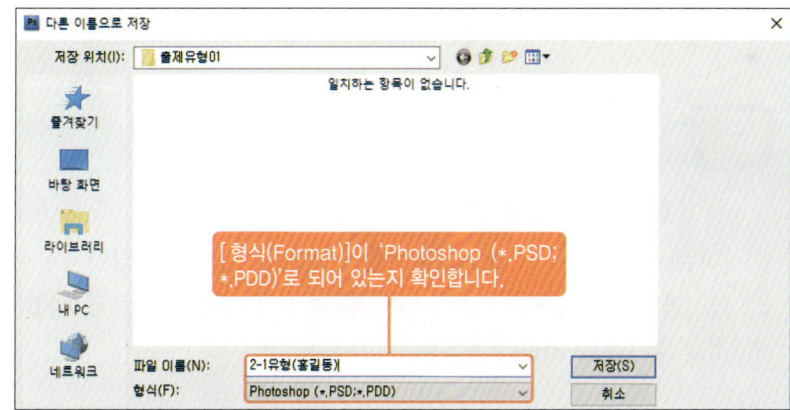

❷ JPG 파일로 저장하기 위하여, [파일(File)]-[다른 이름으로 저장(Save As)] 메뉴를 클릭합니다
(**Shift**+**Ctrl**+**S**).

❸ [형식(Format)] 목록 단추를 클릭하여 [JPEG (*.JPG;*.JPEG;*.JPE)]를 선택한 다음, 파일 이름을 '2-1유형(내이름)'으로 지정하여 저장합니다. 이때 [JPEG 옵션] 창의 [이미지 옵션(Image Option)]-[품질(Quality)]을 '10'으로 지정합니다.

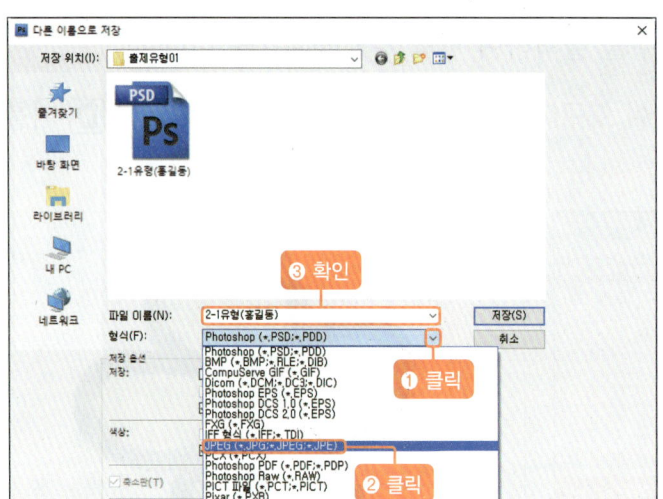
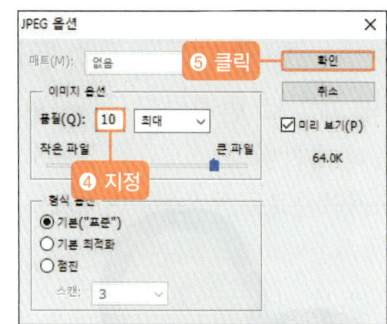

❹ 이미지가 JPG 파일로 저장됩니다(포토샵 화면에서는 아무런 변화가 없습니다).

출제 유형 완전 정복 : 포토샵의 기본 익히기

01 원본파일을 처리조건에 따라 결과파일로 완성하시오.

※ 소스 파일 : 직접 작성 ※ 정답 파일 : 2-1정복1(완성).jpg / psd

원본파일

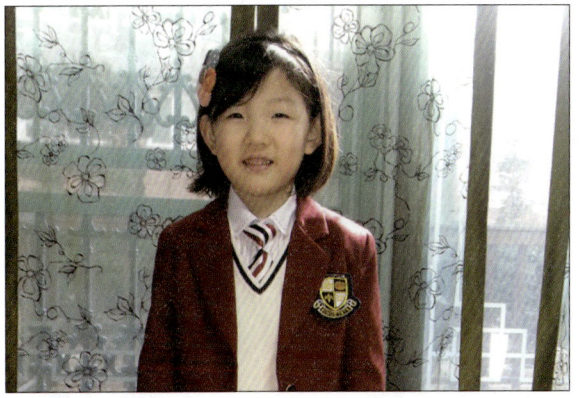

결과파일

▶ 다음과 같은 크기의 새로운 캔버스를 여시오.

  • 캔버스 크기[Canvas Size] ⇒ 가로(600 픽셀[Pixels]) × 세로(400 픽셀[Pixels])

▶ '사진2-2.jpg' 이미지를 불러와 기존 캔버스에 복사한 후 결과 파일로 완성하시오.

▶ JPG 파일과 PSD 파일로 각각 저장하시오.

02 원본파일을 처리조건에 따라 결과파일로 완성하시오.

※ 소스 파일 : 직접 작성 ※ 정답 파일 : 2-1정복2(완성).jpg / psd

원본파일

결과파일

▶ 다음과 같은 크기의 새로운 캔버스를 여시오.

  • 캔버스 크기[Canvas Size] ⇒ 가로(650 픽셀[Pixels]) × 세로(430 픽셀[Pixels])

▶ '사진2-3.jpg' 이미지를 불러와 기존 캔버스에 복사한 후 결과 파일로 완성하시오.

▶ JPG 파일과 PSD 파일로 각각 저장하시오.

02 이미지 수정하기

- 캔버스 크기 변경하기
- 예제 이미지 복사하기
- 이미지 제거하기

◆ 문제 미리보기

*소스 파일 : 2-2유형.psd　*정답 파일 : 2-2유형(완성).psd

원본파일

결과파일

①

▶ '2-2유형.psd' 파일을 불러와 다음과 같이 캔버스 크기를 변경하시오.

- 캔버스 크기[Canvas Size] ⇒ 가로(650 픽셀[Pixels]) × 세로(450 픽셀[Pixels])

▶ '사진2-4.jpg' 이미지를 불러와 기존 캔버스에 복사한 후 다음과 같이 처리하시오.

- ① ⇒ 복구 브러쉬 도구[Healing Brush Tool]를 이용하여 이미지 제거

※ 시험에서 중요한 포인트

1. 원본 PSD 파일을 불러와 캔버스 크기부터 변경하도록 연습합니다.

2. 복구 브러쉬 도구와 복제 도장 도구 중 문제에 제시된 정확한 도구를 선택하여 작업합니다.

3. 먼저 [Alt] 키로 제거(복사)할 이미지의 원본 위치를 지정해야 합니다.

유형체크 01 캔버스 크기 변경하기

❶ 포토샵 프로그램을 실행하고, '2-2유형.psd' 파일을 불러옵니다.

❷ 캔버스 크기를 변경하기 위하여, [이미지(Image)]-[캔버스 크기(Canvas Size)] 메뉴를 선택합니다. 이어서, '상대치'의 선택을 해제한 후 조건으로 제시된 '650픽셀×450픽셀' 크기를 지정합니다.

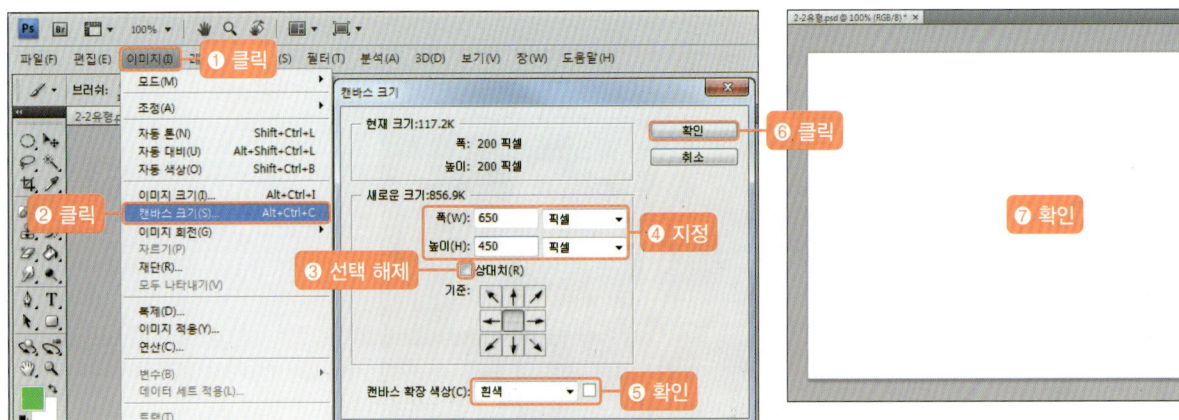

유형체크 02 예제 이미지 복사하기

❶ 조건으로 제시된 '사진2-4' 파일을 불러온 후 Ctrl + A 키를 눌러 이미지 전체를 선택합니다.

❷ Ctrl + C 키를 눌러 선택 영역을 복사합니다. 이어서, [2-2유형] 캔버스를 선택한 후 Ctrl + V 키를 눌러 선택 영역을 붙여넣기 합니다.

※ [편집(Edit)]-[복사(Copy)], [편집(Edit)]-[붙이기(Paste)] 메뉴를 이용할 수도 있습니다.

❸ 복사를 마친 후 '사진2-4.jpg' 창은 닫아도 됩니다.

유형체크 03 이미지 제거하기

① 먼저 [🔍 **돋보기 도구(Zoom Tool)**]를 이용하여 편집하려는 얼굴 부분을 클릭해 확대합니다.

② [🩹 **복구 브러쉬 도구(Healing Brush Tool)**]를 선택하고, 옵션 바에서 브러쉬 크기를 '10' 정도로 지정합니다.

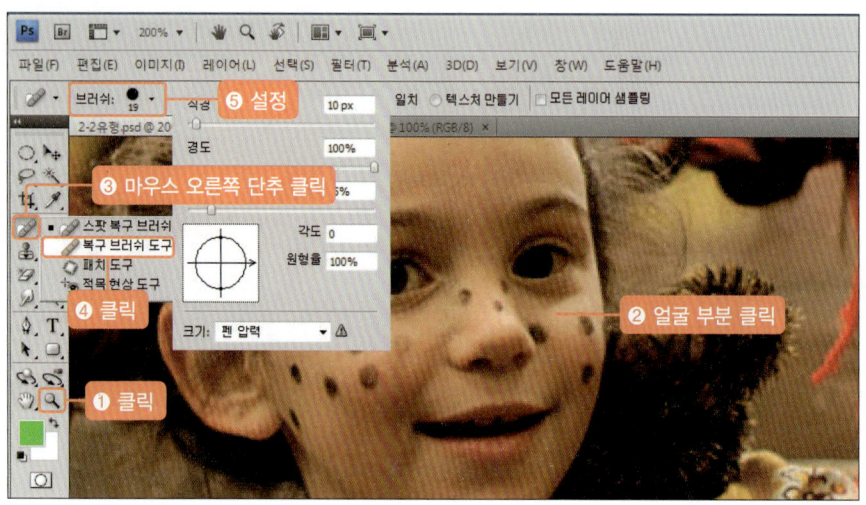

TIP

[복구 브러쉬 도구(Healing Brush Tool)]에 대하여

이미지의 특정 부분을 다른 부분의 이미지로 복구해 줍니다. 이때 기존 이미지의 질감대로 복구되므로 자연스러운 효과를 낼 수 있습니다. 이미지의 특정 부분을 지우는 용도로 많이 사용됩니다.

---

③ 가져올 부분의 이미지 위치를 지정하기 위하여, [**Alt**] 키를 누른 채 깨끗한 부분을 클릭(⊕)합니다.

④ [**Alt**] 키에서 손을 떼고 낙서가 되어 있는 부분을 클릭, 또는 드래그하여 지워 줍니다.

※ [편집]-[이전 단계]를 클릭하거나 [**Alt**]+[**Ctrl**]+[**Z**] 키를 누르면 이전 상태로 되돌릴 수 있습니다.

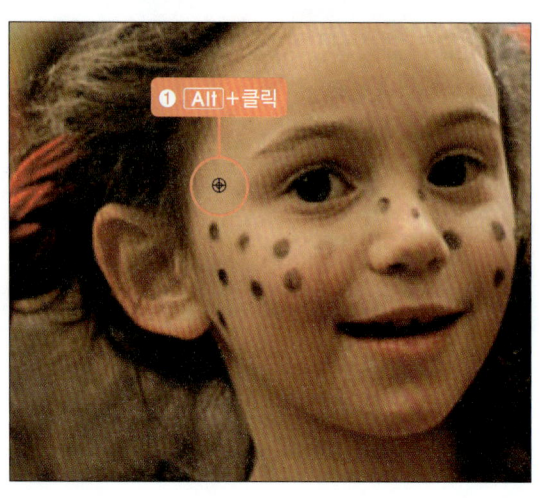 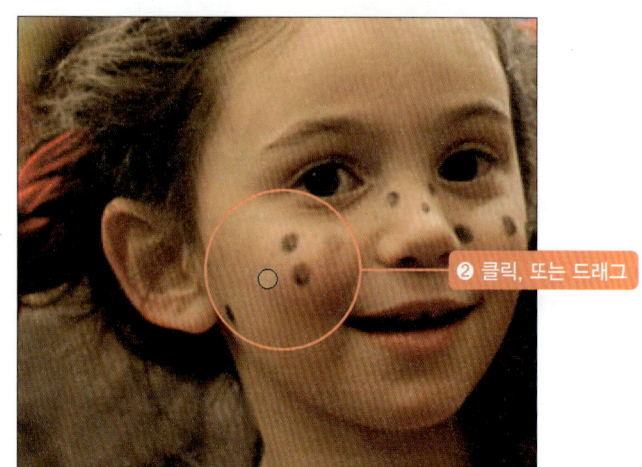

⑤ 같은 방법으로 다른 부분의 낙서도 모두 제거합니다. 필요하다면 **Alt**+클릭으로 새로운 위치를 지정한 후 작업해도 됩니다.

 TIP

실행 취소하기

방금 수행한 작업이 마음에 들지 않는다면 **Alt**+**Ctrl**+**Z** 키를 누릅니다. [작업 내역(History)] 팔레트를 이용하면 원하는 작업 내역을 찾아 복구할 수 있습니다.

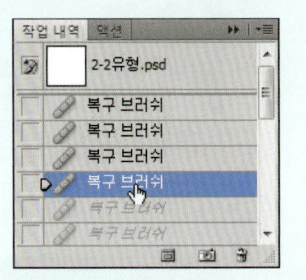

⑥ 100% 크기로 축소하여 문제로 제시된 〈결과파일〉과 비교해 보고, 결과를 저장합니다.

[복제 도장 도구(Clone Stamp Tool)] 이용해 보기

[복제 도장 도구]는 [복구 브러쉬 도구]와 사용법은 비슷합니다. 단, [복제 도장 도구]는 기존 이미지의 질감을 무시하고 이미지 그대로를 도장 찍는 것처럼 복제해 줍니다.

❶ [복제 도장 도구(Clone Stamp Tool)]를 선택하고, 옵션 바에서 브러쉬 크기를 조정합니다.

❷ 복제하려는 눈 부분을 Alt +클릭하고, 이마 위치를 드래그하여 이미지를 복제합니다.

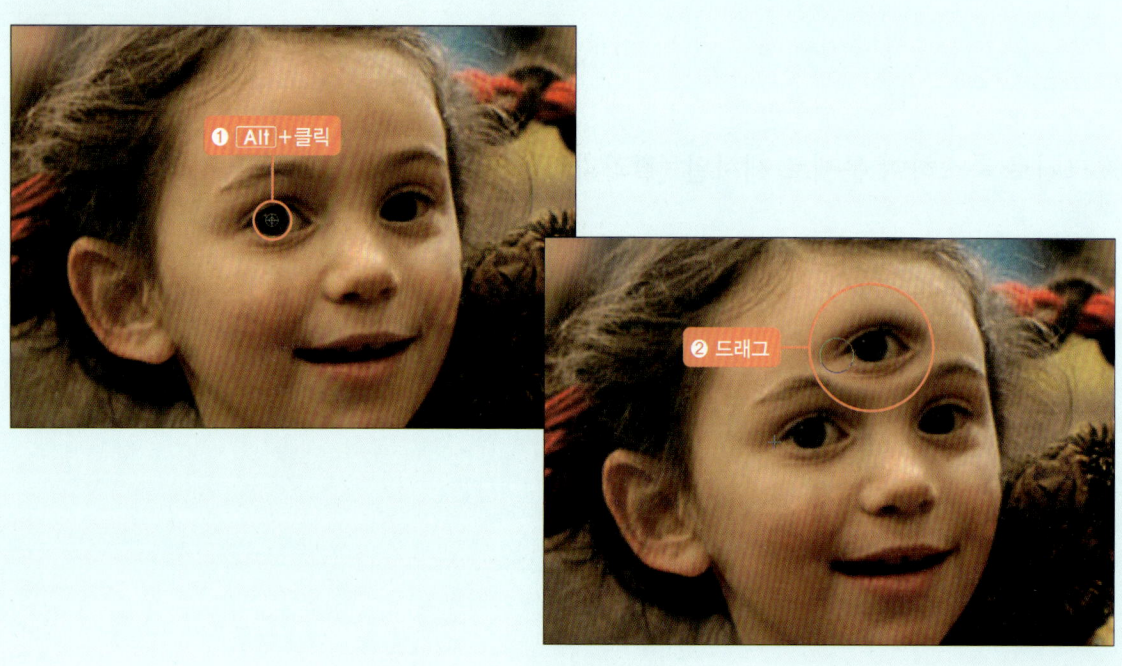

출제 유형 완전 정복 : 이미지 수정하기

01 원본파일을 처리조건에 따라 결과파일로 완성하시오.

* 소스 파일 : 2-2정복1.psd   * 정답 파일 : 2-2정복1(완성).psd

원본파일	결과파일

▶ '2-2정복1.psd' 파일을 불러와 다음과 같이 캔버스 크기를 변경하시오.
- 캔버스 크기[Canvas Size] ⇒ 가로(600 픽셀[Pixels]) × 세로(440 픽셀[Pixels])

▶ '사진2-5.jpg' 이미지를 불러와 기존 캔버스에 복사한 후 다음과 같이 처리하시오.
- ① ⇒ 복구 브러쉬 도구[Healing Brush Tool]를 이용하여 이미지 제거

02 원본파일을 처리조건에 따라 결과파일로 완성하시오.

* 소스 파일 : 2-2정복2.psd   * 정답 파일 : 2-2정복2(완성).psd

원본파일	결과파일

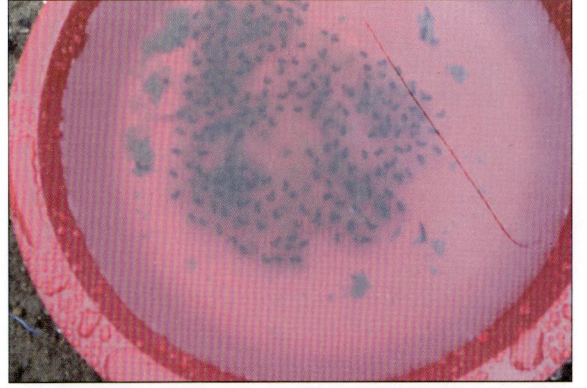 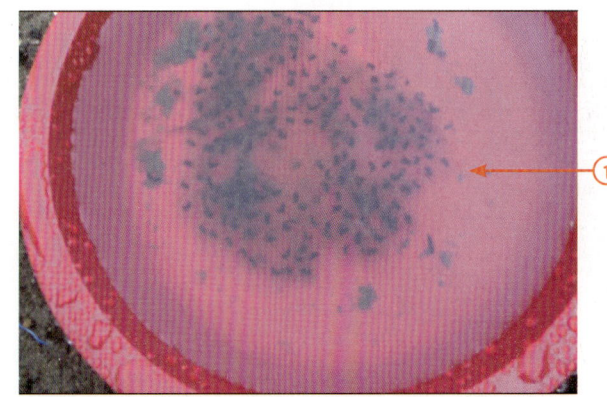

▶ '2-2정복2.psd' 파일을 불러와 다음과 같이 캔버스 크기를 변경하시오.
- 캔버스 크기[Canvas Size] ⇒ 가로(650 픽셀[Pixels]) × 세로(420 픽셀[Pixels])

▶ '사진2-6.jpg' 이미지를 불러와 기존 캔버스에 복사한 후 다음과 같이 처리하시오.
- ① ⇒ 복구 브러쉬 도구[Healing Brush Tool]를 이용하여 이미지 제거

출제 유형 완전 정복 : 이미지 수정하기

03 원본파일을 처리조건에 따라 결과파일로 완성하시오.

✳ 소스 파일 : 2-2정복3.psd   ✳ 정답 파일 : 2-2정복3(완성).psd

원본파일

결과파일

▶ '2-2정복3.psd' 파일을 불러와 다음과 같이 캔버스 크기를 변경하시오.
- 캔버스 크기[Canvas Size] ⇒ 가로(600 픽셀[Pixels]) × 세로(450 픽셀[Pixels])

▶ '사진2-7.jpg' 이미지를 불러와 기존 캔버스에 복사한 후 다음과 같이 처리하시오.
- ① ⇒ 복제 도장 도구[Clone Stamp Tool]를 이용하여 이미지 복사

04 원본파일을 처리조건에 따라 결과파일로 완성하시오.

✳ 소스 파일 : 2-2정복4.psd   ✳ 정답 파일 : 2-2정복4(완성).psd

원본파일

결과파일

▶ '2-2정복4.psd' 파일을 불러와 다음과 같이 캔버스 크기를 변경하시오.
- 캔버스 크기[Canvas Size] ⇒ 가로(600 픽셀[Pixels]) × 세로(430 픽셀[Pixels])

▶ '사진2-8.jpg' 이미지를 불러와 기존 캔버스에 복사한 후 다음과 같이 처리하시오.
- ① ⇒ 복제 도장 도구[Clone Stamp Tool]를 이용하여 이미지 복사

출제 유형 완전 정복 : 이미지 수정하기

05 원본파일을 처리조건에 따라 결과파일로 완성하시오.

＊ 소스 파일 : 2-2정복5.psd ＊ 정답 파일 : 2-2정복5(완성).jpg / psd

원본파일

결과파일

▶ '2-2정복5.psd' 파일을 불러와 다음과 같이 캔버스 크기를 변경하시오.

- 캔버스 크기[Canvas Size] ⇒ 가로(500 픽셀[Pixels]) × 세로(450 픽셀[Pixels])

▶ '사진2-9.jpg' 이미지를 불러와 기존 캔버스에 복사한 후 다음과 같이 처리하시오.

- ① ⇒ 복구 브러쉬 도구[Healing Brush Tool]를 이용하여 이미지 제거
- ② ⇒ 복제 도장 도구[Clone Stamp Tool]를 이용하여 이미지 복사

▶ JPG 파일과 PSD 파일로 각각 저장하시오.

06 원본파일을 처리조건에 따라 결과파일로 완성하시오.

＊ 소스 파일 : 2-2정복6.psd ＊ 정답 파일 : 2-2정복6(완성).jpg / psd

원본파일

결과파일

▶ '2-2정복6.psd' 파일을 불러와 다음과 같이 캔버스 크기를 변경하시오.

- 캔버스 크기[Canvas Size] ⇒ 가로(600 픽셀[Pixels]) × 세로(420 픽셀[Pixels])

▶ '사진2-10.jpg' 이미지를 불러와 기존 캔버스에 복사한 후 다음과 같이 처리하시오.

- ① ⇒ 복제 도장 도구[Clone Stamp Tool]를 이용하여 이미지 제거
- ② ⇒ 복구 브러쉬 도구[Healing Brush Tool]를 이용하여 이미지 제거

▶ JPG 파일과 PSD 파일로 각각 저장하시오.

03
출제유형

색상 보정하기

- 원하는 부분 선택하기
- 색조/채도 변경하기
- 색상 균형 이용하기

◆◆ 문제 미리보기

＊소스 파일 : 2-3유형1.psd ＊정답 파일 : 2-3유형1(완성).psd

원본파일

결과파일

▶ '2-3유형1.psd' 파일을 불러와 다음과 같이 처리하시오.

- ① ⇒ 색조/채도[Hue/Saturation]를 이용하여 초록색 계열로 보정

※ 시험에서 중요한 포인트

1. 편집할 이미지 영역을 선택하는 여러 가지 방법을 알고 적당한 방법을 적용해야 합니다.

2. 색조/채도와 색상 균형 중 문제에 제시된 정확한 메뉴를 선택하여 작업합니다.

3. 정확한 색상값이 제시되는 것이 아니므로 슬라이드를 조절하여 요구된 색상과 비슷하게 보정합니다.

① 포토샵 프로그램을 실행하고, '2-3유형1.psd' 파일을 불러옵니다.

② [자동 선택 도구(Magic Wand Tool)]를 클릭하고, 옵션 바에서 [허용치(Tolerance)]를 '60'으로 지정합니다.

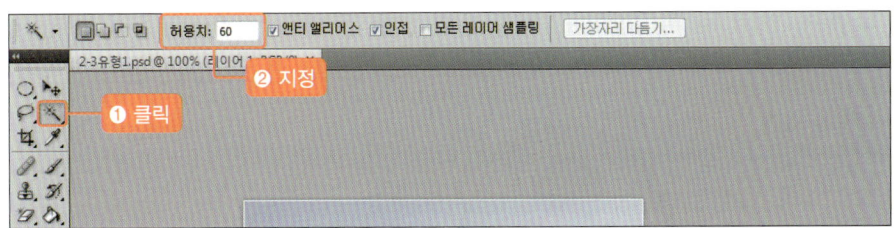

TIP

[허용치(Tolerance)]에 대하여

비슷한 색상을 기준으로 선택할 때 색상 범위를 숫자(0~255)로 지정합니다. 높은 숫자를 지정할수록 넓은 범위 (비슷한 더 많은 색상)를 선택할 수 있지만, 너무 높다면 불필요한 영역까지 선택될 수 있으므로 적당한 값을 찾아 선택해야 합니다.

---

③ 축구공의 왼쪽에 있는 파란색 무늬 부분을 클릭해 선택합니다.

④ 계속해서 선택 영역을 추가하기 위하여 **Shift** 키를 누른 채 나머지 파란색 조각 부분을 차례로 클릭해 선택 영역을 지정합니다.

TIP

선택 영역 추가하기와 빼기

선택 영역을 추가하고 싶다면 **Shift** 키를 누른 채 추가하려는 영역을 클릭해 선택하고, 선택 영역을 빼고 싶다면 **Alt** 키를 누른 채 빼려는 영역을 클릭해 선택을 해제합니다. 만약 잘못 선택한 경우에는 **Ctrl**+**Z** 키를 눌러 바로 이전 선택 상태로 복귀할 수 있습니다.

색조/채도 변경하기

❶ 원하는 선택 영역이 지정된 상태에서 [이미지(Image)]-[조정(Adjustments)]-[색조/채도(Hue/ Saturation)] 메뉴를 클릭합니다(Ctrl+U).

❷ [색상화(Colorize)]를 선택한 다음 [색조(Hue)] 항목과 [채도(Saturation)] 항목의 슬라이드를 드래그하여 조건으로 제시된 **'초록색 계열'**로 보정하고 〈확인〉 단추를 클릭합니다.

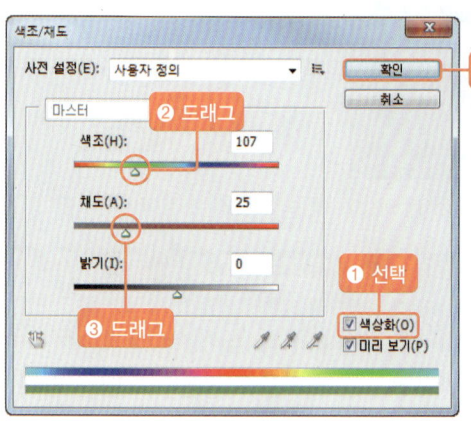 

❸ Ctrl+D 키를 눌러 선택 상태를 해제하고, 결과를 저장합니다.

◆▶ 문제 미리 보기

＊소스 파일 : 2-3유형2.psd　＊정답 파일 : 2-3유형2(완성).psd

원본파일

결과파일

▶ '2-3유형2.psd' 파일을 불러와 다음과 같이 처리하시오.
- ① ⇒ 색조/채도[Hue/Saturation]를 이용하여 초록색 계열로 보정
- ② ⇒ 색상 균형[Color Balance]를 이용하여 빨간색 계열로 보정

유형 체크 01 계단 부분 보정하기

❶ '2-3유형2.psd' 파일을 불러온 다음, [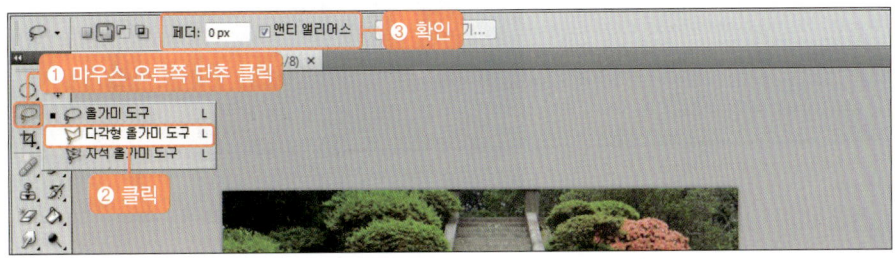다각형 올가미 도구(Polygonal Lasso Tool)]를 선택하고, 옵션 바에서 페더값(0)과 앤티 앨리어스 체크를 확인합니다.

❷ 선택 영역의 시작 지점을 클릭(🗹)하고, 선을 따라 선택 영역의 모서리가 될 부분을 차례로 클릭합니다.

❸ 같은 방법으로 처음 시작 위치가 되는 부분을 클릭(🗹)하면 다각형 내부가 선택 영역으로 지정됩니다.

※ 이미지를 선택하기 전에 돋보기 도구(🔍)를 이용하여 확대한 후 작업하는 것이 편리합니다.

❹ 선택 영역이 지정된 상태에서 [이미지(Image)]-[조정(Adjustments)]-[색조/채도(Hue/Saturation)] 메뉴를 클릭합니다([Ctrl]+[U]).

❺ [색상화(Colorize)]를 체크한 다음 [색조(Hue)] 항목의 슬라이드를 드래그하여 조건으로 제시된 '초록색 계열'로 보정하고 〈확인〉 단추를 클릭합니다.

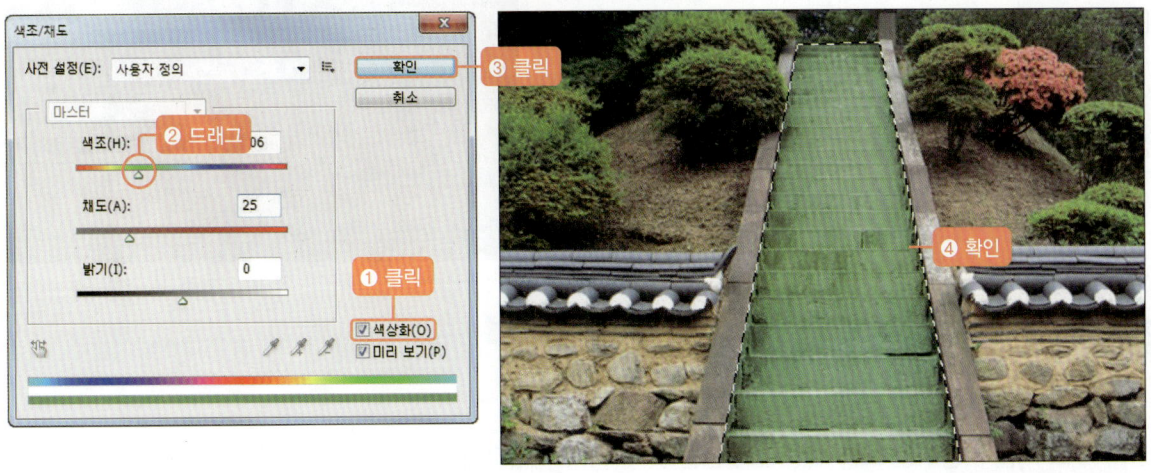

❻ [Ctrl]+[D] 키를 눌러 선택 상태를 해제합니다.

❶ [🔍 돋보기 도구(Zoom Tool)]를 이용하여 계단 왼쪽에 있는 나무 부분만 크게 확대합니다.

❷ 이번에는 [📷 자석 올가미 도구(Magnetic Lasso Tool)]를 선택하고, 옵션 바에서 [빈도 수(Frequency)]를 '100'으로 지정합니다.

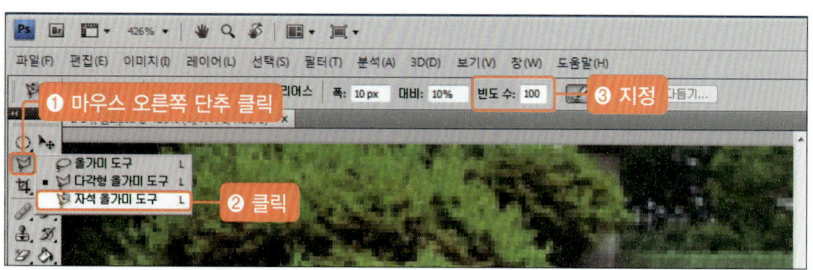

> 📺 **TIP**
>
> **[빈도수(Frequency)]에 대하여**
>
> [자석 올가미 도구]로 선택할 때 자동으로 생기는 점의 생성 빈도 수를 숫자(0~100)로 지정합니다. 높은 숫자를 지정할수록 점이 촘촘하게 나타나 정밀한 선택이 가능합니다.

❸ 선택 영역의 시작 지점을 클릭(📷)하고, 마우스를 움직이면 자동으로 점이 생성되며 선택 영역이 이어집니다.

❹ 처음 시작 위치가 되는 부분을 클릭(📷)하면 내부가 선택 영역으로 지정됩니다.

> 📺 **TIP**
>
> **원하지 않는 곳에 점이 찍혔다면?**
>
> [자석 올가미 도구]를 사용하는 도중에 원하지 않는 곳에 점이 찍혔다면 마우스 커서를 이전 점 위치로 이동한 후 Back space 키, 또는 Delete 키를 누릅니다.

❺ 선택 영역이 지정된 상태에서 [이미지(Image)]−[조정(Adjustments)]−[색상 균형(Color Balance)] 메뉴를 클릭합니다(Ctrl + B).

❻ 슬라이드 막대를 드래그하여 조건으로 제시된 '빨간색 계열'로 보정하고 〈확인〉 단추를 클릭합니다.

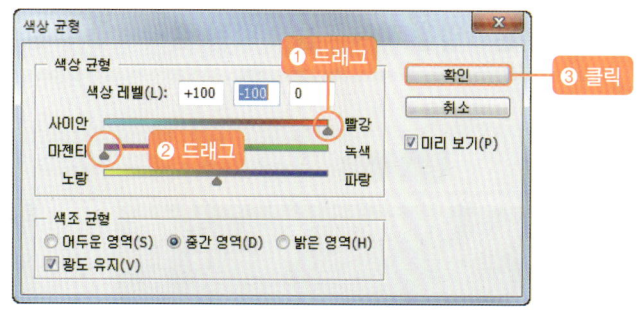

❼ Ctrl + D 키를 눌러 선택 상태를 해제하고, 이미지를 축소하여 결과를 확인한 후 저장합니다.

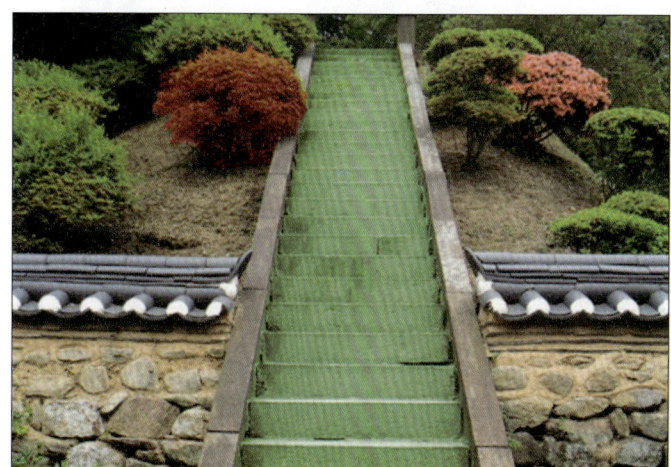

01 원본파일을 처리조건에 따라 결과파일로 완성하시오.

* 소스 파일 : 2-3정복1.psd　　* 정답 파일 : 2-3정복1(완성).psd

원본파일	결과파일

▶ '2-3정복1.psd' 파일을 불러와 다음과 같이 처리하시오.

• ① ⇒ 색조/채도[Hue/Saturation]를 이용하여 초록색 계열로 보정

02 원본파일을 처리조건에 따라 결과파일로 완성하시오.

* 소스 파일 : 2-3정복2.psd　　* 정답 파일 : 2-3정복2(완성).psd

원본파일	결과파일

▶ '2-3정복2.psd' 파일을 불러와 다음과 같이 처리하시오.

• ① ⇒ 색상 균형[Color Balance]를 이용하여 빨간색 계열로 보정

출제 유형 완전 정복 : 색상 보정하기

03 원본파일을 처리조건에 따라 결과파일로 완성하시오.

* 소스 파일 : 2-3정복3.psd　　* 정답 파일 : 2-3정복3(완성).psd

원본파일

결과파일

▶ '2-3정복3.psd' 파일을 불러와 다음과 같이 처리하시오.
  - ① ⇒ 복구 브러쉬 도구[Healing Brush Tool]를 이용하여 이미지 제거
  - ② ⇒ 색조/채도[Hue/Saturation]를 이용하여 파란색 계열로 보정

04 원본파일을 처리조건에 따라 결과파일로 완성하시오.

* 소스 파일 : 2-3정복4.psd　　* 정답 파일 : 2-3정복4(완성).psd

원본파일

결과파일

▶ '2-3정복4.psd' 파일을 불러와 다음과 같이 처리하시오.
  - ① ⇒ 복제 도장 도구[Clone Stamp Tool]를 이용하여 이미지 제거
  - ② ⇒ 색상 균형[Color Balance]를 이용하여 초록색 계열로 보정

05 원본파일을 처리조건에 따라 결과파일로 완성하시오.

＊ 소스 파일 : 2-3정복5.psd ＊ 정답 파일 : 2-3정복5(완성).jpg / psd

원본파일

결과파일

▶ '2-3정복5.psd' 파일을 불러와 다음과 같이 캔버스 크기를 변경하시오.

. 캔버스 크기[Canvas Size] ⇒ 가로(600 픽셀[Pixels]) × 세로(450 픽셀[Pixels])

▶ '사진2-11.jpg' 이미지를 불러와 기존 캔버스에 복사한 후 다음과 같이 처리하시오.

• ① ⇒ 복구 브러쉬 도구[Healing Brush Tool]를 이용하여 이미지 제거
• ② ⇒ 색조/채도[Hue/Saturation]를 이용하여 노란색 계열로 보정

▶ JPG 파일과 PSD 파일로 각각 저장하시오.

06 원본파일을 처리조건에 따라 결과파일로 완성하시오.

＊ 소스 파일 : 2-3정복6.psd ＊ 정답 파일 : 2-3정복6(완성).jpg / psd

원본파일

결과파일

▶ '2-3정복6.psd' 파일을 불러와 다음과 같이 캔버스 크기를 변경하시오.

• 캔버스 크기[Canvas Size] ⇒ 가로(500 픽셀[Pixels]) × 세로(370 픽셀[Pixels])

▶ '사진2-12.jpg' 이미지를 불러와 기존 캔버스에 복사한 후 다음과 같이 처리하시오.

• ① ⇒ 복제 도장 도구[Clone Stamp Tool]를 이용하여 이미지 복사
• ② ⇒ 색상 균형[Color Balance]를 이용하여 초록색 계열로 보정

▶ JPG 파일과 PSD 파일로 각각 저장하시오.

04
출제유형

밝기 조정하기

• 이미지 밝기 조정하기

◆ 문제 미리보기

＊소스 파일 : 2-4유형.psd ＊정답 파일 : 2-4유형(완성).psd

원본파일

결과파일

▶ '2-4유형.psd' 파일을 불러와 다음과 같이 처리하시오.

• 밝기 조정 ⇒ 곡선[Curves]을 이용하여 이미지 조정 (입력[Input] : 50, 출력[Output] : 120)

※ 시험에서 중요한 포인트

1. 밝기 조정은 전체 이미지에 적용해야 하므로, 먼저 선택 영역을 모두 해제한 후 작업합니다.

2. [곡선] 대화 상자에 조건으로 제시된 [입력] 값과 [출력] 값을 정확하게 지정합니다.

① 포토샵 프로그램을 실행하고, '2-4유형.psd' 파일을 불러옵니다.

② 밝기를 조정하기 위하여 [이미지(Image)]-[조정(Adjustments)]-[곡선(Curves)] 메뉴를 선택합니다(Ctrl + M).

③ [곡선(Curves)] 대화 상자에서 그래프 부분의 중간을 '왼쪽/위'로 드래그해 봅니다.

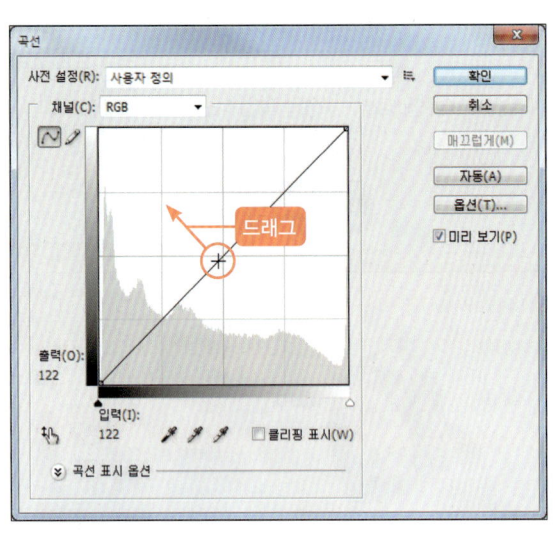 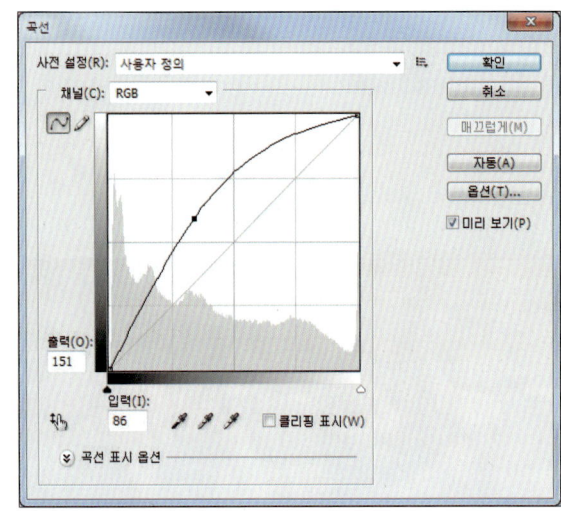

 TIP

드래그 방향에 따른 밝기 변화

왼쪽/위로 드래그하면 이미지가 밝아지고, 오른쪽 아래로 드래그하면 이미지가 어두워집니다. 이미지에 결과가 즉각 반영되어 표시되므로 이미지 상태를 확인하며 적당한 밝기로 조정할 수 있습니다.

④ 조건으로 제시된 입력(Input) 값과 출력(Output) 값을 직접 입력한 후 〈확인〉 단추를 클릭합니다.

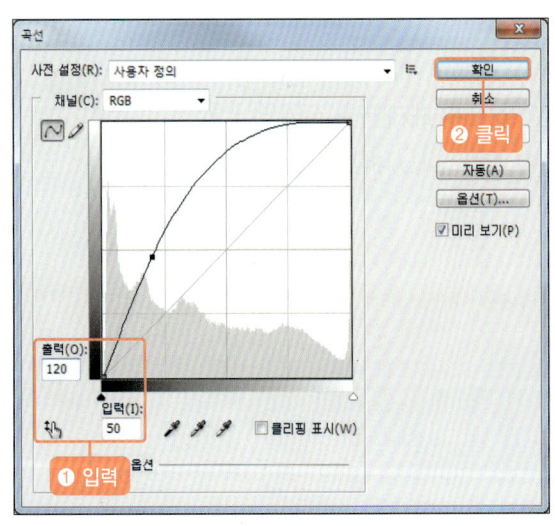 

01 원본파일을 처리조건에 따라 결과파일로 완성하시오.

＊ 소스 파일 : 2-4정복1.psd ＊ 정답 파일 : 2-4정복1(완성).psd

원본파일

결과파일

▶ '2-4정복1.psd' 파일을 불러와 다음과 같이 처리하시오.

• 밝기 조정 ⇒ 곡선[Curves]을 이용하여 이미지 조정 (입력[Input] : 70, 출력[Output] : 120)

02 원본파일을 처리조건에 따라 결과파일로 완성하시오.

＊ 소스 파일 : 2-4정복2.psd ＊ 정답 파일 : 2-4정복2(완성).psd

원본파일

결과파일

▶ '2-4정복2.psd' 파일을 불러와 다음과 같이 처리하시오.

• ① ⇒ 복구 브러쉬 도구[Healing Brush Tool]를 이용하여 이미지 제거
• 밝기 조정 ⇒ 곡선[Curves]을 이용하여 이미지 조정 (입력[Input] : 90, 출력[Output] : 30)

03 원본파일을 처리조건에 따라 결과파일로 완성하시오.

* 소스 파일 : 2–4정복3.psd   * 정답 파일 : 2–4정복3(완성).psd

원본파일

결과파일

▶ '2–4정복3.psd' 파일을 불러와 불러와 다음과 같이 처리하시오.

• ① ⇒ 색조/채도[Hue/Saturation]를 이용하여 노란색 계열로 보정
• 밝기 조정 ⇒ 곡선[Curves]을 이용하여 이미지 조정 (입력[Input] : 60, 출력[Output] : 110)

04 원본파일을 처리조건에 따라 결과파일로 완성하시오.

* 소스 파일 : 2–4정복4.psd   * 정답 파일 : 2–4정복4(완성).psd

원본파일

결과파일

▶ '2–4정복4.psd' 파일을 불러와 불러와 다음과 같이 처리하시오.

• ① ⇒ 복제 도장 도구[Clone Stamp Tool]를 이용하여 이미지 복사
• ② ⇒ 색상 균형[Color Balance]를 이용하여 빨간색 계열로 보정
• 밝기 조정 ⇒ 곡선[Curves]을 이용하여 이미지 조정 (입력[Input] : 60, 출력[Output] : 90)

출제 유형 완전 정복 : 밝기 조정하기

05 원본파일을 처리조건에 따라 결과파일로 완성하시오.

* 소스 파일 : 2-4정복5.psd   * 정답 파일 : 2-4정복5(완성).psd

원본파일	결과파일

▶ '2-4정복5.psd' 파일을 불러와 다음과 같이 처리하시오.

- ① ⇒ 복제 도장 도구[Clone Stamp Tool]를 이용하여 이미지 제거
- ② ⇒ 색조/채도[Hue/Saturation]를 이용하여 파란색 계열로 보정
- ③ ⇒ 색상 균형[Color Balance]를 이용하여 빨간색 계열로 보정
- 밝기 조정 ⇒ 곡선[Curves]을 이용하여 이미지 조정 (입력[Input] : 80, 출력[Output] : 120)

06 원본파일을 처리조건에 따라 결과파일로 완성하시오.

* 소스 파일 : 2-4정복6.psd   * 정답 파일 : 2-4정복6(완성).psd

원본파일	결과파일

▶ '2-4정복6.psd' 파일을 불러와 다음과 같이 처리하시오.

- ① ⇒ 복구 브러쉬 도구[Healing Brush Tool]를 이용하여 이미지 제거
- ② ⇒ 색조/채도[Hue/Saturation]를 이용하여 빨간색 계열로 보정
- ③ ⇒ 색상 균형[Color Balance]를 이용하여 보라색 계열로 보정
- 밝기 조정 ⇒ 곡선[Curves]을 이용하여 이미지 조정 (입력[Input] : 70, 출력[Output] : 110)

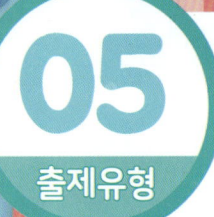

05
출제유형

필터 효과 이용하기

● 필터 효과 주기
● 필터 세부조건 지정하기

◆◆ 문 제 미 리 보 기

※소스 파일 : 2-5유형1.psd   ※정답 파일 : 2-5유형1(완성).psd

원본파일

결과파일

▶ '2-5유형1.psd' 파일을 불러와 다음과 같이 처리하시오.

• 필터 효과 ⇒ 렌즈 플레어[Lens Flare]를 이용하여 필터 적용
  (렌즈 유형[Lens Type] : 35mm 프라임[35mm Prime], 명도[Brightness] : 120%)

▶ 지시 사항이 없는 경우는 기본값을 적용하시오.

※ 시험에서 중요한 포인트

1. 문제에 제시된 필터를 정확하게 찾아 적용해야 합니다.

2. 지시 사항이 없는 경우에는 기본값을 적용해야 하므로, 세부 옵션을 지정하기 전에 먼저 기본값으로 돌려 놓는 작업을 잊지 않도록 합니다.

❶ 포토샵 프로그램을 실행하고, '2-5유형1.psd' 파일을 불러옵니다.

❷ [필터(Filter)]-[렌더(Render)]-[렌즈 플레어(Lens Flare)] 메뉴를 선택하고, 대화 상자에서 빛을 주려는 위치를 클릭한 다음 조건으로 제시된 세부 항목을 설정한 후 〈확인〉 단추를 클릭합니다.

❸ 이미지에 필터 효과가 반영되어 완성됩니다.

 ▶ 문제 미리 보기

＊소스 파일 : 2-5유형2.psd　＊정답 파일 : 2-5유형2(완성).psd

원본파일	결과파일

▶ '2-5유형2.psd' 파일을 불러와 다음과 같이 처리하시오.

• 필터 효과 ⇒ 텍스처화[Texturizer]를 이용하여 필터 적용 (텍스처[Texture] : 삼베[Burlap])

▶ 지시 사항이 없는 경우는 기본값을 적용하시오.

유형체크 01 필터 효과 주기

① 포토샵 프로그램을 실행하고, '2-5유형2.psd' 파일을 불러옵니다.

② [필터(Filter)]-[텍스처(Texture)]-[텍스처화(Texturizer)] 메뉴를 선택합니다.

③ 먼저 세부 조건을 초기화하기 위하여 대화 상자에서 Ctrl 키를 누른 채 [기본값(Default)] 단추를 클릭합니다.

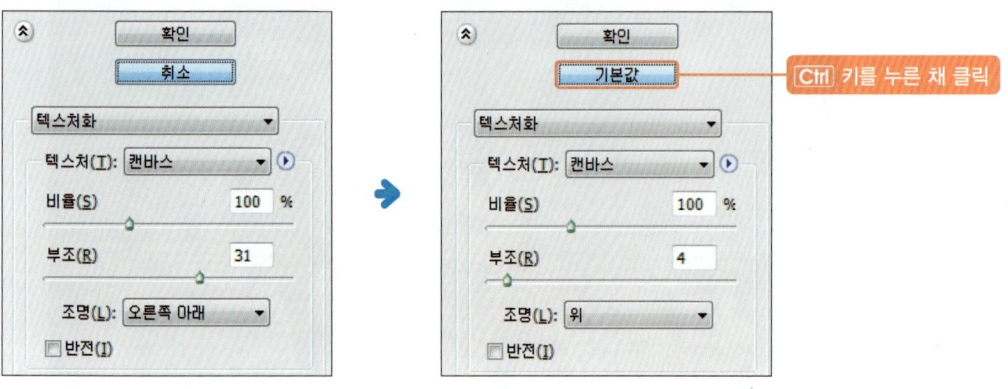

▲ Ctrl 키를 누르기 전 화면　　　▲ Ctrl 키를 눌렀을 때 화면

④ 필터의 세부 조건으로 제시된 [텍스처(Texture)] 종류를 [삼베(Burlap)]으로 지정한 후 〈확인〉 단추를 클릭합니다.

⑤ 필터 효과가 적용된 것을 확인하고 완성된 결과를 저장합니다.

출제 유형 완전 정복 : 필터 효과 이용하기

01 원본파일을 처리조건에 따라 결과파일로 완성하시오.

＊ 소스 파일 : 2–5정복1.psd　＊ 정답 파일 : 2–5정복1(완성).psd

원본파일

결과파일

▶ '2–5정복1.psd' 파일을 불러와 다음과 같이 처리하시오.

　• 필터 효과 ⇒ 그레인[Grain]을 이용하여 필터 적용 (그레인 유형[Grain Type] : 확대[Enlarged])

▶ 지시 사항이 없는 경우는 기본값을 적용하시오.

02 원본파일을 처리조건에 따라 결과파일로 완성하시오.

＊ 소스 파일 : 2–5정복2.psd　＊ 정답 파일 : 2–5정복2(완성).psd

원본파일

결과파일

▶ '2–5정복2.psd' 파일을 불러와 다음과 같이 처리하시오.

　• 필터 효과 ⇒ 수채화 효과[Watercolor]를 이용하여 필터 적용
　　　(브러쉬 세부[Brush Detail] : 10, 음영 강도[Shadow Intensity] : 0, 텍스처[Texture] : 3)

▶ 지시 사항이 없는 경우는 기본값을 적용하시오.

03 원본파일을 처리조건에 따라 결과파일로 완성하시오.

* 소스 파일 : 2-5정복3.psd * 정답 파일 : 2-5정복3(완성).psd

원본파일

결과파일

▶ '2-5정복3.psd' 파일을 불러와 다음과 같이 처리하시오.

- ① ⇒ 복구 브러쉬 도구[Healing Brush Tool]를 이용하여 이미지 제거
- 밝기 조정 ⇒ 곡선[Curves]을 이용하여 이미지 조정 (입력[Input] : 60, 출력[Output] : 100)
- 필터 효과 ⇒ 드라이 브러쉬[Dry Brush]를 이용하여 필터 적용
  (브러쉬 크기[Brush Size] : 1, 브러쉬 세부[Brush Detail] : 3, 텍스쳐[Texture]): 1)

04 원본파일을 처리조건에 따라 결과파일로 완성하시오.

* 소스 파일 : 2-5정복4.psd * 정답 파일 : 2-5정복4(완성).psd

원본파일

결과파일

▶ '2-5정복4.psd' 파일을 불러와 다음과 같이 처리하시오.

- ① ⇒ 색조/채도[Hue/Saturation]를 이용하여 초록색 계열로 보정
- 밝기 조정 ⇒ 곡선[Curves]을 이용하여 이미지 조정 (입력[Input] : 70, 출력[Output] : 120)
- 필터 효과 ⇒ 그물눈[Crosshatch]을 이용하여 필터 적용
  (선 길이[Stroke Length] : 12, 선명도[Sharpness] : 10, 강도[Strength] : 1)

05 원본파일을 처리조건에 따라 결과파일로 완성하시오.

＊ 소스 파일 : 2-5정복5.psd ＊ 정답 파일 : 2-5정복5(완성).psd

원본파일

결과파일

▶ '2-5정복5.psd' 파일을 불러와 다음과 같이 처리하시오.

- ① ⇒ 색상 균형[Color Balance]를 이용하여 보라색 계열로 보정
- 필터 효과 ⇒ 물 종이[Water Paper]를 이용하여 필터 적용
  (섬유 길이[Fiber Length] : 10 , 명도[Brightness] : 70, 대비[Contrast] : 80)

06 원본파일을 처리조건에 따라 결과파일로 완성하시오.

＊ 소스 파일 : 2-5정복6.psd ＊ 정답 파일 : 2-5정복6(완성).psd

원본파일

결과파일

▶ '2-5정복6.psd' 파일을 불러와 다음과 같이 처리하시오.

- ① ⇒ 복제 도장 도구[Clone Stamp Tool]를 이용하여 이미지 복사
- ② ⇒ 색조/채도[Hue/Saturation]를 이용하여 빨간색 계열로 보정
- 필터 효과 ⇒ 거친 파스텔 효과[Rough Pastels]를 이용하여 필터 적용 (텍스처[Texture] : 벽돌[Brick])

06
출제유형

이미지 크기 변경과 저장

- 이미지 크기 변경하기
- JPG와 PSD로 저장하기

▶ 문제 미리보기

* 소스 파일 : 2-6유형.psd　　* 정답 파일 : 2-6유형(완성).jpg / psd

▶ '2-6유형.psd' 파일을 불러와 다음과 같이 처리하시오.

▶ 다음과 같은 규칙으로 JPG 파일과 PSD 파일을 각각 저장하시오.

JPG	파일명	2-6유형.JPG	PSD	파일명	2-6유형.PSD
	크기	600 × 400 픽셀[Pixels]		크기	65 × 45 픽셀[Pixels]

※ 시험에서 중요한 포인트

1. 문제에 제시된 작업이 모두 완성된 후 이미지 크기를 변경해야 합니다.

2. JPG 파일을 먼저 저장한 후 최종적으로 PSD 파일을 저장합니다.

3. 실제 시험에서도 답안 파일(PSD)을 불러와 작업하므로, 연습할 때도 새로운 이미지를 열어 작업하는 것이 아니라 예제 PSD 파일을 불러와 작업하는 방식으로 연습합니다.

유형 체크 01 이미지 크기 변경하기 - JPG용

① 포토샵 프로그램을 실행하고, '2-6유형.psd' 파일을 불러옵니다. 작업이 모두 끝난 상태라고 가정합니다.

TIP

실제 시험에서는?

시험장의 바탕화면에 있는 [KAIT]-[제출파일] 폴더 안에 자신의 이름으로 된 PSD 파일이 미리 저장되어 있습니다. 반드시 자신의 이름으로 된 1번, 2번 PSD 파일을 불러와 작업하도록 합니다. 예를 들어 수험번호가 DIC-1601-123456인 '홍길동'의 답안 파일은 다음과 같이 준비되어 있습니다.

1번 문제 파일명 : dic_01_123456_홍길동.PSD　　2번 문제 파일명 : dic_02_123456_홍길동.PSD

❷ [이미지(Image)]-[이미지 크기(Image Size)] 메뉴를 선택합니다.

❸ [비율 제한(Constrain Proportions)] 체크를 해제하고, 조건으로 제시된 JPG 이미지 크기(600×400 픽셀)를 지정한 후 〈확인〉 단추를 클릭합니다.

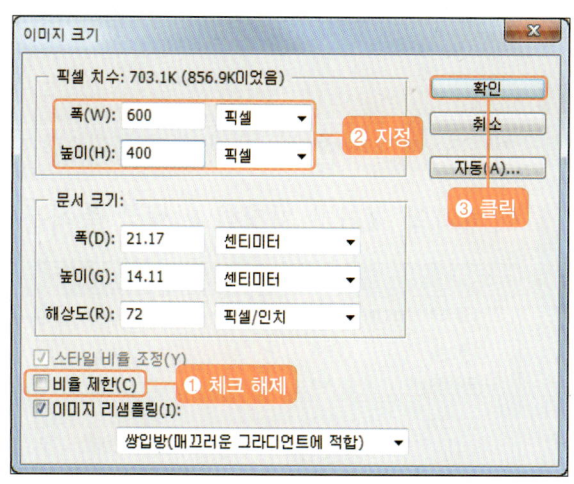

❹ 이미지 크기가 변경됩니다.

JPG 저장하기

❶ [파일(File)]-[다른 이름으로 저장(Save As)] 메뉴를 클릭합니다(**Shift**+**Ctrl**+**S**).

❷ 〈형식(Format)〉 목록 단추를 클릭하여 [JPEG (*.JPG;*.JPEG;*.JPE)]를 선택하고, 파일명을 지정한 후 저장합니다.

❸ [JPEG 옵션] 창의 [이미지 옵션(Image Option)]-[품질(Quality)]을 '10'으로 지정합니다.

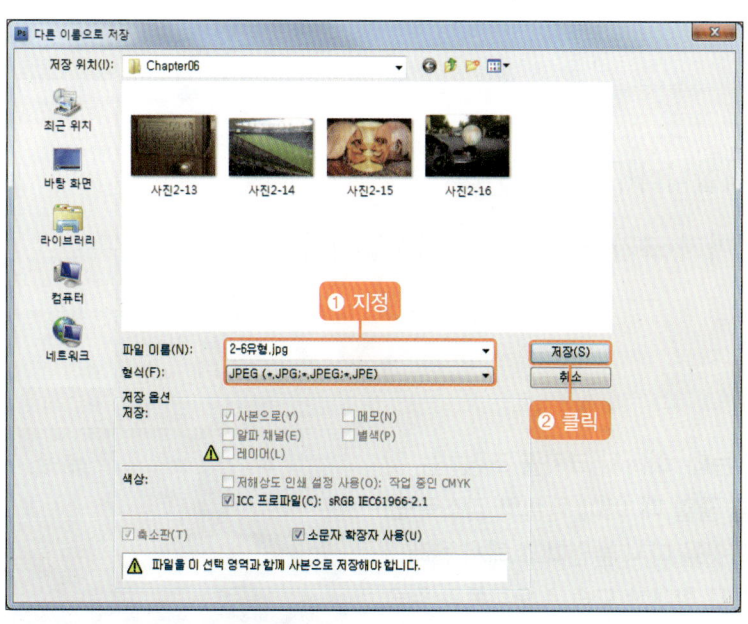

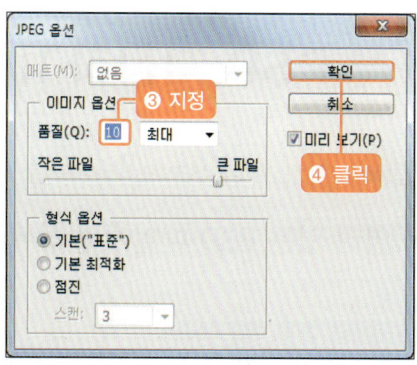

❹ JPG 파일이 저장됩니다. 화면에는 여전히 PSD 파일이 남아 있는데, 계속해서 다음 과정을 진행합니다.

❶ [이미지(Image)]–[이미지 크기(Image Size)] 메뉴를 선택하여, 조건으로 제시된 PSD 이미지 크기(65×45 픽셀)를 지정한 후 〈확인〉 단추를 클릭합니다.

❷ 이미지의 크기가 지정한 픽셀로 줄어듭니다. 레이어 상태는 그대로 유지됩니다.

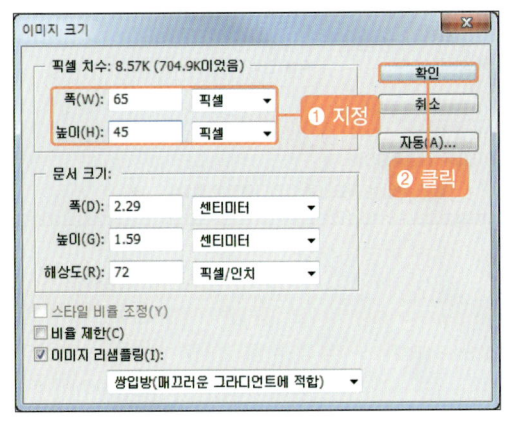 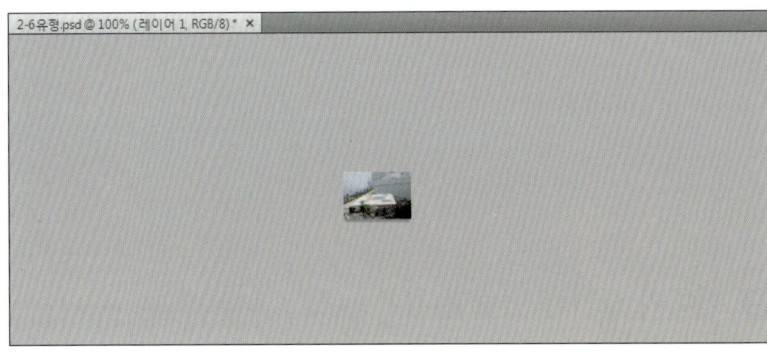

 TIP

답안 파일의 저장 순서

반드시 JPG 파일을 먼저 저장한 후에 PSD 파일의 이미지 크기를 변경해야 합니다. PSD 파일의 이미지 크기를 변경한 후 JPG 파일을 저장하면 작은 크기대로 저장되기 때문입니다. 중간중간에 PSD 파일의 중간 작업 상태는 저장하되, 최종 답안 파일의 이미지 크기는 가장 나중에 변경하도록 합니다.

❶ [파일(File)]–[저장(Save)] 메뉴를 클릭합니다(**Ctrl**+**S**).

❷ 이미 열려 있는 PSD 파일에 변경된 이미지 크기가 반영되어 저장됩니다.

 TIP

이미지 크기를 다시 확대하면?

포토샵의 이미지는 픽셀(점)으로 구성되어 있는데, 이미지 크기를 조정하는 것은 픽셀의 수를 조정하는 것입니다. 이미지를 줄일 때 이미 픽셀의 감소로 인한 원본 이미지의 화질이 떨어지게 되는데, 이것을 다시 늘인다고 해서 원래대로 복구되지는 않습니다. 축소한 이미지를 다시 확대한 모습은 오른쪽과 같습니다.

출제 유형 완전 정복 : 이미지 크기 변경과 저장

01 원본파일을 처리조건에 따라 결과파일로 완성하시오.

* 소스 파일 : 2-6정복1.psd　* 정답 파일 : 2-6정복1(완성).jpg / psd

원본파일

결과파일

▶ '2-6정복1.psd' 파일을 불러와 다음과 같이 캔버스 크기를 변경하시오.
- 캔버스 크기[Canvas Size] ⇒ 가로(650 픽셀[Pixels]) × 세로(450 픽셀[Pixels])

▶ '사진2-13.jpg' 이미지를 불러와 기존 캔버스에 복사한 후 다음과 같이 처리하시오.
- ① ⇒ 복구 브러쉬 도구[Healing Brush Tool]를 이용하여 이미지 제거
- ② ⇒ 색조/채도[Hue/Saturation]를 이용하여 보라색 계열로 보정
- ③ ⇒ 색상 균형[Color Balance]를 이용하여 초록색 계열로 보정
- 밝기 조정 ⇒ 곡선[Curves]을 이용하여 이미지 조정 (입력[Input] : 70, 출력[Output] : 110)
- 필터 효과 ⇒ 렌즈 플레어[Lens Flare]를 이용하여 필터 적용
  (렌즈 유형[Lens Type] : 35mm 프라임[35mm Prime], 명도[Brightness] : 120%)

▶ 지시사항이 없는 경우는 기본값을 적용하시오.

▶ 다음과 같은 규칙으로 JPG 파일과 PSD 파일을 각각 저장하시오.

JPG	파일명	2-6정복1.JPG	PSD	파일명	2-6정복1.PSD
	크기	600 × 400 픽셀[Pixels]		크기	65 × 45 픽셀[Pixels]

02 원본파일을 처리조건에 따라 결과파일로 완성하시오.

* 소스 파일 : 2-6정복2.psd * 정답 파일 : 2-6정복2(완성).jpg / psd

원본파일

결과파일

① ② ③

▶ '2-6정복2.psd' 파일을 불러와 다음과 같이 캔버스 크기를 변경하시오.

- 캔버스 크기[Canvas Size] ⇒ 가로(650 픽셀[Pixels]) × 세로(433 픽셀[Pixels])

▶ '사진2-14.jpg' 이미지를 불러와 기존 캔버스에 복사한 후 다음과 같이 처리하시오.

- ① ⇒ 복제 도장 도구[Clone Stamp Tool]를 이용하여 이미지 복사
- ② ⇒ 색조/채도[Hue/Saturation]를 이용하여 빨간색 계열로 보정
- ③ ⇒ 색조/채도[Hue/Saturation]를 이용하여 보라색 계열로 보정
- 밝기 조정 ⇒ 곡선[Curves]을 이용하여 이미지 조정 (입력[Input] : 90, 출력[Output] : 120)
- 필터 효과 ⇒ 텍스처화[Texturizer]를 이용하여 필터 적용 (텍스처[Texture] : 사암[Sandstone])

▶ 지시사항이 없는 경우는 기본값을 적용하시오.

▶ 다음과 같은 규칙으로 JPG 파일과 PSD 파일을 각각 저장하시오.

JPG	파일명	2-6정복2.JPG	PSD	파일명	2-6정복2.PSD
	크기	600 × 400 픽셀[Pixels]		크기	65 × 45 픽셀[Pixels]

출제 유형 완전 정복 : 이미지 크기 변경과 저장

03 원본파일을 처리조건에 따라 결과파일로 완성하시오.

＊ 소스 파일 : 2–6정복3.psd　＊ 정답 파일 : 2–6정복3(완성).jpg / psd

원본파일

결과파일

▶ '2–6정복3.psd' 파일을 불러와 다음과 같이 캔버스 크기를 변경하시오.
 • 캔버스 크기[Canvas Size] ⇒ 가로(600 픽셀[Pixels]) × 세로(400 픽셀[Pixels])

▶ '사진2–15.jpg' 이미지를 불러와 기존 캔버스에 복사한 후 다음과 같이 처리하시오.
 • ① ⇒ 복구 브러쉬 도구[Healing Brush Tool]를 이용하여 이미지 제거
 • ② ⇒ 색조/채도[Hue/Saturation]를 이용하여 보라색 계열로 보정
 • ③ ⇒ 색조/채도[Hue/Saturation]를 이용하여 초록색 계열로 보정
 • 밝기 조정 ⇒ 곡선[Curves]을 이용하여 이미지 조정 (입력[Input] : 80, 출력[Output] : 105)
 • 필터 효과 ⇒ 드라이 브러쉬[Dry Brush]를 이용하여 필터 적용
　　　　　(브러쉬 크기[Brush Size] : 1, 브러쉬 세부[Brush Detail] : 10, 텍스쳐[Texture]): 3)

▶ 지시사항이 없는 경우는 기본값을 적용하시오.

▶ 다음과 같은 규칙으로 JPG 파일과 PSD 파일을 각각 저장하시오.

JPG	파일명	2–6정복3.JPG	PSD	파일명	2–6정복3.PSD
	크기	500 × 350 픽셀[Pixels]		크기	60 × 40 픽셀[Pixels]

04 원본파일을 처리조건에 따라 결과파일로 완성하시오.

* 소스 파일 : 2-6정복4.psd * 정답 파일 : 2-6정복4(완성).jpg / psd

원본파일	결과파일

▶ '2-6정복4.psd' 파일을 불러와 다음과 같이 캔버스 크기를 변경하시오.

• 캔버스 크기[Canvas Size] ⇒ 가로(480 픽셀[Pixels]) × 세로(340 픽셀[Pixels])

▶ '사진2-16.jpg' 이미지를 불러와 기존 캔버스에 복사한 후 다음과 같이 처리하시오.

• ① ⇒ 복제 도장 도구[Clone Stamp Tool]를 이용하여 이미지 복사
• ② ⇒ 색상 균형[Color Balance]를 이용하여 초록색 계열로 보정
• ③ ⇒ 색조/채도[Hue/Saturation]를 이용하여 빨간색 계열로 보정
• 밝기 조정 ⇒ 곡선[Curves]을 이용하여 이미지 조정 (입력[Input] : 60, 출력[Output] : 90)
• 필터 효과 ⇒ 그물눈[Crosshatch]을 이용하여 필터 적용
       (선 길이[Stroke Length] : 10, 선명도[Sharpness] : 8, 강도[Strength] : 1)

▶ 지시사항이 없는 경우는 기본값을 적용하시오.

▶ 다음과 같은 규칙으로 JPG 파일과 PSD 파일을 각각 저장하시오.

JPG	파일명	2-6정복4.JPG	PSD	파일명	2-6정복4.PSD
	크기	500 × 350 픽셀[Pixels]		크기	48 × 34 픽셀[Pixels]

PART 03

[문제2]
PhotoShop
CS4

01

출제유형

텍스트 입력하기

- 영문 텍스트 입력하기
- 레이어 스타일 지정하기
- 한글 텍스트 입력하기

◆◆ 문제 미리 보기

＊소스 파일 : 3-1유형.psd   ＊정답 파일 : 3-1유형(완성).psd

원본파일

결과파일

▶ '3-1유형.psd' 파일을 불러와 다음과 같이 처리하시오.

- "Fly to the SKY" ⇒ 글꼴(Arial), 글꼴 스타일(Bold), 크기(48pt), 색상(#ffcc00), 앤티 앨리어싱 : 선명하게 [Sharp], 레이어 스타일 – 선/획[Stroke] (크기 : 5px, 색상 : #ffffff)
- "나의 꿈, 하늘을 날다" ⇒ 글꼴(궁서체), 크기(32pt), 색상(#00ff00), 앤티 앨리어싱 : 선명하게[Sharp], 레이어 스타일 – 선/획[Stroke] (크기 : 3px, 색상 : #000000)

※ 시험에서 중요한 포인트

1. 시험에서 텍스트는 영문과 한글이 모두 출제됩니다.

2. 조건으로 제시된 텍스트에 오타가 없도록 주의하고, 특히 영문자의 경우 대/소문자 구분도 정확하게 합니다.

3. 레이어 스타일(선/획)의 색상은 '#'을 제외한 영문자와 숫자만 정확하게 입력합니다.

❶ 포토샵 프로그램을 실행하고, '3-1유형.psd' 파일을 불러옵니다.

❷ [T. 수평 문자 도구(Horizontal Type Tool)]를 선택하고, 텍스트를 입력할 곳을 클릭한 후 조건으로 제시된 내용(Fly to the SKY)을 입력합니다.

❸ 입력한 텍스트를 블록 설정하고, 옵션 바에서 조건으로 제시된 속성을 지정합니다.

> • "Fly to the SKY" ⇒ 글꼴(Arial), 글꼴 스타일(Bold), 크기(48pt), 색상(#ffcc00), 앤티 앨리어싱 : 선명하게[Sharp],
> 레이어 스타일 – 선/획[Stroke] (크기 : 5px, 색상 : #ffffff)

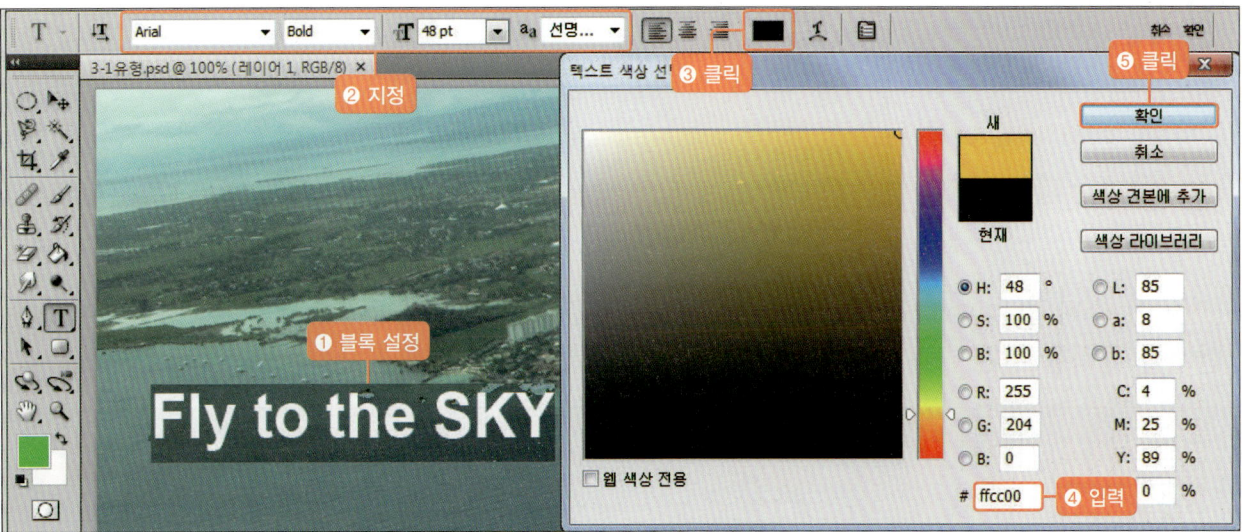

TIP

[문자] 팔레트와 [단락] 팔레트

[문자 도구]의 옵션 바의 오른쪽 끝 부분에 있는 ▤ 단추를 클릭하면 [문자(Character)] 팔레트와 [단락 (Paragraph)] 팔레트가 표시됩니다. 이 곳에서 더욱 다양한 문자/단락 속성을 지정할 수 있습니다.

④ [ 이동 도구(Move Tool)]를 클릭한 후, 입력한 텍스트의 위치를 조정합니다.

유형체크 02 레이어 스타일 지정하기

> • "Fly to the SKY" ⇒ 글꼴(Arial), 글꼴 스타일(Bold), 크기(48pt), 색상(#ffcc00), 앤티 앨리어싱 : 선명하게[Sharp],
> 레이어 스타일 − 선/획[Stroke] (크기 : 5px, 색상 : #ffffff)

❶ [레이어(Layers)] 팔레트에서 〈 fx. 레이어 스타일 추가〉 단추를 클릭한 후 [선(Stroke)] 메뉴를 선택합니다.

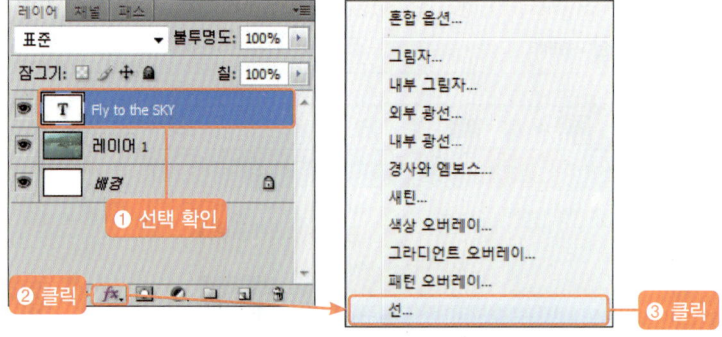

❷ [레이어 스타일(Layer Style)] 대화 상자에서 조건으로 제시된 크기와 색상을 지정한 후 〈확인〉 단추를 클릭합니다.

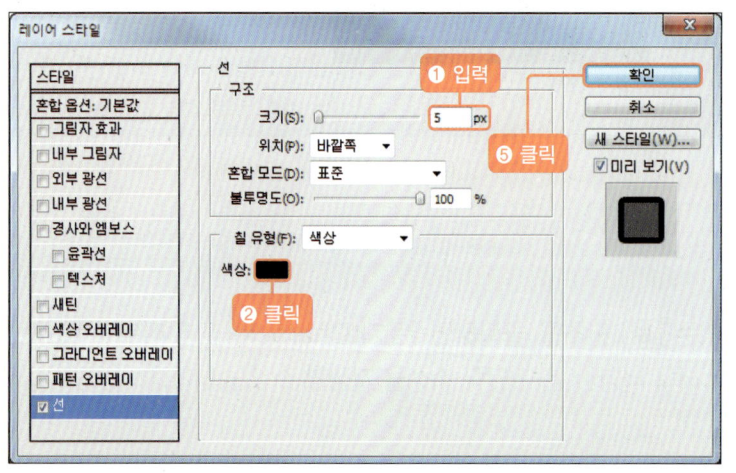

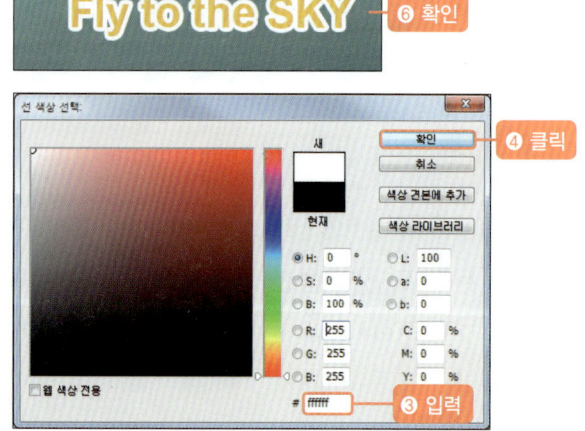

• "나의 꿈, 하늘을 날다" ⇒ 글꼴(궁서체), 크기(32pt), 색상(#00ff00), 앤티 앨리어싱 : 선명하게[Sharp],
레이어 스타일 – 선/획[Stroke] (크기 : 3px, 색상 : #000000)

① [T. 수평 문자 도구(Horizontal Type Tool)]를 이용하여 한글 텍스트(나의 꿈, 하늘을 날다)를 입력한 다음 블록 설정 후 옵션 바에서 글꼴 속성을 지정합니다.

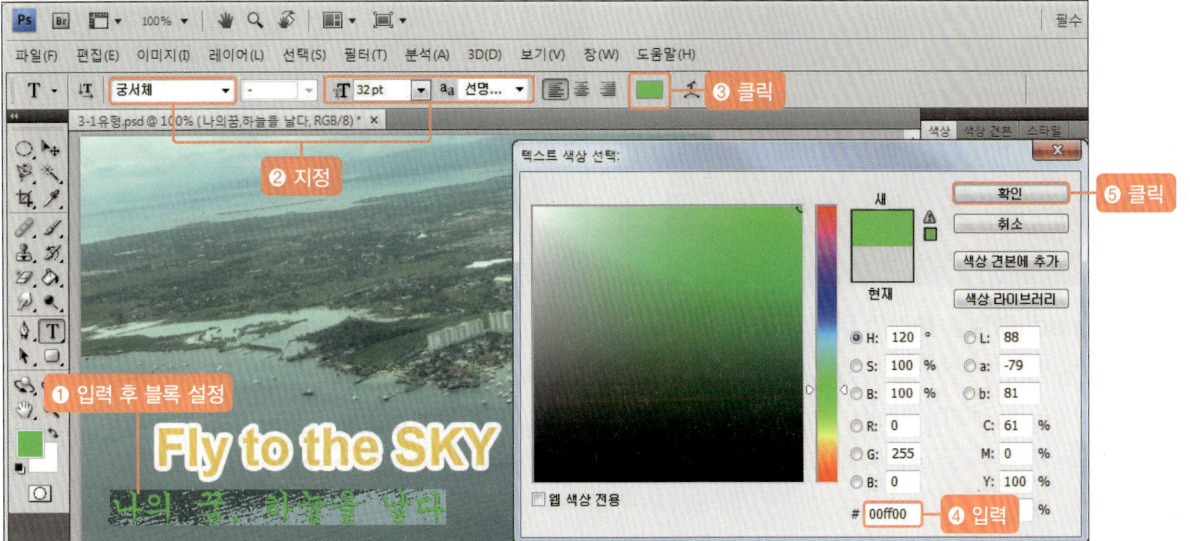

② [fx. (레이어 스타일 추가)]–[선(Stroke)]을 이용하여 레이어 스타일을 지정한 후 텍스트의 위치를 적당하게 조정합니다.

출제 유형 완전 정복 : 텍스트 입력하기

01 원본파일을 처리조건에 따라 결과파일로 완성하시오.

＊ 소스 파일 : 3-1정복1.psd   ＊ 정답 파일 : 3-1정복1(완성).psd

원본파일

결과파일

▶ '3-1정복1.psd' 파일을 불러와 다음과 같이 처리하시오.
- "Turtle Car" ⇒ 글꼴(Arial), 글꼴 스타일(Bold), 크기(48pt), 색상(#ffffff), 앤티 앨리어싱 : 선명하게[Sharp],
  레이어 스타일 − 선/획[Stroke] (크기 : 5px, 색상 : #009933)
- "거북이의 소원" ⇒ 글꼴(궁서체), 크기(32pt), 색상(#0033ff), 앤티 앨리어싱 : 선명하게[Sharp],
  레이어 스타일 − 선/획[Stroke] (크기 : 3px, 색상 : #ffffff)

02 원본파일을 처리조건에 따라 결과파일로 완성하시오.

＊ 소스 파일 : 3-1정복2.psd   ＊ 정답 파일 : 3-1정복2(완성).psd

원본파일

결과파일

▶ 앞에서 작성한 결과물을 이용하거나, 또는 '3-1정복2.psd' 파일을 불러와 다음과 같이 변경하시오.
- "Turtle Car" ⇒ 글꼴(Arial), 글꼴 스타일(Bold Italic), 크기(50pt), 색상(#ffff00), 앤티 앨리어싱 :
  선명하게[Sharp], 레이어 스타일 − 선/획[Stroke] (크기 : 5px, 색상 : #000000)
- "간절히 원하면 이루어진다" ⇒ 글꼴(궁서체), 크기(36pt), 색상(#cc6699), 앤티 앨리어싱 : 선명하게
  [Sharp], 레이어 스타일 − 선/획[Stroke] (크기 : 4px, 색상 : #ffffff)

03 원본파일을 처리조건에 따라 결과파일로 완성하시오.

＊ 소스 파일 : 3-1정복3.psd   ＊ 정답 파일 : 3-1정복3(완성).psd

원본파일

결과파일

▶ '3-1정복3.psd' 파일을 불러와 다음과 같이 처리하시오.

- 필터 효과 ⇒ 텍스처화[Texturizer]를 이용하여 필터 적용 (텍스처[Texture] : 삼베[Burlap])
- "We are The World" ⇒ 글꼴(Arial), 글꼴 스타일(Bold), 크기(48pt), 색상(#00aa00), 앤티 앨리어싱 : 선명하게[Sharp], 레이어 스타일 – 선/획[Stroke] (크기 : 4px, 색상 : #ffffff)
- "함께 하면 아름답습니다" ⇒ 글꼴(휴먼옛체), 크기(38pt), 색상(#00bff3), 앤티 앨리어싱 : 선명하게[Sharp], 레이어 스타일 – 선/획[Stroke] (크기 : 4px, 색상 : #0000ff)

04 원본파일을 처리조건에 따라 결과파일로 완성하시오.

＊ 소스 파일 : 3-1정복4.psd   ＊ 정답 파일 : 3-1정복4(완성).psd

원본파일

결과파일

▶ '3-1정복4.psd' 파일을 불러와 다음과 같이 처리하시오.

- 밝기 조정 ⇒ 곡선[Curves]을 이용하여 이미지 조정 (입력[Input] : 70, 출력[Output] : 110)
- "Food Waste Zero" ⇒ 글꼴(Arial), 글꼴 스타일(Bold Italic), 크기(50pt), 색상(#ff0000), 앤티 앨리어싱 : 선명하게[Sharp], 레이어 스타일 – 선/획[Stroke] (크기 : 5px, 색상 : #ebebeb)
- "버려지는 음식 매년 25조원" ⇒ 글꼴(궁서), 크기(36pt), 색상(#ffffff), 앤티 앨리어싱 : 선명하게[Sharp], 레이어 스타일 – 선/획[Stroke] (크기 : 2px, 색상 : #0054a6)

05 원본파일을 처리조건에 따라 결과파일로 완성하시오.

＊ 소스 파일 : 3-1정복5.psd   ＊ 정답 파일 : 3-1정복5(완성).psd

원본파일

결과파일

▶ '3-1정복5.psd' 파일을 불러와 다음과 같이 처리하시오.

- ① ⇒ 복구 브러쉬 도구[Healing Brush Tool]를 이용하여 이미지 제거
- "Let's Warm Up!" ⇒ 글꼴(Arial), 글꼴 스타일(Bold), 크기(48pt), 색상(#ffffff), 앤티 앨리어싱 : 선명하게[Sharp], 레이어 스타일 – 선/획[Stroke] (크기 : 4px, 색상 : #00adef)
- "물놀이 전 반드시 준비운동!" ⇒ 글꼴(궁서체), 크기(38pt), 색상(#000000), 앤티 앨리어싱 : 선명하게 [Sharp], 레이어 스타일 – 선/획[Stroke] (크기 : 3px, 색상 : #ffff00)

06 원본파일을 처리조건에 따라 결과파일로 완성하시오.

＊ 소스 파일 : 3-1정복6.psd   ＊ 정답 파일 : 3-1정복6(완성).jpg / psd

원본파일

결과파일

▶ '3-1정복6.psd' 파일을 불러와 다음과 같이 처리하시오.

- ① ⇒ 색조/채도[Hue/Saturation]를 이용하여 보라색 계열로 보정
- "생각의 전환" ⇒ 글꼴(HY견고딕), 크기(72pt), 색상(#8800ff), 앤티 앨리어싱 : 선명하게[Sharp], 레이어 스타일 – 선/획[Stroke] (크기 : 2px, 색상 : #ffffff)

▶ 다음과 같은 규칙으로 JPG 파일과 PSD 파일을 각각 저장하시오.

JPG	파일명	3-1정복6.JPG	PSD	파일명	3-1정복6.PSD
	크기	600 × 400 픽셀[Pixels]		크기	60 × 45 픽셀[Pixels]

모양 도구 이용하기

- 사용자 정의 모양 삽입하기
- 레이어 스타일 지정하기

◆ 문 제 미 리 보 기

＊소스 파일 : 3-2유형.psd　＊정답 파일 : 3-2유형(완성).psd

원본파일	결과파일

▶ '3-2유형.psd' 파일을 불러와 다음과 같이 처리하시오.

- ① ⇒ 모양 도구[Shape Tool] 이용
  레이어 스타일 – 선/획[Stroke] (크기 : 2px, 색상 : #00a650),
  　　　　　　　　그라디언트 오버레이[Gradient Overlay] (색상 : #00ff66 – #00aeff)

※ 시험에서 중요한 포인트

1. 시험의 〈문제2〉에 출제되는 기능입니다.

2. 모양 도구의 목록에서 제시된 정확한 모양을 선택해야 합니다. 모양 목록에 모든 모양을 표시하는 방법을 꼭 알아 두세요.

3. 레이어 스타일에서 선 이외에 그라디언트 오버레이 효과를 추가로 지정하도록 출제됩니다.

사용자 정의 모양 삽입하기

❶ 포토샵 프로그램을 실행하고, '3-2유형.psd' 파일을 불러옵니다.

❷ 도구 상자에서 [🔲 사용자 정의 모양 도구(Custom Shape Tool)]를 선택하고, 옵션 바의 [모양] 목록에서 원하는 모양을 선택합니다.

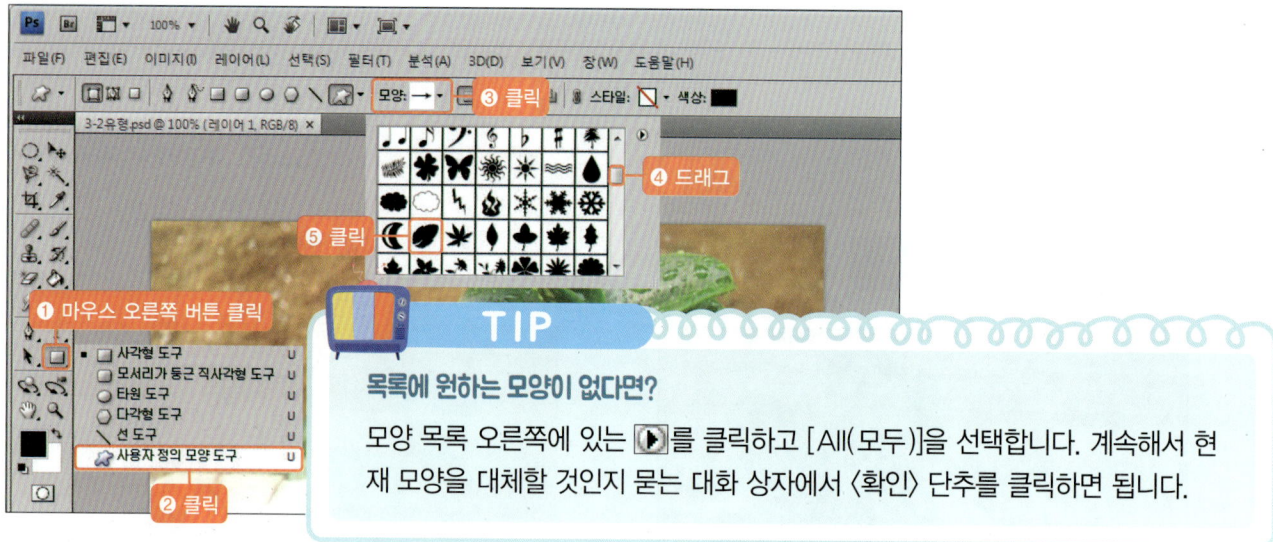

❸ 모양 선택 후 캔버스의 원하는 위치에서 드래그하여 모양을 그립니다.

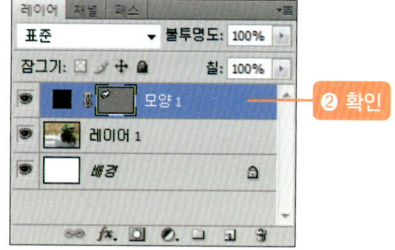

레이어 스타일 지정하기

❶ [레이어(Layers)] 팔레트에서 〈 *fx.* (레이어 스타일 추가)〉 단추를 클릭한 후 [선(Stroke)] 메뉴를 선택하여 크기(2px)와 색상(#00a650)을 지정합니다.

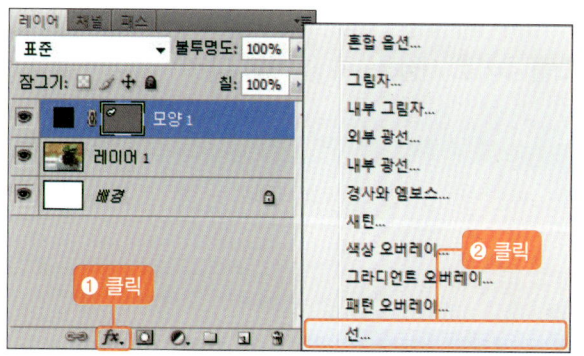
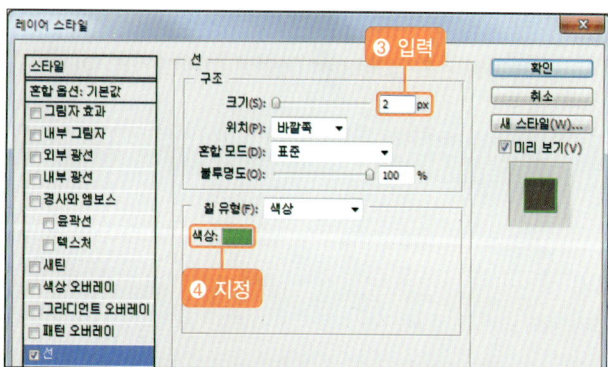

❷ 대화 상자를 닫지 말고, [스타일] 목록에서 [그라디언트 오버레이(Gradient Overlay)]를 클릭한 다음 색상띠 부분을 클릭합니다.

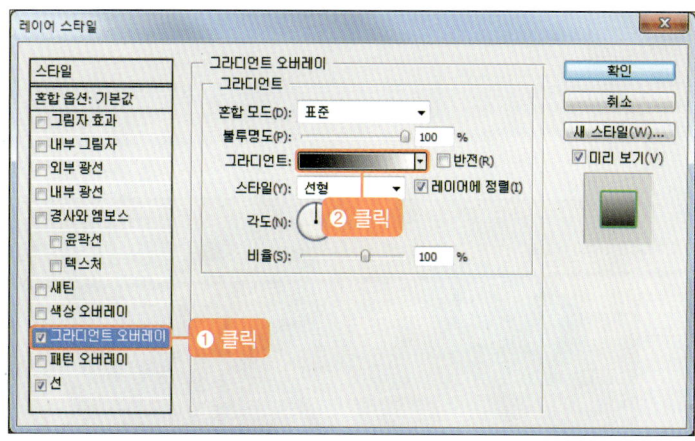

❸ 왼쪽 아래에 있는 색상 정지점(█)을 더블클릭하여 첫 번째 색상(#00ff66)을 지정하고, 계속하여 오른쪽 아래에 있는 색상 정지점(█)을 더블클릭하여 두 번째 색상(#00aeff)을 지정합니다.

❹ [그라디언트 편집기] 대화상자의 〈확인〉 단추를 클릭합니다.

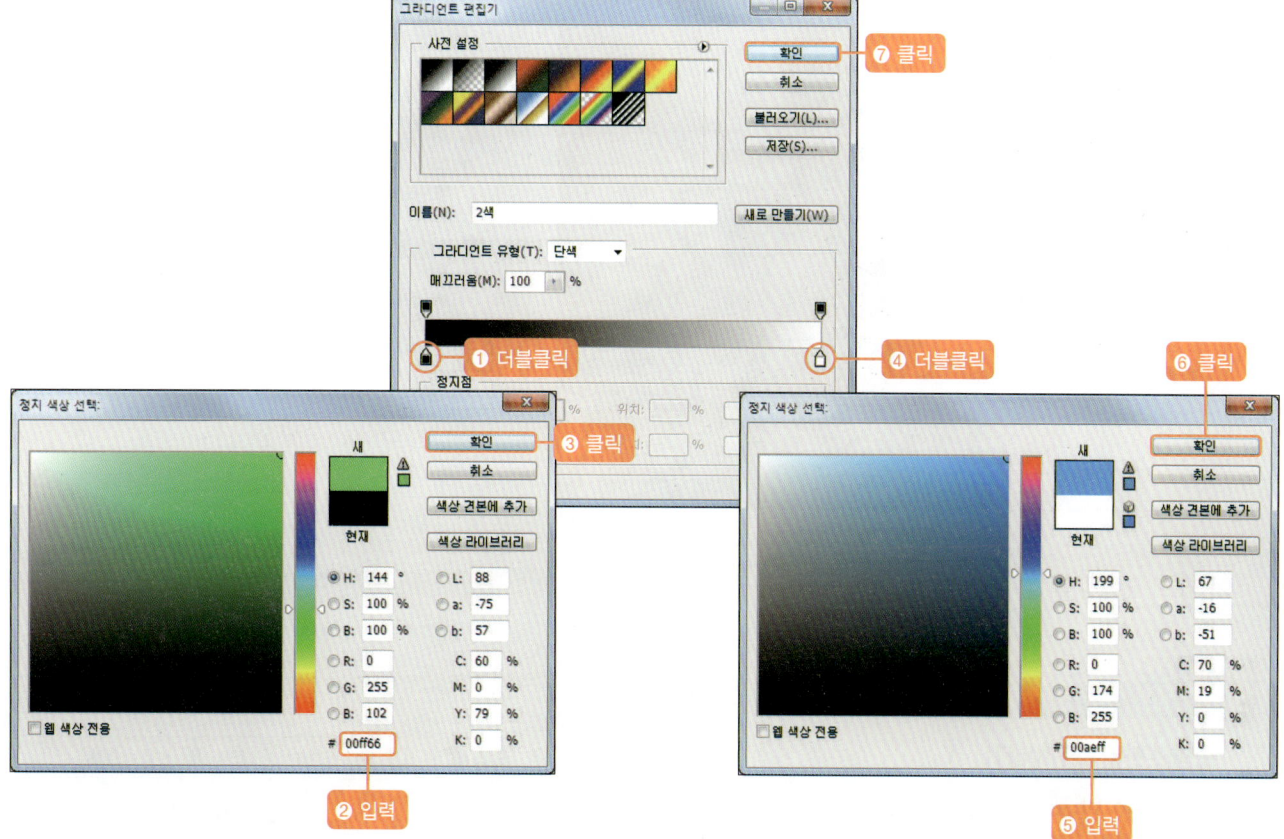

❺ [레이어 스타일] 대화 상자가 나오면 그라디언트 색상을 확인한 후 〈확인〉 단추를 클릭합니다.

❻ 계속해서 마우스를 드래그하여 같은 모양을 한 개 더 그립니다.

※ 사용자 정의 모양 도구(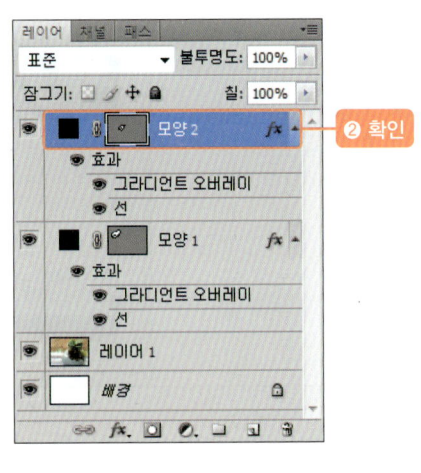)가 선택된 상태에서 작업합니다.

❼ 완성된 결과를 확인하고 저장합니다.

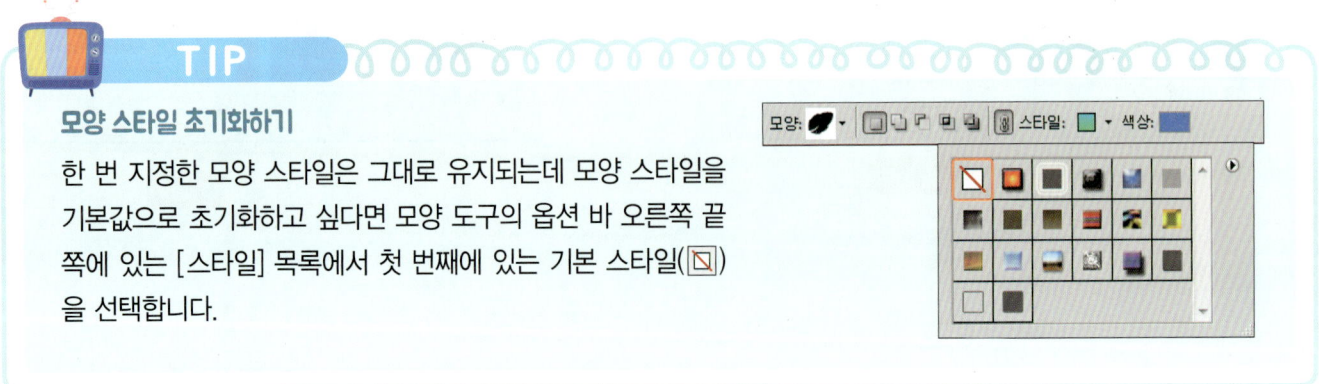

TIP

모양 스타일 초기화하기

한 번 지정한 모양 스타일은 그대로 유지되는데 모양 스타일을
기본값으로 초기화하고 싶다면 모양 도구의 옵션 바 오른쪽 끝
쪽에 있는 [스타일] 목록에서 첫 번째에 있는 기본 스타일(▨)
을 선택합니다.

01 원본파일을 처리조건에 따라 결과파일로 완성하시오.

※ 소스 파일 : 3-2정복1.psd   ※ 정답 파일 : 3-2정복1(완성).psd

원본파일

결과파일

▶ '3-2정복1.psd' 파일을 불러와 다음과 같이 처리하시오.

- ① ⇒ 모양 도구[Shape Tool] 이용

  레이어 스타일 – 선/획[Stroke] (크기 : 3px, 색상 : #fffc00),

  그라디언트 오버레이[Gradient Overlay] (색상 : #ff0000 – #ffffff)

02 원본파일을 처리조건에 따라 결과파일로 완성하시오.

※ 소스 파일 : 3-2정복2.psd   ※ 정답 파일 : 3-2정복2(완성).psd

원본파일

결과파일

▶ '3-2정복2.psd' 파일을 불러와 다음과 같이 처리하시오.

- ① ⇒ 모양 도구[Shape Tool] 이용

  레이어 스타일 – 선/획[Stroke] (크기 : 4px, 색상 : #c2c2c2),

  그라디언트 오버레이[Gradient Overlay] (색상 : #aa00bb – #ffef00)

03 원본파일을 처리조건에 따라 결과파일로 완성하시오.

＊ 소스 파일 : 3-2정복3.psd ＊ 정답 파일 : 3-2정복3(완성).psd

원본파일

결과파일

▶ '3-2정복3.psd' 파일을 불러와 다음과 같이 처리하시오.

- ① ⇒ 모양 도구[Shape Tool] 이용
  레이어 스타일 – 선/획[Stroke] (크기 : 2px, 색상 : #ffffff),
  　　　　　　　　그라디언트 오버레이[Gradient Overlay] (색상 : #00ff00 – #ffff00)
- "Friendship" ⇒ 글꼴(Arial), 글꼴 스타일(Bold), 크기(48pt), 색상(#ee0044), 앤티 앨리어싱 :
  　　　　　　　선명하게[Sharp], 레이어 스타일 – 선/획[Stroke] (크기 : 4px, 색상 : #ffff00)

04 원본파일을 처리조건에 따라 결과파일로 완성하시오.

＊ 소스 파일 : 3-2정복4.psd ＊ 정답 파일 : 3-2정복4(완성).psd

원본파일

결과파일

▶ '3-2정복4.psd' 파일을 불러와 다음과 같이 처리하시오.

- ① ⇒ 모양 도구[Shape Tool] 이용
  레이어 스타일 – 선/획[Stroke] (크기 : 4px, 색상 : #ff0000),
  　　　　　　　　그라디언트 오버레이[Gradient Overlay] (색상 : #ffffff – #00a650)
- "최선을 다했어요" ⇒ 글꼴(궁서체), 크기(32pt), 색상(#55ccff), 앤티 앨리어싱 : 선명하게[Sharp],
  　　　　　　　레이어 스타일 – 선/획[Stroke] (크기 : 2px, 색상 : #000000)

출제 유형 완전 정복 : 모양 도구 이용하기

05 원본파일을 처리조건에 따라 결과파일로 완성하시오.

* 소스 파일 : 3-2정복5.psd * 정답 파일 : 3-2정복5(완성).psd

원본파일

결과파일

▶ '3-2정복5.psd' 파일을 불러와 다음과 같이 처리하시오.

- ① ⇒ 모양 도구[Shape Tool] 이용
  레이어 스타일 – 선/획[Stroke] (크기 : 2px, 색상 : #004a80),
  그라디언트 오버레이[Gradient Overlay] (색상 : #00aaee – #e1e1e1)
- "비가 오면 생각나는 것은?" ⇒ 글꼴(돋움체), 크기(42pt), 색상(#ffffff), 앤티 앨리어싱 : 선명하게[Sharp],
  레이어 스타일 – 선/획[Stroke] (크기 : 2px, 색상 : #0072bc)

06 원본파일을 처리조건에 따라 결과파일로 완성하시오.

* 소스 파일 : 3-2정복6.psd * 정답 파일 : 3-2정복6(완성).psd

원본파일

결과파일

▶ '3-2정복6.psd' 파일을 불러와 다음과 같이 처리하시오.

- ① ⇒ 모양 도구[Shape Tool] 이용
  레이어 스타일 – 선/획[Stroke] (크기 : 4px, 색상 : #00adef),
  그라디언트 오버레이[Gradient Overlay] (색상 : #fff200 – #000000, 각도[Angle] : 45°)
- "Cargo Train" ⇒ 글꼴(Arial), 글꼴 스타일(Bold Italic), 크기(60pt), 색상(#0000ff), 앤티 앨리어싱 :
  선명하게[Sharp], 레이어 스타일 – 선/획[Stroke] (크기 : 2px, 색상 : #f26622)

03
출제유형

오려낸 사진 합성하기

● 선택 영역 지정해 복사하기
● 레이어 이름 변경과 그림자 효과

◆◆ 문제 미리보기

*소스 파일 : 3-3유형.psd   *정답 파일 : 3-3유형(완성).psd

원본파일

결과파일

▶ '3-3유형.psd' 파일을 불러와 다음과 같이 처리하시오.

▶ '사진3-1.jpg'를 이용하여 새로운 레이어를 생성하시오.

　• 이미지 복사 ⇒ 자유 변형[Free Transform]으로 크기 변형, 레이어 이름 – '사슴'
　　레이어 스타일 – 그림자 효과[Drop Shadow] (혼합모드[Blend Mode] : 곱하기[Multiply],
　　각도[Angle] : 90˚)

※ 시험에서 중요한 포인트

1. 〈문제2〉에서는 이미지 2개를 하나로 합성하는 작업이 출제됩니다.

2. 이미지 합성의 첫 번째 예제로, 원하는 영역을 따로 선택하여 복사해 오는 방법을 배웁니다.

3. 문제의 〈결과파일〉을 보고 원본에서 필요한 영역만 따로 선택하여 복사한 후 효과를 지정합니다.

4. 레이어 이름을 변경하는 작업을 잊지 않도록 합니다.

❶ 포토샵 프로그램을 실행하고, '3-3유형.psd' 파일과 '사진3-1.jpg' 파일을 불러옵니다.

❷ 복사해올 이미지가 있는 사진에서 [선택 도구]를 이용하여 선택 영역을 지정합니다.

❸ 선택 영역이 지정된 상태에서 **Ctrl**+**C** 키를 눌러 복사하고, PSD 창으로 이동하여 **Ctrl**+**V** 키를 눌러 붙여 넣습니다.

❹ 복사한 이미지의 크기를 조정하기 위하여, [편집(Edit)]-[자유 변형(Free Transform)] 메뉴를 선택합니다(**Ctrl**+**T**).

❺ 조절점을 드래그(⬉)해 복사해온 이미지의 크기를 변경합니다. 이때 **Shift** 키를 누른 채 드래그하면 가로/세로 비율을 고정한 채 크기를 변경할 수 있습니다.

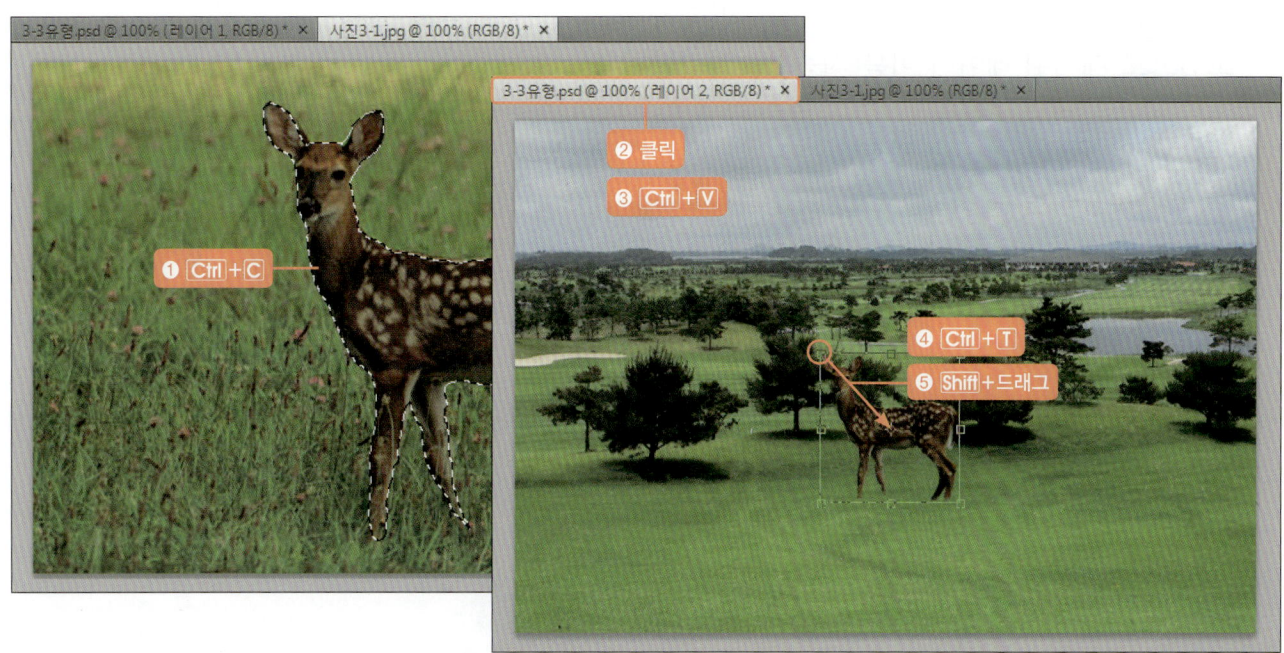

❻ 내부를 드래그(▶)해 위치를 적당하게 이동한 후, 더블클릭하면 자유 변형이 완료됩니다.

 **TIP**

이미지 회전과 대칭

자유 변형 상태에서 조절점 바깥쪽으로 마우스 포인터를 이동하면 회전 핸들(↻)로 바뀌는데 이 때 원하는 방향으로 드래그해 회전할 수 있습니다. 또, [편집(Edit)]–[변형(Transform)] 메뉴에 있는 [가로로 뒤집기(Flip Horizontal)]나 [세로로 뒤집기(Flip Vertical)]을 이용해 대칭할 수도 있습니다.

유형체크 02 레이어 이름 변경과 그림자 효과

• 이미지 복사 ⇒ 자유 변형[Free Transform]으로 크기 변형, 레이어 이름 – '사슴'
레이어 스타일 – 그림자 효과[Drop Shadow] (혼합모드[Blend Mode] : 곱하기[Multiply], 각도[Angle] : 90°)

❶ [레이어(Layers)] 팔레트에서 복사로 인하여 새로 만들어진 레이어의 이름 부분을 더블클릭하여 조건으로 제시된 레이어 이름(사슴)을 입력합니다.

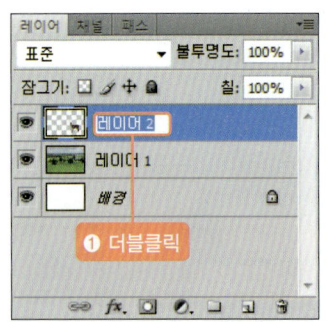  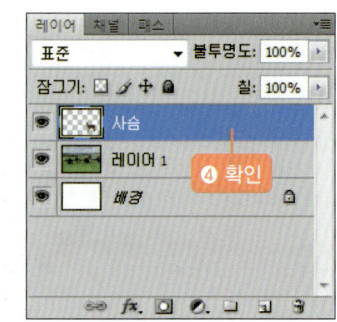

❷ '사슴' 레이어의 〈 fx. (레이어 스타일 추가)〉 단추를 클릭한 후 [그림자(Drop Shadow)] 메뉴를 선택합니다.

❸ [혼합 모드(Blend Mode)]가 [곱하기(Multiply)]로 되어 있는지 확인하고, [각도(Angle)]를 '90'으로 지정한 후 〈확인〉 단추를 클릭합니다.

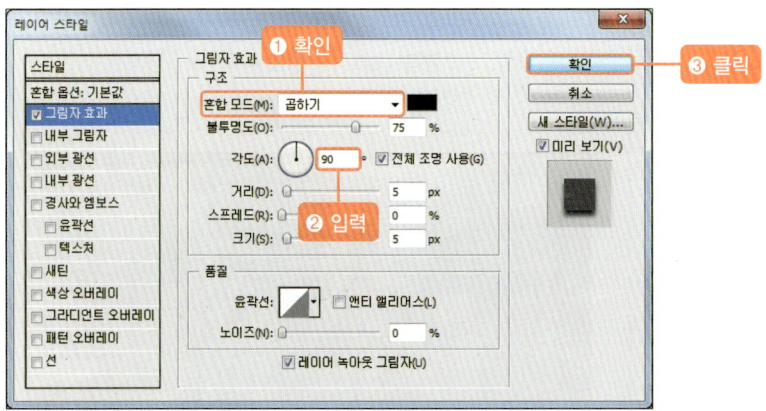

❹ 완성된 결과를 확인하고 저장합니다.

01 원본파일을 처리조건에 따라 결과파일로 완성하시오.

＊ 소스 파일 : 3-3정복1.psd ＊ 정답 파일 : 3-3정복1(완성).psd

원본파일

결과파일

▶ '3-3정복1.psd' 파일을 불러와 다음과 같이 처리하시오.

▶ '사진3-2.jpg'를 이용하여 새로운 레이어를 생성하시오.

　• 이미지 복사 ⇒ 자유 변형[Free Transform]으로 크기 변형, 레이어 이름 – '우리들'
　　　　　　 레이어 스타일 – 그림자 효과[Drop Shadow] (혼합모드[Blend Mode] : 곱하기[Multiply],
　　　　　　 각도[Angle] : 90°)

02 원본파일을 처리조건에 따라 결과파일로 완성하시오.

＊ 소스 파일 : 3-3정복2.psd ＊ 정답 파일 : 3-3정복2(완성).psd

원본파일

결과파일

▶ '3-3정복2.psd' 파일을 불러와 다음과 같이 처리하시오.

　• "NO FISHING" ⇒ 글꼴(Arial), 글꼴 스타일(Bold Italic), 크기(48pt), 색상(#fe0000), 앤티 앨리어싱 :
　　　　　　 선명하게[Sharp], 레이어 스타일 – 선/획[Stroke] (크기 : 2px, 색상 : #ffe400)

▶ '사진3-3.jpg'를 이용하여 새로운 레이어를 생성하시오.

　• 이미지 복사 ⇒ 자유 변형[Free Transform]으로 크기 변형, 레이어 이름 – '악어'
　　　　　　 레이어 스타일 – 그림자 효과[Drop Shadow] (혼합모드[Blend Mode] : 곱하기[Multiply],
　　　　　　 각도[Angle] : 180°)

출제 유형 완전 정복 : 오려낸 사진 합성하기

03 원본파일을 처리조건에 따라 결과파일로 완성하시오.

＊ 소스 파일 : 3-3정복3.psd ＊ 정답 파일 : 3-3정복3(완성).psd

원본파일

결과파일

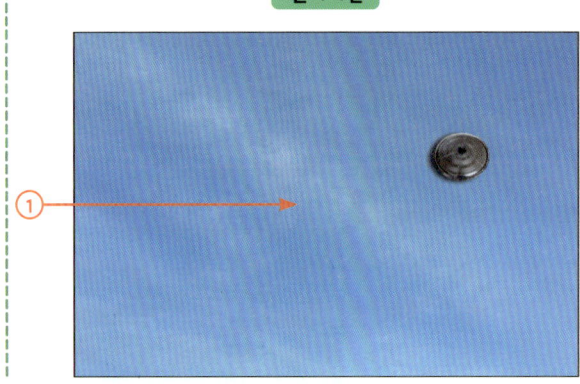

▶ '3-3정복3.psd' 파일을 불러와 다음과 같이 처리하시오.

• ① ⇒ 복구 브러쉬 도구[Healing Brush Tool]를 이용하여 이미지 제거

▶ '사진3-4.jpg'를 이용하여 새로운 레이어를 생성하시오.

• 이미지 복사 ⇒ 자유 변형[Free Transform]으로 크기 변형, 레이어 이름 - '유에프오'
레이어 스타일 - 그림자 효과[Drop Shadow] (혼합모드[Blend Mode] : 곱하기
[Multiply], 각도[Angle] : 20°)

04 원본파일을 처리조건에 따라 결과파일로 완성하시오.

＊ 소스 파일 : 3-3정복4.psd ＊ 정답 파일 : 3-3정복4(완성).psd

원본파일

결과파일

▶ '3-3정복4.psd' 파일을 불러와 다음과 같이 처리하시오.

• ① ⇒ 색조/채도[Hue/Saturation]를 이용하여 파랑색 계열로 보정

▶ '사진3-5.jpg'를 이용하여 새로운 레이어를 생성하시오.

• 이미지 복사 ⇒ 자유 변형[Free Transform]으로 크기 변형, 레이어 이름 - '나비'
레이어 스타일 - 그림자 효과[Drop Shadow] (혼합모드[Blend Mode] : 곱하기
[Multiply], 각도[Angle] : 60°)

05 원본파일을 처리조건에 따라 결과파일로 완성하시오.

* 소스 파일 : 3-3정복5.psd　　* 정답 파일 : 3-3정복5(완성).jpg / psd

원본파일

결과파일

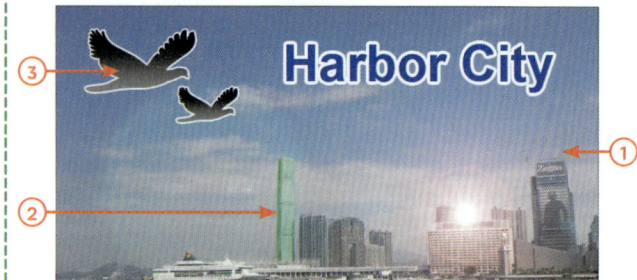

③ →
② →
① →

▶ '3-3정복5.psd' 파일을 불러와 불러와 다음과 같이 캔버스 크기를 변경하시오.

- 캔버스 크기[Canvas Size] ⇒ 가로(650 픽셀[Pixels]) × 세로(450 픽셀[Pixels])

▶ '사진3-6.jpg' 이미지를 불러와 기존 캔버스에 복사한 후 다음과 같이 처리하시오.

- ① ⇒ 복구 브러쉬 도구[Healing Brush Tool]를 이용하여 이미지 제거
- ② ⇒ 색조/채도[Hue/Saturation]를 이용하여 초록색 계열로 보정
- 밝기 조정 ⇒ 곡선[Curves]을 이용하여 이미지 조정 (입력[Input] : 90, 출력[Output] : 110)
- 필터 효과 ⇒ 렌즈 플레어[Lens Flare]를 이용하여 필터 적용
  　　　　　　(렌즈 유형[Lens Type] : 35mm 프라임[35mm Prime], 명도[Brightness] : 120%)
- ③ ⇒ 모양 도구[Shape Tool] 이용
  　　레이어 스타일 – 선/획[Stroke] (크기 : 2px, 색상 : #ffffff),
  　　　　　　　그라디언트 오버레이[Gradient Overlay] (색상 : #a0a0a0 – #000000)
- "Harbor City" ⇒ 글꼴(Arial), 글꼴 스타일(Bold), 크기(60pt), 색상(#0055cc), 앤티 앨리어싱 :
  　　　　　　선명하게[Sharp], 레이어 스타일 – 선/획[Stroke] (크기 : 4px, 색상 : #ffffff)
- "낭만을 꿈꾼다면..." ⇒ 글꼴(궁서체), 크기(42pt), 색상(#ec008c), 앤티 앨리어싱 : 선명하게[Sharp],
  　　　　　　레이어 스타일 – 선/획[Stroke] (크기 : 2px, 색상 : #fff600)

▶ '사진3-7.jpg'를 이용하여 새로운 레이어를 생성하시오.

- 이미지 복사 ⇒ 자유 변형[Free Transform]으로 크기 변형, 레이어 이름 – '페리호'
  　　　　레이어 스타일 – 그림자 효과[Drop Shadow] (혼합모드[Blend Mode] : 곱하기[Multiply],
  　　　　각도[Angle] : 100°)

▶ 지시사항이 없는 경우는 기본값을 적용하시오.

▶ 다음과 같은 규칙으로 JPG 파일과 PSD 파일을 각각 저장하시오.

JPG	파일명	3-3정복5.JPG	PSD	파일명	3-3정복5.PSD
	크기	600 × 400 픽셀[Pixels]		크기	65 × 45 픽셀[Pixels]

06 원본파일을 처리조건에 따라 결과파일로 완성하시오.

* 소스 파일 : 3-3정복6.psd * 정답 파일 : 3-3정복6(완성).jpg / psd

원본파일

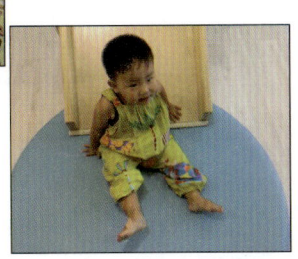

결과파일

▶ '3-3정복6.psd' 파일을 불러와 불러와 다음과 같이 캔버스 크기를 변경하시오.
  • 캔버스 크기[Canvas Size] ⇒ 가로(650 픽셀[Pixels]) × 세로(450 픽셀[Pixels])

▶ '사진3-8.jpg' 이미지를 불러와 기존 캔버스에 복사한 후 다음과 같이 처리하시오.
  • ① ⇒ 복구 브러쉬 도구[Healing Brush Tool]를 이용하여 이미지 제거
  • ② ⇒ 색조/채도[Hue/Saturation]를 이용하여 빨간색 계열로 보정
  • 밝기 조정 ⇒ 곡선[Curves]을 이용하여 이미지 조정 (입력[Input] : 80, 출력[Output] : 100)
  • 필터 효과 ⇒ 그물눈[Crosshatch]을 이용하여 필터 적용
            (선 길이[Stroke Length] : 8, 선명도[Sharpness] : 10, 강도[Strength] : 1)
  • ③ ⇒ 모양 도구[Shape Tool] 이용
       레이어 스타일 – 선/획[Stroke] (크기 : 2px, 색상 : #e8e8e8,
            그라디언트 오버레이[Gradient Overlay] (색상 : #0000ff – #ff0000)
  • "Dackjongie" ⇒ 글꼴(Arial), 글꼴 스타일(Bold Italic), 크기(52pt), 색상(#663300), 앤티 앨리어싱 :
            선명하게[Sharp], 레이어 스타일 – 선/획[Stroke] (크기 : 4px, 색상 : #ffcc83)
  • "전통문화의 숨결을 느끼며" ⇒ 글꼴(휴먼옛체), 크기(36pt), 색상(#0072bc), 앤티 앨리어싱 : 선명하게
            [Sharp], 레이어 스타일 – 선/획[Stroke] (크기 : 2px, 색상 : #ffffff)

▶ '사진3-9.jpg'를 이용하여 새로운 레이어를 생성하시오.
  • 이미지 복사 ⇒ 자유 변형[Free Transform]으로 크기 변형, 레이어 이름 – '동생'
            레이어 스타일 – 그림자 효과[Drop Shadow] (혼합모드[Blend Mode] : 곱하기[Multiply],
            각도[Angle] : 100°)

▶ 지시사항이 없는 경우는 기본값을 적용하시오.

▶ 다음과 같은 규칙으로 JPG 파일과 PSD 파일을 각각 저장하시오.

JPG	파일명	3-3정복6.JPG	PSD	파일명	3-3정복6.PSD
	크기	600 × 400 픽셀[Pixels]		크기	65 × 45 픽셀[Pixels]

04

출제유형

원 안에 사진 합성하기

- 크기 지정하여 원 삽입하기
- 원 안으로 이미지 복사해오기
- 레이어 스타일 지정하기

◆ 문제미리보기

＊소스 파일 : 3-4유형.psd　＊정답 파일 : 3-4유형(완성).psd

원본파일

결과파일

▶ '3-4유형.psd' 파일을 불러와 다음과 같이 처리하시오.

▶ 타원 도구[Ellipse Tool]와 '사진3-10.jpg'를 이용하여 새로운 레이어를 생성하시오.

- 원의 크기 ⇒ 160 px × 160 px (단, 클리핑 마스크 기능을 이용할 것), 레이어 스타일 −
  선/획[Stroke] (크기 : 4px, 색상 : #ffcc83, 위치 : 안쪽[Inside]),
  그림자 효과[Drop Shadow] (혼합모드[Blend Mode] : 곱하기[Multiply], 각도[Angle] : 60°)

※ 시험에서 중요한 포인트

1. 시험에 출제되는 이미지 합성의 두 번째 예제로, 원 모양 안에 다른 이미지를 합성하는 방법을 배웁니다.

2. 클리핑 마스크라는 새로운 개념이 등장하지만, 나머지 사항은 이미 앞에서 배운 내용입니다.

3. 레이어 스타일은 모양 레이어에 적용해야 하므로 레이어 선택에 주의하여 작업합니다.

① 포토샵 프로그램을 실행하고, '3-4유형.psd' 파일을 불러옵니다.

② 도구 상자에서 [🔘 타원 도구(Ellipse Tool)]를 선택하고, 마우스를 드래그하여 원을 그립니다.

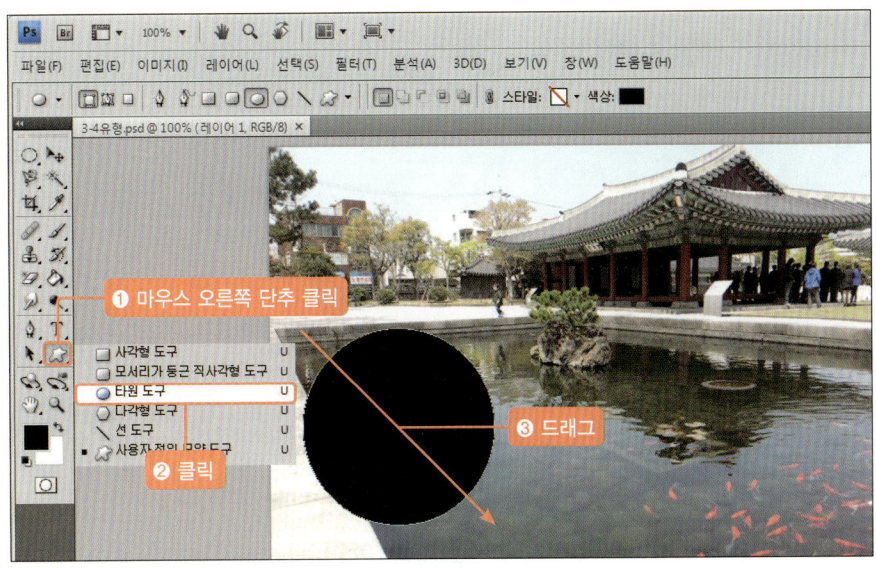

③ **Ctrl** + **T** 키를 눌러 자유 변형을 실행한 후, 옵션 바에서 조건으로 제시된 정확한 크기(160px × 160px)를 [W]와 [H]에 입력합니다.

④ 원 내부를 드래그하여 위치를 적당하게 조정하고, 내부를 더블클릭하여 변형을 완료합니다.

① '사진3-10.jpg'를 불러온 다음, **Ctrl** + **A** 로 이미지 전체를 선택한 후 **Ctrl** + **C**, **Ctrl** + **V** 를 이용하여 PSD 파일에 이미지를 복사합니다.

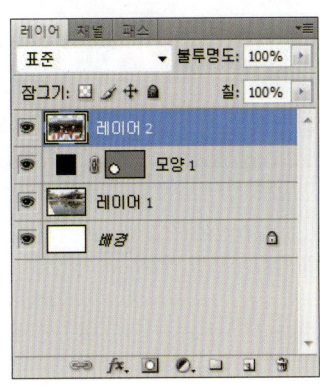

❷ 원 안에만 이미지를 표시하기 위하여, [레이어(Layer)]−[클리핑 마스크 만들기(Create Clipping Mask)] 메뉴를 클릭합니다(Alt + Ctrl + G).

 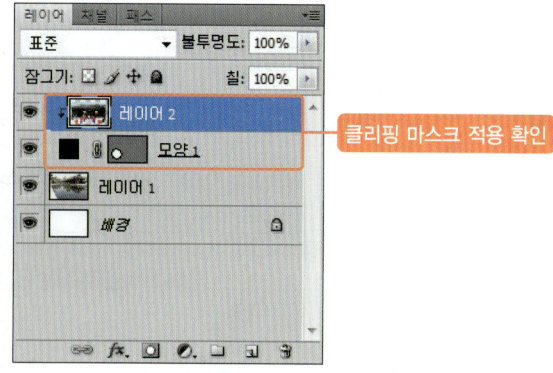

클리핑 마스크 적용 확인

 TIP

클리핑 마스크를 지정하는 다른 방법

[레이어(Layers)] 팔레트에서 레이어 이름을 오른쪽 단추로 클릭한 후 바로가기 메뉴에서 [클리핑 마스크 만들기(Create Clipping Mask)]를 선택해도 됩니다. 또, 클리핑마스크를 지정할 레이어 이름 사이의 경계선을 Alt 키를 누른 채 클릭해도 됩니다.

❸ Ctrl + T 키를 눌러 자유 변형을 실행한 후, 이미지의 크기와 위치를 결과 화면과 같게 조정합니다. 완료된 후에는 내부를 더블클릭하여 변형을 완료합니다.

❶ Ctrl + T

❷ 크기 및 위치 조절

❸ 더블클릭

레이어 스타일 – 선/획[Stroke] (크기 : 4px, 색상 : #fff200, 위치 : 안쪽[Inside]),
　　　　그림자 효과[Drop Shadow] (혼합모드[Blend Mode] : 곱하기[Multiply], 각도[Angle] : 60°)

❶ [레이어(Layers)] 팔레트에서 모양 레이어를 선택하고, 〈 _fx._ (레이어 스타일 추가)〉 단추를 이용하여 선(Stroke)과 그림자 효과(Drop Shadow)를 지정합니다.

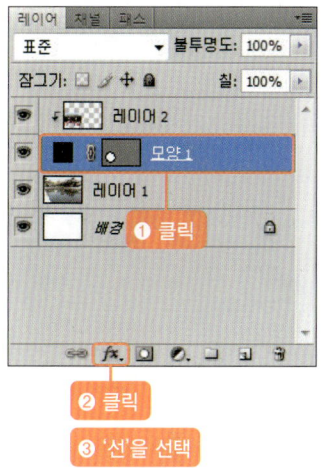

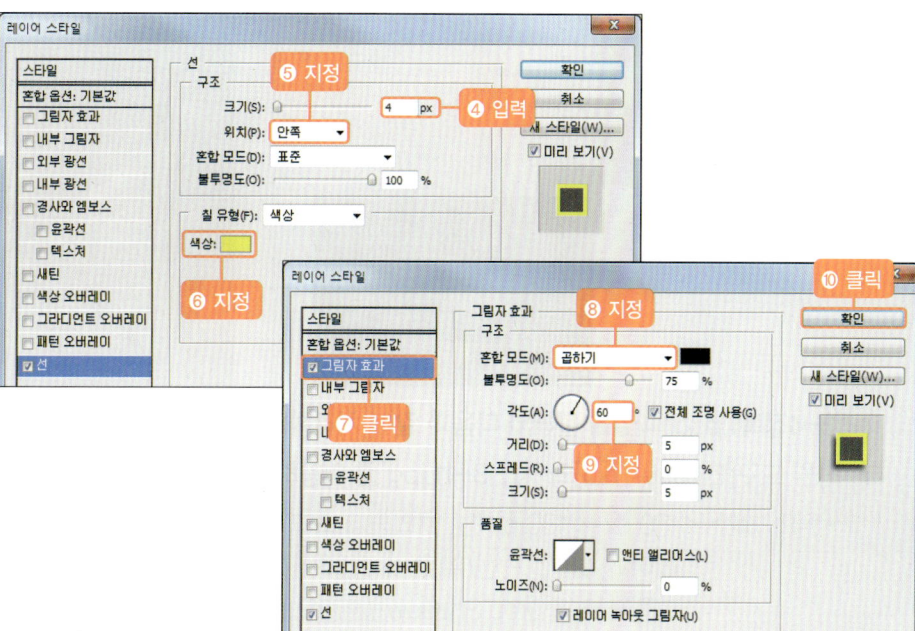

❷ 원 부분의 테두리 선과 그림자 효과가 지정된 것을 확인할 수 있습니다.

TIP

합성한 이미지의 위치를 조정하려면?

[레이어(Lyers)] 팔레트에서 **Shift** 키를 누른 채 함께 움직일 레이어들(이미지와 모양)을 함께 선택한 후 ▶+ [이동 도구(Move Tool)]를 이용해 위치를 이동합니다.

출제 유형 완전 정복 : 원 안에 사진 합성하기

01 원본파일을 처리조건에 따라 결과파일로 완성하시오.

＊ 소스 파일 : 3-4정복1.psd　＊ 정답 파일 : 3-4정복1(완성).psd

원본파일

결과파일

▶ '3-4정복1.psd' 파일을 불러와 다음과 같이 처리하시오.

▶ 타원 도구[Ellipse Tool]와 '사진3-11.jpg'를 이용하여 새로운 레이어를 생성하시오.

　• 원의 크기 ⇒ 180 px × 180 px (단, 클리핑 마스크 기능을 이용할 것)
　　　　레이어 스타일 – 선/획[Stroke] (크기 : 4px, 색상 : #cc4400, 위치 : 안쪽[Inside]),
　　　　그림자 효과[Drop Shadow] (혼합모드[Blend Mode] : 곱하기[Multiply], 각도[Angle] : 90°)

02 원본파일을 처리조건에 따라 결과파일로 완성하시오.

＊ 소스 파일 : 3-4정복2.psd　＊ 정답 파일 : 3-4정복2(완성).psd

원본파일

결과파일

▶ '3-4정복2.psd' 파일을 불러와 다음과 같이 처리하시오.

▶ 타원 도구[Ellipse Tool]와 '사진3-12.jpg'를 이용하여 새로운 레이어를 생성하시오.

　• 원의 크기 ⇒ 180 px × 180 px (단, 클리핑 마스크 기능을 이용할 것)
　　　　레이어 스타일 – 선/획[Stroke] (크기 : 3px, 색상 : #ffff00, 위치 : 안쪽[Inside]),
　　　　그림자 효과[Drop Shadow] (혼합모드[Blend Mode] : 곱하기[Multiply], 각도[Angle] : 180°)

출제 유형 완전 정복 : 원 안에 사진 합성하기

03 원본파일을 처리조건에 따라 결과파일로 완성하시오.

* 소스 파일 : 3-4정복3.psd   * 정답 파일 : 3-4정복3(완성).psd

원본파일

결과파일

▶ '3-4정복3.psd' 파일을 불러와 다음과 같이 처리하시오.

▶ [사용자 정의 모양 도구(Custom Shape Tool)]와 '사진3-13.jpg'를 이용하여 새로운 레이어를 생성하시오.

- 모양의 크기 ⇒ 150 px × 150 px (단, 클리핑 마스크 기능을 이용할 것)
  레이어 스타일 – 선/획[Stroke] (크기 : 4px, 색상 : #000fff, 위치 : 안쪽[Inside]),
  그림자 효과[Drop Shadow] (혼합모드[Blend Mode] : 곱하기[Multiply], 각도[Angle] : 45°)

04 원본파일을 처리조건에 따라 결과파일로 완성하시오.

* 소스 파일 : 3-4정복4.psd   * 정답 파일 : 3-4정복4(완성).psd

원본파일

결과파일

▶ '3-4정복4.psd' 파일을 불러와 다음과 같이 처리하시오.

▶ [사용자 정의 모양 도구(Custom Shape Tool)]와 '사진3-14.jpg'를 이용하여 새로운 레이어를 생성하시오.

- 모양의 크기 ⇒ 300 px × 150 px (단, 클리핑 마스크 기능을 이용할 것)
  레이어 스타일 – 선/획[Stroke] (크기 : 2px, 색상 : #00bbff, 위치 : 안쪽[Inside]),
  그림자 효과[Drop Shadow] (혼합모드[Blend Mode] : 곱하기[Multiply], 각도[Angle] : 60°)

05 원본파일을 처리조건에 따라 결과파일로 완성하시오.

＊ 소스 파일 : 3–4정복5.psd　＊ 정답 파일 : 3–4정복5(완성).jpg / psd

원본파일

결과파일

▶ '3–4정복5.psd' 파일을 불러와 불러와 다음과 같이 캔버스 크기를 변경하시오.

- 캔버스 크기[Canvas Size] ⇒ 가로(650 픽셀[Pixels]) × 세로(450 픽셀[Pixels])

▶ '사진3–15.jpg' 이미지를 불러와 기존 캔버스에 복사한 후 다음과 같이 처리하시오.

- ① ⇒ 모양 도구[Shape Tool] 이용
    레이어 스타일 – 선/획[Stroke] (크기 : 2px, 색상 : #00bff3),
    　　　　　　　그라디언트 오버레이[Gradient Overlay] (색상 : #ffffff – #5c5c5c)
- "Challenge" ⇒ 글꼴(Arial), 글꼴 스타일(Bold Italic), 크기(48pt), 색상(#fff200), 앤티 앨리어싱 :
    선명하게[Sharp], 레이어 스타일 – 선/획[Stroke] (크기 : 4px, 색상 : #cc8021)
- "불가능은 없다" ⇒ 글꼴(궁서체), 크기(42pt), 색상(#00bff3), 앤티 앨리어싱 : 선명하게[Sharp],
    레이어 스타일 – 선/획[Stroke] (크기 : 2px, 색상 : #ffffff)

▶ 타원 도구[Ellipse Tool]와 '사진3–16.jpg'를 이용하여 새로운 레이어를 생성하시오.

- 원의 크기 ⇒ 200 px × 200 px (단, 클리핑 마스크 기능을 이용할 것)
    레이어 스타일 – 선/획[Stroke] (크기 : 4px, 색상 : #cccccc, 위치 : 안쪽[Inside]),
    그림자 효과[Drop Shadow] (혼합모드[Blend Mode] : 곱하기[Multiply],
    각도[Angle] : 45°)

▶ 지시사항이 없는 경우는 기본값을 적용하시오.

▶ 다음과 같은 규칙으로 JPG 파일과 PSD 파일을 각각 저장하시오.

JPG	파일명	3–4정복5.JPG	PSD	파일명	3–4정복5.PSD
	크기	600 × 400 픽셀[Pixels]		크기	65 × 45 픽셀[Pixels]

06 원본파일을 처리조건에 따라 결과파일로 완성하시오.

* 소스 파일 : 3-4정복6.psd   * 정답 파일 : 3-4정복6(완성).jpg / psd

원본파일

결과파일

▶ '3-4정복6.psd' 파일을 불러와 불러와 다음과 같이 캔버스 크기를 변경하시오.

• 캔버스 크기[Canvas Size] ⇒ 가로(650 픽셀[Pixels]) × 세로(450 픽셀[Pixels])

▶ '사진3-17.jpg' 이미지를 불러와 기존 캔버스에 복사한 후 다음과 같이 처리하시오.

• ① ⇒ 모양 도구[Shape Tool] 이용
     레이어 스타일 – 선/획[Stroke] (크기 : 4px, 색상 : #ee1122),
          그라디언트 오버레이[Gradient Overlay] (색상 : #00b8c4 – #22ff55)
• "For Your Safety" ⇒ 글꼴(Arial), 글꼴 스타일(Bold), 크기(52pt), 색상(#ffffff), 앤티 앨리어싱 :
          선명하게[Sharp], 레이어 스타일 – 선/획[Stroke] (크기 : 2px, 색상 : #0285ff)
• "안전벨트는 생명벨트" ⇒ 글꼴(궁서), 크기(40pt), 색상(#00ee20), 앤티 앨리어싱 : 선명하게[Sharp],
          레이어 스타일 – 선/획[Stroke] (크기 : 4px, 색상 : #ffffff)

▶ 타원 도구[Ellipse Tool]와 '사진3-18.jpg'를 이용하여 새로운 레이어를 생성하시오.

• 원의 크기 ⇒ 160 px × 160 px (단, 클리핑 마스크 기능을 이용할 것)
     레이어 스타일 – 선/획[Stroke] (크기 : 4px, 색상 : #ffff00, 위치 : 안쪽[Inside]),
     그림자 효과[Drop Shadow] (혼합모드[Blend Mode] : 곱하기[Multiply],
     각도[Angle] : 60°)

▶ 지시사항이 없는 경우는 기본값을 적용하시오.

▶ 다음과 같은 규칙으로 JPG 파일과 PSD 파일을 각각 저장하시오.

JPG	파일명	3-4정복6.JPG	PSD	파일명	3-4정복6.PSD
	크기	600 × 400 픽셀[Pixels]		크기	65 × 45 픽셀[Pixels]

05 출제유형
배경을 흐릿하게 만들기

- 캔버스 배경색 채우기
- 이미지 불러와 복사하기
- 흐릿하게 만들기

◆◆ 문제 미리 보기

* 소스 파일 : 3-5유형.psd   * 정답 파일 : 3-5유형(완성).psd

원본파일

결과파일

▶ '3-5유형.psd' 파일을 불러와 다음과 같이 캔버스를 변경하시오.
- 캔버스 조정 ⇒ 캔버스 크기[Canvas Size] : 가로(600 픽셀[Pixels]) × 세로(300 픽셀[Pixels])
  캔버스 배경색 (색상 : #00a650)

▶ '사진3-19.jpg' 이미지를 불러와 기존 캔버스에 복사한 후 다음과 같이 처리하시오.
- 이미지 복사 ⇒ 자유 변형[Free Transform]으로 크기 변형, 레이어 이름 – '숲속'
  레이어 마스크[Layer Mask] 설정, 가로 방향으로 흐릿하게

※ 시험에서 중요한 포인트
1. 레이어 마스크 기능에 대한 내용입니다.
2. 앞의 〈출제유형 04〉에서 배운 클리핑 마스크와 다른 유형의 시험으로 출제됩니다.
3. 그라디언트의 위치와 방향은 조건으로 제시되지 않으므로 결과파일의 그림을 보고 적당하게 조정합니다.
4. 시험에서는 〈출제유형 03〉에서 배운 오려낸 이미지 합성하기와 함께 출제됩니다.

유형 체크 **01** # 캔버스 배경색 채우기

❶ 포토샵 프로그램을 실행하고, '3-5유형.psd' 파일을 불러옵니다.

❷ [이미지(Image)]-[캔바스 크기(Canvas Size)] 메뉴를 선택하여 캔버스 크기를 '600(픽셀)×300(픽셀)'으로 변경합니다.

❸ 전경색을 제시된 색상(#00a650)으로 설정한 후 [🪣페인트통 도구(Paint Bucket Tool)]을 선택한 다음 캔버스의 흰색 부분을 클릭(🪣)하여 전경색으로 채웁니다.

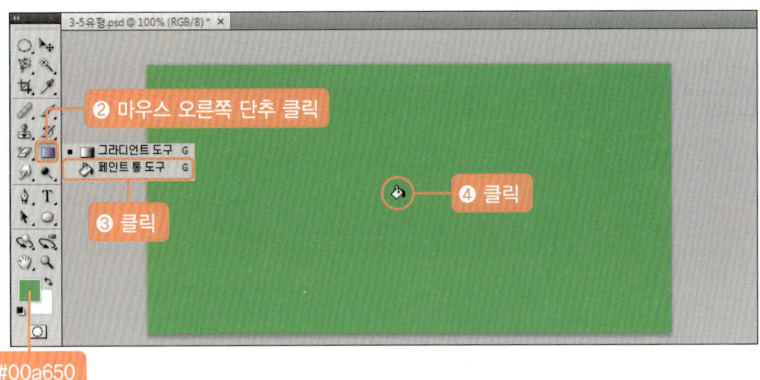

유형 체크 **02** # 이미지 불러와 복사하기

> • 이미지 복사 ⇒ 자유 변형[Free Transform]으로 크기 변형, 레이어 이름 – '숲속'
> 레이어 마스크[Layer Mask] 설정, 가로 방향으로 흐릿하게

❶ '사진3-19.jpg'를 불러온 다음, **Ctrl**+**A** 키를 눌러 이미지 전체를 선택한 후 **Ctrl**+**C**, **Ctrl**+**V** 키를 이용하여 PSD 파일에 이미지를 복사합니다.

❷ **Ctrl**+**T** 키를 눌러 자유 변형을 실행한 후, 이미지의 크기를 조정합니다. 이어서, 내부를 더블클릭하여 변형을 완료합니다.

❸ [레이어(Layers)] 팔레트에서 레이어의 이름을 조건에 제시된 것처럼 '숲속'으로 변경합니다.

> • 이미지 복사 ⇒ 자유 변형[Free Transform]으로 크기 변형, 레이어 이름 – '숲속'
> 레이어 마스크[Layer Mask] 설정, 가로 방향으로 흐릿하게

❶ 현재 레이어에 마스크를 지정하기 위하여 [레이어(Layers)] 팔레트에서 〈 🔲 (레이어 마스크 추가하기)〉 단추를 클릭합니다.

 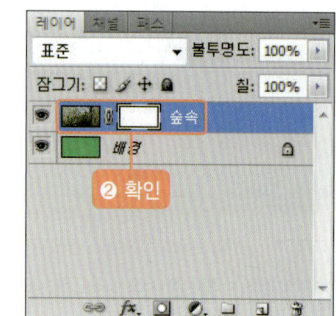

❷ [🔲 그라디언트 도구(Gradient Tool)]을 선택하고, 캔버스를 드래그(✛)하여 그라디언트를 지정합니다.

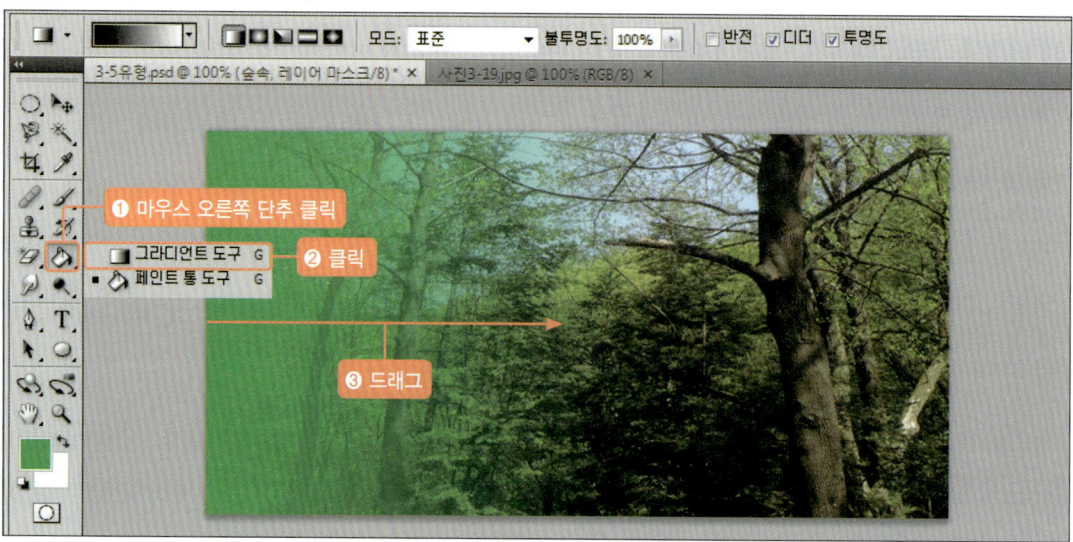

TIP

그라디언트의 위치와 방향

그라디언트는 몇 번이고 다시 수정하여 지정할 수 있습니다. 이미지의 중간부터 드래그해도 되고, 캔버스의 바깥 회색 영역부터 드래그해도 됩니다. 수평 또는 수직으로 그라디언트를 적용할 경우 **Shift** 키를 누른 채 드래그하면 편리합니다.

출제 유형 완전 정복 : 배경을 흐릿하게 만들기

01 원본파일을 처리조건에 따라 결과파일로 완성하시오.

※ 소스 파일 : 3-5정복1.psd ※ 정답 파일 : 3-5정복1(완성).psd

원본파일	결과파일

▶ '3-5정복1.psd' 파일을 불러와 다음과 같이 캔버스를 변경하시오.

- 캔버스 조정 ⇒ 캔버스 크기[Canvas Size] : 가로(600 픽셀[Pixels]) × 세로(300 픽셀[Pixels])
  캔버스 배경색 (색상 : #d3cc22)

▶ '사진3-20.jpg' 이미지를 불러와 기존 캔버스에 복사한 후 다음과 같이 처리하시오.

- 이미지 복사 ⇒ 자유 변형[Free Transform]으로 크기 변형, 레이어 이름 – '비둘기'
  레이어 마스크[Layer Mask] 설정, 가로 방향으로 흐릿하게

02 원본파일을 처리조건에 따라 결과파일로 완성하시오.

※ 소스 파일 : 3-5정복2.psd ※ 정답 파일 : 3-5정복2(완성).psd

원본파일	결과파일

▶ '3-5정복2.psd' 파일을 불러와 다음과 같이 캔버스를 변경하시오.

- 캔버스 조정 ⇒ 캔버스 크기[Canvas Size] : 가로(500 픽셀[Pixels]) × 세로(300 픽셀[Pixels])
  캔버스 배경색 (색상 : #005dcc)

▶ '사진3-21.jpg' 이미지를 불러와 기존 캔버스에 복사한 후 다음과 같이 처리하시오.

- 이미지 복사 ⇒ 자유 변형[Free Transform]으로 크기 변형, 레이어 이름 – '북극'
  레이어 마스크[Layer Mask] 설정, 세로 방향으로 흐릿하게

03 원본파일을 처리조건에 따라 결과파일로 완성하시오.

* 소스 파일 : 3-5정복3.psd　　* 정답 파일 : 3-5정복3(완성).psd

원본파일

결과파일

▶ '3-5정복3.psd' 파일을 불러와 다음과 같이 처리하시오.

▶ '사진3-22.jpg' 이미지를 불러와 기존 캔버스에 복사한 후 다음과 같이 처리하시오.

　• 이미지 복사 ⇒ 자유 변형[Free Transform]으로 크기 변형, 레이어 이름 - '야구장'
　　레이어 마스크[Layer Mask] 설정, 가로 방향으로 흐릿하게

▶ '사진3-23.jpg'를 이용하여 새로운 레이어를 생성하시오.

　• 이미지 복사 ⇒ 자유 변형[Free Transform]으로 크기 변형, 레이어 이름 - '공'
　　레이어 스타일 - 그림자 효과[Drop Shadow] (혼합모드[Blend Mode] : 곱하기[Multiply],
　　각도[Angle] : 150°)

04 원본파일을 처리조건에 따라 결과파일로 완성하시오.

* 소스 파일 : 3-5정복4.psd　　* 정답 파일 : 3-5정복4(완성).psd

원본파일

결과파일

▶ '3-5정복4.psd' 파일을 불러와 다음과 같이 처리하시오.

▶ '사진3-24.jpg' 이미지를 불러와 기존 캔버스에 복사한 후 다음과 같이 처리하시오.

　• 이미지 복사 ⇒ 자유 변형[Free Transform]으로 크기 변형, 레이어 이름 - '흙'
　　레이어 마스크[Layer Mask] 설정, 세로 방향으로 흐릿하게

▶ '사진3-25.jpg'를 이용하여 새로운 레이어를 생성하시오.

　• 이미지 복사 ⇒ 자유 변형[Free Transform]으로 크기 변형, 레이어 이름 - '식물'
　　레이어 스타일 - 그림자 효과[Drop Shadow] (혼합모드[Blend Mode] : 곱하기[Multiply],
　　각도[Angle] : 90°)

05 원본파일을 처리조건에 따라 결과파일로 완성하시오.

* 소스 파일 : 3-5정복5.psd * 정답 파일 : 3-5정복5(완성).jpg / psd

원본파일

결과파일

▶ '3-5정복5.psd' 파일을 불러와 다음과 같이 캔버스를 변경하시오.
- 캔버스 조정 ⇒ 캔버스 크기[Canvas Size] : 가로(600 픽셀[Pixels]) × 세로(350 픽셀[Pixels])
  캔버스 배경색 (색상 : #ffba00)

▶ '사진3-26.jpg' 이미지를 불러와 기존 캔버스에 복사한 후 다음과 같이 처리하시오.
- 이미지 복사 ⇒ 자유 변형[Free Transform]으로 크기 변형, 레이어 이름 – '타임스퀘어'
  레이어 마스크[Layer Mask] 설정, 세로 방향으로 흐릿하게
- "BIBIMBAP" ⇒ 글꼴(Arial), 글꼴 스타일(Bold), 크기(48pt), 색상(#ffffff), 앤티 앨리어싱 : 선명하게[Sharp],
  레이어 스타일 – 선/획[Stroke] (크기 : 2px, 색상 : #003cff)
- "안비빈데 막비벼~" ⇒ 글꼴(궁서), 크기(45pt), 색상(#000000), 앤티 앨리어싱 : 선명하게[Sharp],
  레이어 스타일 – 선/획[Stroke] (크기 : 2px, 색상 : #bbbbbb)

▶ '사진3-27.jpg'를 이용하여 새로운 레이어를 생성하시오.
- 이미지 복사 ⇒ 자유 변형[Free Transform]으로 크기 변형, 레이어 이름 – '비빔밥'
  그림자 효과[Drop Shadow] (혼합모드[Blend Mode] : 곱하기[Multiply], 각도[Angle] : 0°)

▶ 지시사항이 없는 경우는 기본값을 적용하시오.

▶ 다음과 같은 규칙으로 JPG 파일과 PSD 파일을 각각 저장하시오.

JPG	파일명	3-5정복5.JPG	PSD	파일명	3-5정복5.PSD
	크기	500 × 300 픽셀[Pixels]		크기	60 × 35 픽셀[Pixels]

06 원본파일을 처리조건에 따라 결과파일로 완성하시오.

* 소스 파일 : 3-5정복6.psd   * 정답 파일 : 3-5정복6(완성).jpg / psd

원본파일

결과파일

▶ '3-5정복6.psd' 파일을 불러와 다음과 같이 캔버스를 변경하시오.

- 캔버스 조정 ⇒ 캔버스 크기[Canvas Size] : 가로(600 픽셀[Pixels]) × 세로(300 픽셀[Pixels])
  캔버스 배경색 (색상 : #6399ff)

▶ '사진3-28.jpg' 이미지를 불러와 기존 캔버스에 복사한 후 다음과 같이 처리하시오.

- 이미지 복사 ⇒ 자유 변형[Free Transform]으로 크기 변형, 레이어 이름 – '독도'
  레이어 마스크[Layer Mask] 설정, 가로 방향으로 흐릿하게
- ① ⇒ 모양 도구[Shape Tool] 이용
  레이어 스타일 – 선/획[Stroke] (크기 : 4px, 색상 : #ffffff),
  그라디언트 오버레이[Gradient Overlay] (색상 : #ff0000 – #ffff00)
- "DOKDO" ⇒ 글꼴(Arial), 글꼴 스타일(Bold Italic), 크기(60pt), 색상(#0055ff), 앤티 앨리어싱 :
  선명하게[Sharp], 레이어 스타일 – 선/획[Stroke] (크기 : 4px, 색상 : #ffffff)
- "두말하면 잔소리" ⇒ 글꼴(궁서체), 크기(36pt), 색상(#992277), 앤티 앨리어싱 : 선명하게[Sharp],
  레이어 스타일 – 선/획[Stroke] (크기 : 2px, 색상 : #f0ff00)

▶ 타원 도구[Ellipse Tool]와 '사진3-29.jpg'를 이용하여 새로운 레이어를 생성하시오.

- 원의 크기 ⇒ 120 px × 120 px (단, 클리핑 마스크 기능을 이용할 것)
  레이어 스타일 – 선/획[Stroke] (크기 : 4px, 색상 : #acacac, 위치 : 안쪽[Inside]),
  그림자 효과[Drop Shadow] (혼합모드[Blend Mode] : 곱하기[Multiply],
  각도[Angle] : 30°)

▶ 지시사항이 없는 경우는 기본값을 적용하시오.

▶ 다음과 같은 규칙으로 JPG 파일과 PSD 파일을 각각 저장하시오.

JPG	파일명	3-5정복6.JPG	PSD	파일명	3-5정복6.PSD
	크기	580 × 280 픽셀[Pixels]		크기	60 × 30 픽셀[Pixels]

PART 04

[문제3]
곰믹스 for DIAT

곰믹스 for DIAT 기본 익히기

출제유형 01

- 곰믹스 for DIAT에서 파일 가져오기
- 미디어 소스 순서 변경하기
- 프로젝트 전체 저장하기

◆◆ 문제 미리 보기

＊소스 파일 : 직접 작성   ＊정답 파일 : 4-1유형(완성).gmep

≪ 출력형태 ≫

동영상01.mp4   이미지02.jpg   이미지01.jpg   이미지03.jpg

≪ 처리조건 ≫

원본 파일	이미지01.jpg, 이미지02.jpg, 이미지03.jpg, 동영상01.mp4

▶ **미디어 소스의 순서를 다음과 같이 지정하시오.**

- 미디어 소스 순서 ⇒ 동영상01.mp4 〉 이미지02.jpg 〉 이미지01.jpg 〉 이미지03.jpg

▶ **다음과 같은 규칙으로 GMEP 파일을 프로젝트 전체 저장하시오.**

- 저장 위치 : 바탕화면 – KAIT – 제출파일 폴더

GMEP	파일명	dic_03_수검번호(6자리)_이름.GMEP

(예 : 수검번호가 DIC-24XX-000000인 경우 "dic_03_000000_이름.GMEP"로 프로젝트 전체 저장할 것)

(＊ dic_03_000000_이름.GMEP 파일 누락 / 프로젝트 전체 저장 이외의 기능을 이용하여 저장할 시 "0점" 처리됨)

 TIP

'Gom Mix for DIAT' 프로그램 확인하기

'Gom Mix for DIAT'는 수검 전용 프로그램으로, 'Gom Mix Max'와는 디자인 및 기능이 다를 수 있으므로 반드시 수검 전용 프로그램을 다운로드하여 사용해야 합니다.

▶ 수검용 프로그램 다운로드 : [아카데미소프트]–[자료실]–[공지]에서 다운로드 받으시면 됩니다.

❶ Gom Mix for DIAT() 프로그램을 실행한 다음 [DIAT 시험 프로젝트 생성하기(DIAT 시험 프로젝트 생성하기)] 를 클릭합니다.

❷ Gom Mix for DIAT의 화면 구성을 알아봅니다.

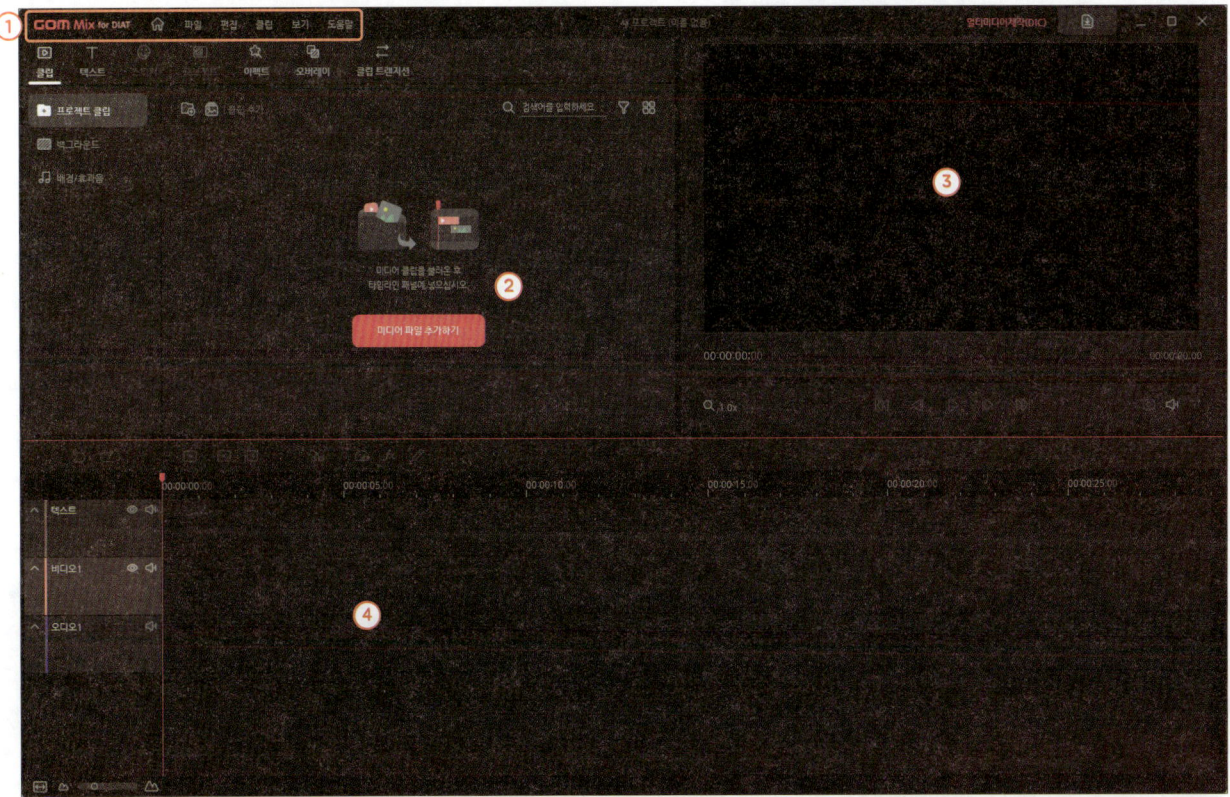

① **탑바 메뉴**
   자주 사용하는 기능(파일, 편집, 클립 등)으로 구성되어 있습니다.

② **소스 및 효과 패널**
   소스 클립을 불러오거나 꾸밀 수 있습니다.

③ **미리보기 패널**
   작업중인 프로젝트의 출력 영상을 보여줍니다.

④ **타임라인 패널**
   제작하는 영상의 클립들을 배치하고 편집합니다.

❸ [클립]-[프로젝트 클립]-[미디어 파일 추가하기(미디어 파일 추가하기)]를 클릭합니다.

❹ [미디어 클립 불러오기] 대화상자가 나오면 '동영상01.mp4', '이미지01.jpg', '이미지02.jpg', '이미지03.jpg' 파일을 Ctrl 키를 누른 채 선택한 후, 〈열기〉 단추를 클릭합니다.

❺ 선택한 클립 파일들이 추가된 것을 확인합니다.

⑥ 프로젝트 클립의 '동영상01.mp4' 파일을 클릭한 다음 [타임라인]−[비디오1] 부분으로 드래그합니다.

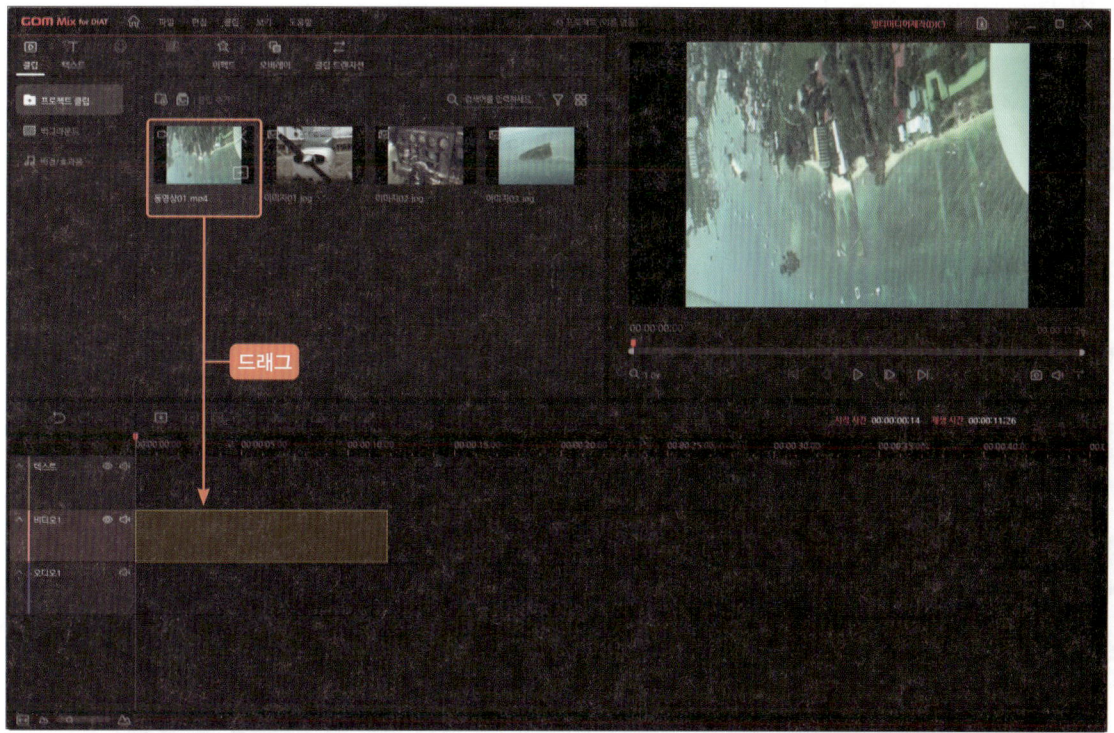

⑦ '동영상01.mp4' 파일이 [타임라인]에 삽입되면 [미리보기] 영상이 표시됩니다.

❽ 같은 방법으로 '동영상01.mp4' 파일 뒤에 '이미지02.jpg', '이미지01.jpg', '이미지03.jpg' 파일을 순서대로 [타임라인]에 삽입합니다.

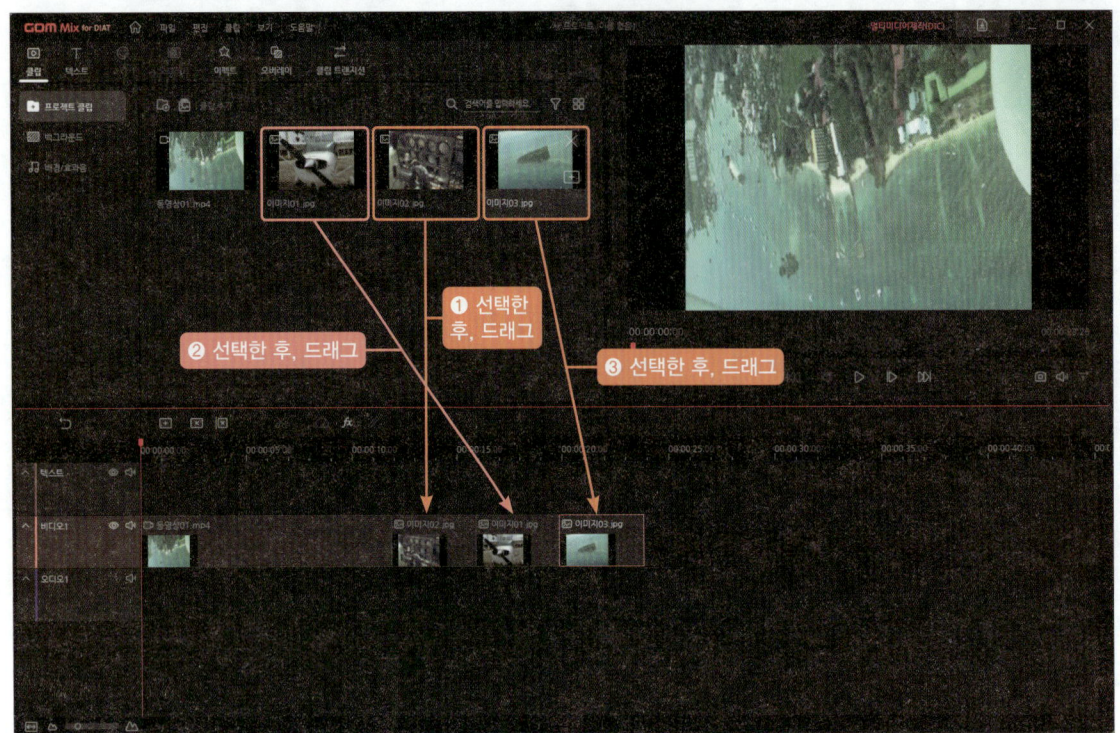

 TIP

클립 정보 살펴보기

1. 오른쪽 [타임라인] 영역에서 원하는 파일(클립)을 더블클릭하면 상단의 [미리보기] 창에 해당 클립의 모습이 크게 표시됩니다. 또한, [타임라인] 영역에서 클립 위로 마우스 포인터를 위치하면 클립의 파일명과 시작 시간, 재생 시간이 풍선 도움말로 표시됩니다.

2. [타임라인]에 삽입된 클립을 삭제할 때는 마우스 오른쪽 단추를 클릭하여 [클립 삭제]을 클릭하면 삭제가 됩니다.

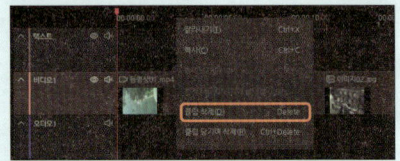

3. [타임라인]의 시간은 확대(🔺)를 클릭하면 시간 간격이 작아지고 축소(🔺)를 클릭하면 시간 간격이 커집니다.

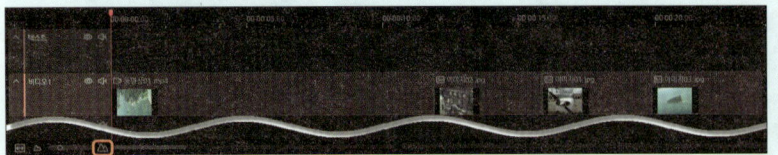

▲ 확대(🔺) 클릭 시

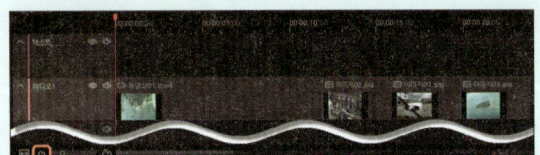

▲ 축소(🔺) 클릭 시

❶ [파일]-[프로젝트 전체 저장] 메뉴를 클릭한 다음 '편집 모드에서 나가시겠습니까?' 알림창이 나오면 〈예〉 단추를 클릭합니다.

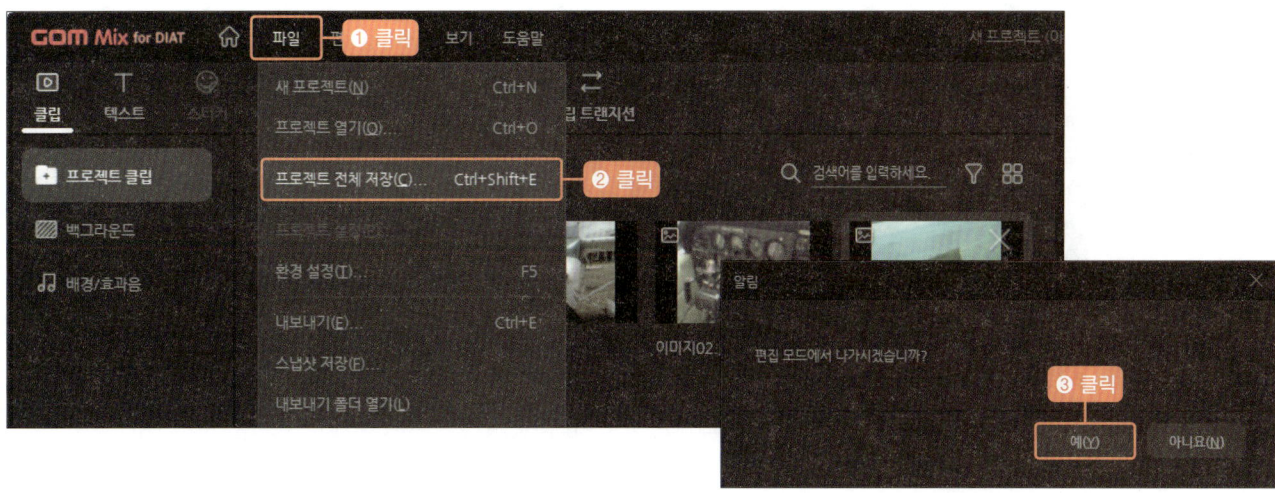

❷ [보관용 프로젝트로 저장] 대화상자가 나오면 [이름]과 [경로 설정]을 지정한 후 〈확인〉 단추를 클릭합니다.

※ [이름] : 'dic_03_수험번호_성명'을 입력해 줍니다.

※ [경로 설정] : 불러오기(▢) 단추를 클릭하여 저장할 폴더를 선택해 줍니다.

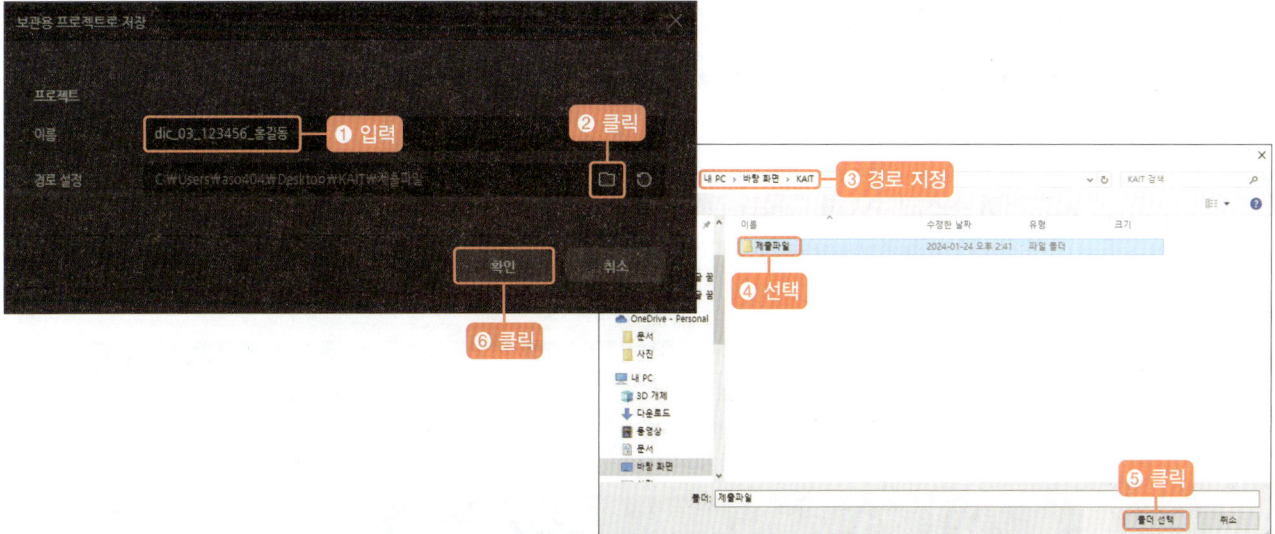

TIP

실제 시험에서는?

시험장의 바탕 화면에 있는 [KAIT]-[제출파일] 폴더 안에 'dic_03_수험번호_성명'으로 저장을 합니다.

예) 수험번호(DIC-2401-123456), 성명(홍길동)인 경우 [이름]-'dic_03-123456_홍길동'을 입력하고, [경로 설정]-[KAIT]-[제출파일]을 선택한 다음 〈확인〉 단추를 클릭하면 됩니다.

3번 문제 파일명 : dic_03_123456_홍길동.gmep

출제 유형 완전 정복 : Gom Mix for DIAT 기본 익히기

01 처리조건에 따라 출력형태와 같이 완성하시오.

* 소스 파일 : 직접 작성
* 정답 파일 : 4-1정복1(완성).gmep

출력형태

동영상02.mp4
이미지04.jpg 이미지06.jpg

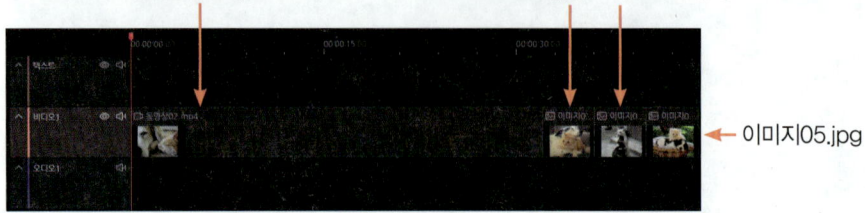

이미지05.jpg

처리조건

원본 파일	이미지04.jpg, 이미지05.jpg, 이미지06.jpg, 동영상02.mp4

▶ 미디어 소스의 순서를 다음과 같이 지정하시오.
  • 미디어 소스 순서 ⇒ 동영상02.mp4 〉 이미지04.jpg 〉 이미지06.jpg 〉 이미지05.jpg

02 처리조건에 따라 출력형태와 같이 완성하시오.

* 소스 파일 : 직접 작성
* 정답 파일 : 4-1정복2(완성).gmep

출력형태

동영상03.mp4
이미지07.jpg 이미지08.jpg

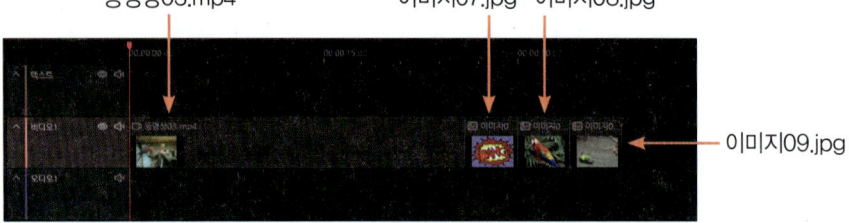

이미지09.jpg

처리조건

원본 파일	이미지07.jpg, 이미지08.jpg, 이미지09.jpg, 동영상03.mp4

▶ 미디어 소스의 순서를 다음과 같이 지정하시오.
  • 미디어 소스 순서 ⇒ 동영상03.mp4 〉 이미지07.jpg 〉 이미지08.jpg 〉 이미지09.jpg

03 처리조건에 따라 출력형태와 같이 완성하시오.

* 소스 파일 : 직접 작성
* 정답 파일 : 4-1정복3(완성).gmep

이미지10.jpg 이미지11.jpg 동영상04.mp4

출력형태

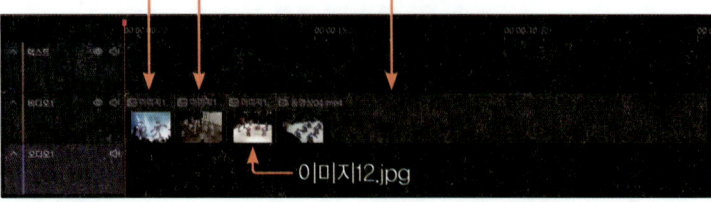

이미지12.jpg

처리조건

원본 파일	이미지10.jpg, 이미지11.jpg, 이미지12.jpg, 동영상04.mp4

▶ 미디어 소스의 순서를 다음과 같이 지정하시오.
  • 미디어 소스 순서 ⇒ 이미지10.jpg 〉 이미지11.jpg 〉 이미지12.jpg 〉 동영상04.mp4

02 동영상 파일 설정하기

출제유형

- 음소거하기
- 입력 및 설정하기

◆ 문제 미리 보기

*소스 파일 : 4-2유형.gmep   *정답 파일 : 4-2유형(완성).gmep

≪ 출력형태 ≫

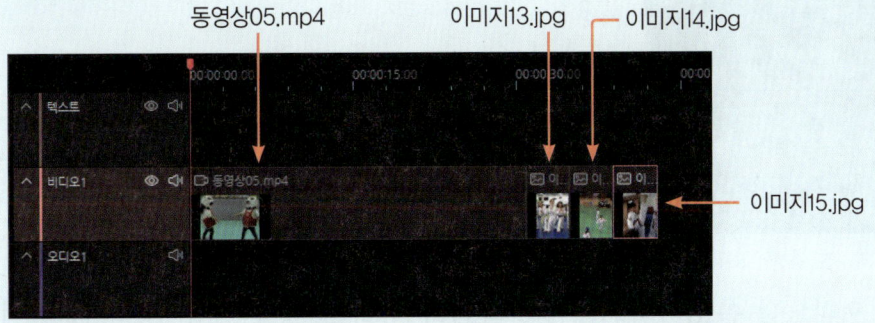

≪ 처리조건 ≫

원본 파일	이미지13.jpg, 이미지14.jpg, 이미지15.jpg, 동영상05.mp4

▶ **동영상 파일("동영상05.mp4")을 다음과 같이 처리하시오.**

- 배속 : 2x
- 자르기 : 시작 지점(0.00), 재생 시간(12.00)
- 이펙트 : LUT 필터-파스텔-파스텔 02(노출 : 20, 감마 : 0.5)
- 텍스트 ⇒ 텍스트 입력 : 귀여운 태권 키즈 들
  텍스트 서식(궁서체, 100pt, #47d8ff), 윤곽선 설정(없음),
  위치 설정(화면 정가운데 아래), 시작 시간(4.06), 클립 길이(5.00)
- 재생 속도 설정 후 자르기를 하여야 하며, 잘라진 뒷부분의 동영상 및 트랙의 모든 공백을 삭제할 것
- 원본 동영상에 포함된 오디오는 모두 음소거 할 것

※ 시험에서 중요한 포인트

1. 문제 조건으로 제시된 설정 사항을 순서대로 차근차근 지정하면 됩니다.

2. 풍선 도움말로 표시되는 효과의 이름을 정확하게 확인하여 선택해야 합니다.

3. 조건으로 제시되지 않은 항목은 기본 값으로 놓아두어야 하므로, 시험장에서 시간이 남더라도 절대 다른 항목은 건드리지 않는 것이 좋습니다.

❶ '곰믹스 for DIAT' 프로그램을 실행하고 [파일]-[프로젝트 열기]를 클릭하여 '4-2유형.gmep' 파일을 불러옵니다.

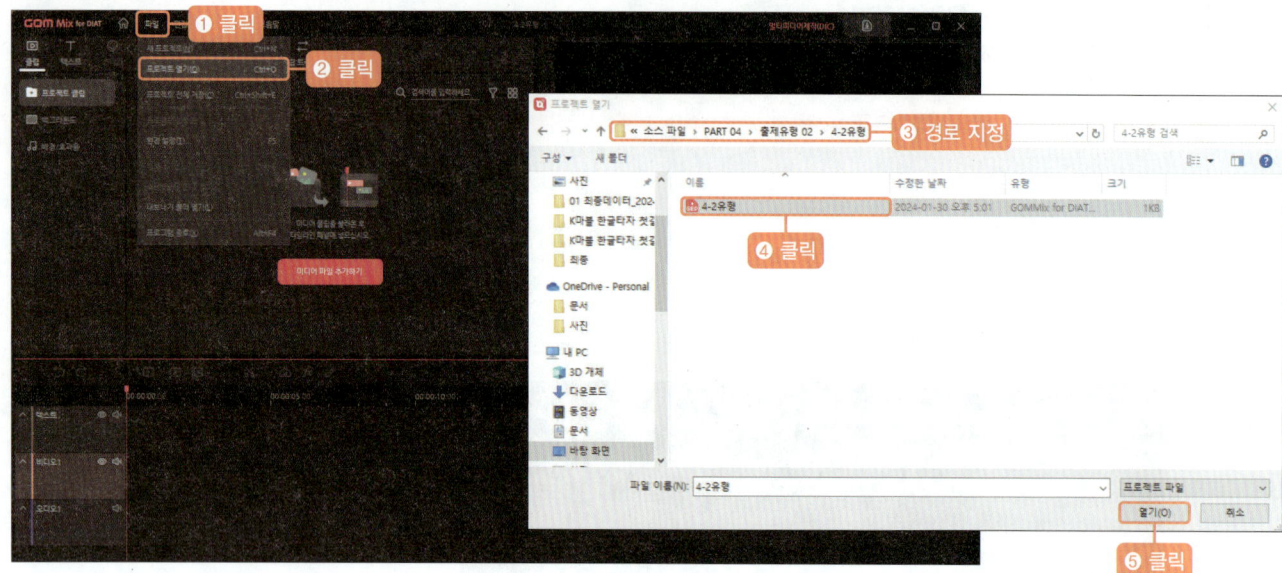

❷ 동영상 파일에 포함된 오디오를 음소거하기 위해 [타임라인]의 '동영상05.mp4' 파일을 선택한 후, 마우스 오른쪽 단추를 눌러 [음소거]를 클릭합니다.

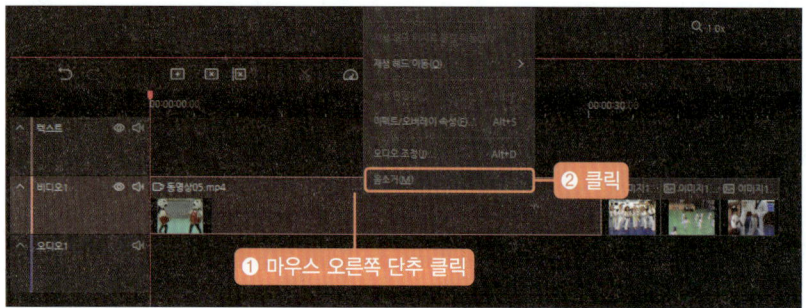

❸ '동영상05.mp4' 파일에서 마우스 오른쪽 단추를 눌러 [배속]을 클릭합니다. 이어서, [배속] 창에서 '2.0' 배속으로 설정하고 〈확인〉 단추를 클릭합니다.

※ 비디오 배속은 '0.1~4.0' 배속까지 설정 가능합니다.

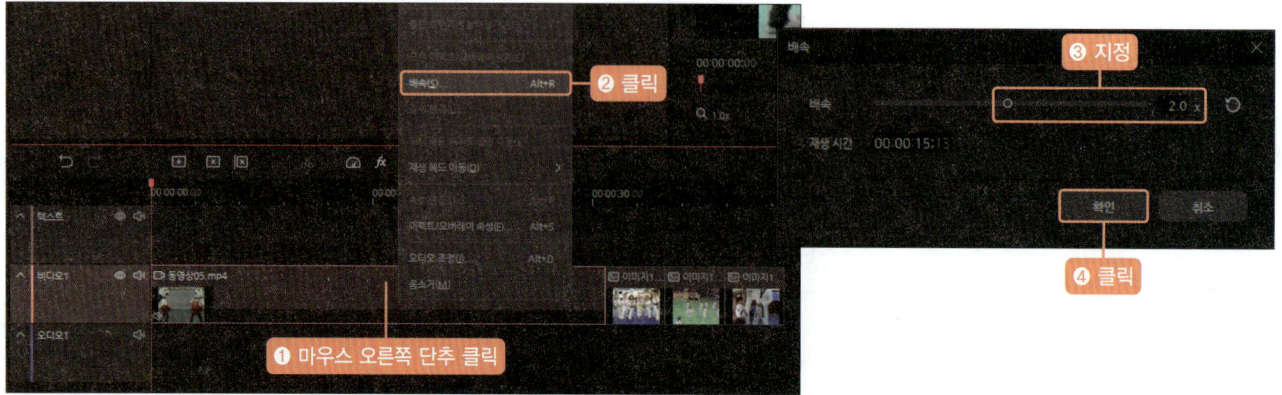

④ 동영상을 자르기 위해 [미리보기] 패널에서 재생위치 설정(12.00)을 입력합니다.

⑤ [타임라인]의 빨간색 바가 설정한 재생 위치로 이동하면 [타임라인]의 메뉴 바에서 [클립 자르기](✂)]를 클릭합니다.

※ [클립 자르기]는 동영상이 선택된 상태에서만 활성화 됩니다.

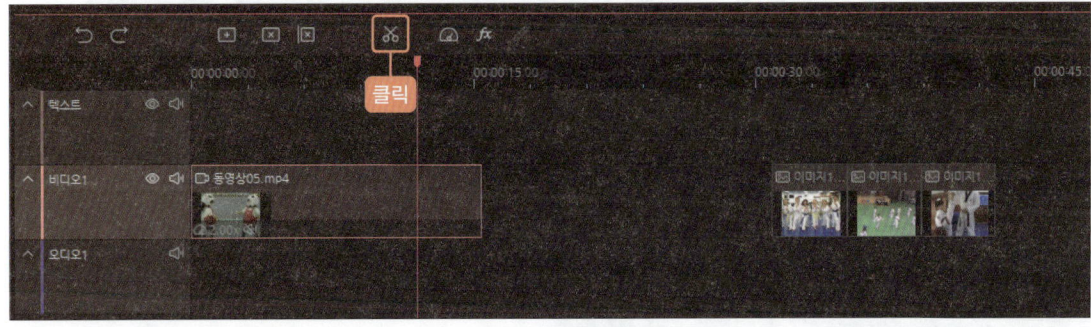

⑥ 동영상이 2개로 잘라지면 빨간색 바 뒷부분의 동영상을 선택하고 [타임라인] 메뉴 바에서 [클립 삭제]를 클릭합니다.

※ Delete 키를 눌러 삭제할 수 있습니다.

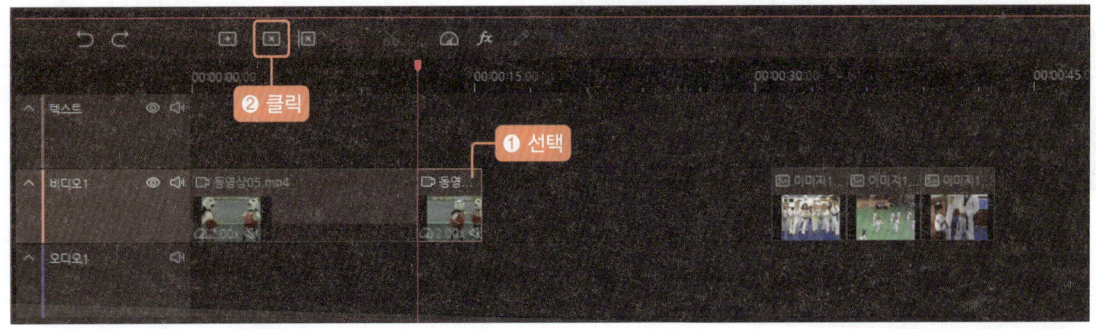

❼ 잘라진 동영상이 삭제되면 트랙의 '공백'을 선택한 후 마우스 오른쪽 단추를 눌러 [모든 공백 삭제]를 클릭합니다.

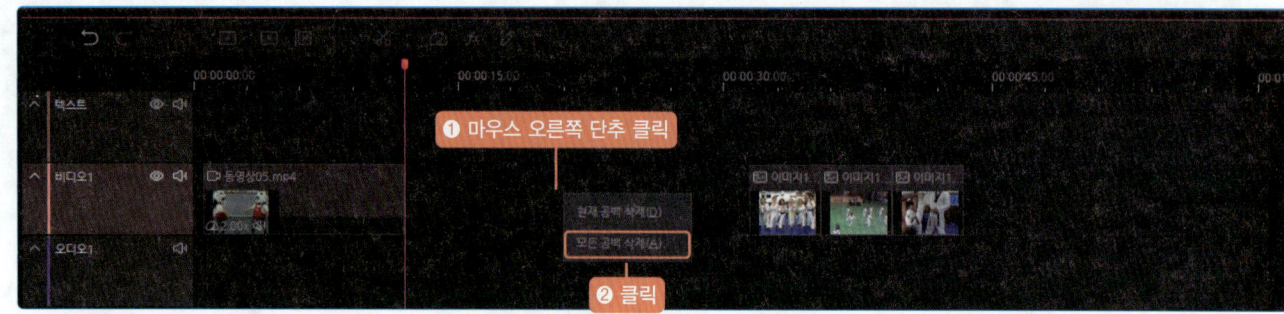

❽ [타임라인]의 동영상 파일을 선택하고 [소스 및 효과 패널]−[이펙트] 탭을 클릭합니다.

❾ 왼쪽 메뉴에서 [LUT 필터]−[파스텔]−[파스텔 02]를 선택하고 노출(20), 감마(0.5)를 입력한 후 〈확인〉 단추를 클릭합니다.

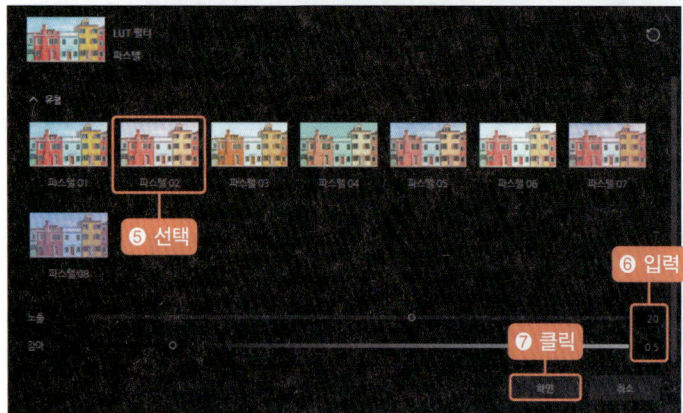

❶ 텍스트를 입력하기 위해 [텍스트] 타임라인을 클릭하고 [소스 및 효과 패널]–[텍스트]–[기본자막]–[기본자막]에서 ➕ 를 클릭합니다.

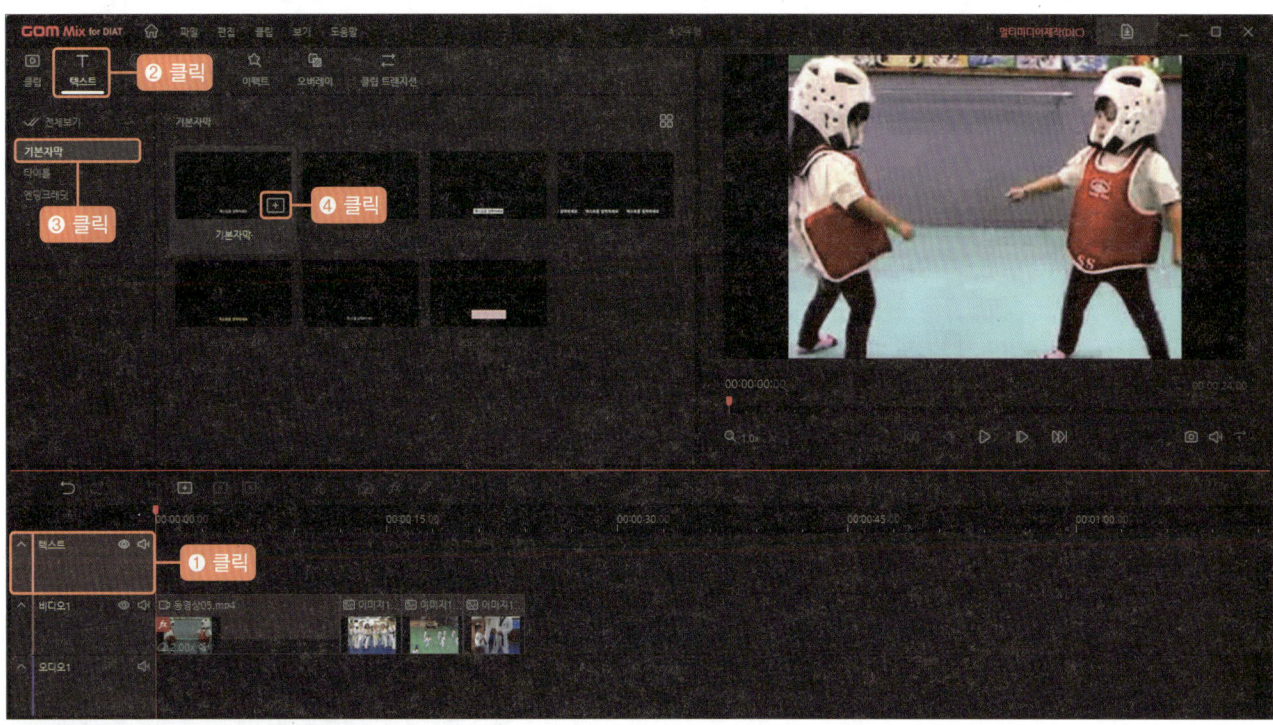

❷ [텍스트] 타임라인에서 [텍스트] 클립을 더블클릭합니다. 이어서, '귀여운 태권 키즈 들'을 입력하고 '폰트 종류(궁서체)', '폰트 크기(100)', 화면 정가운데 아래를 지정합니다.

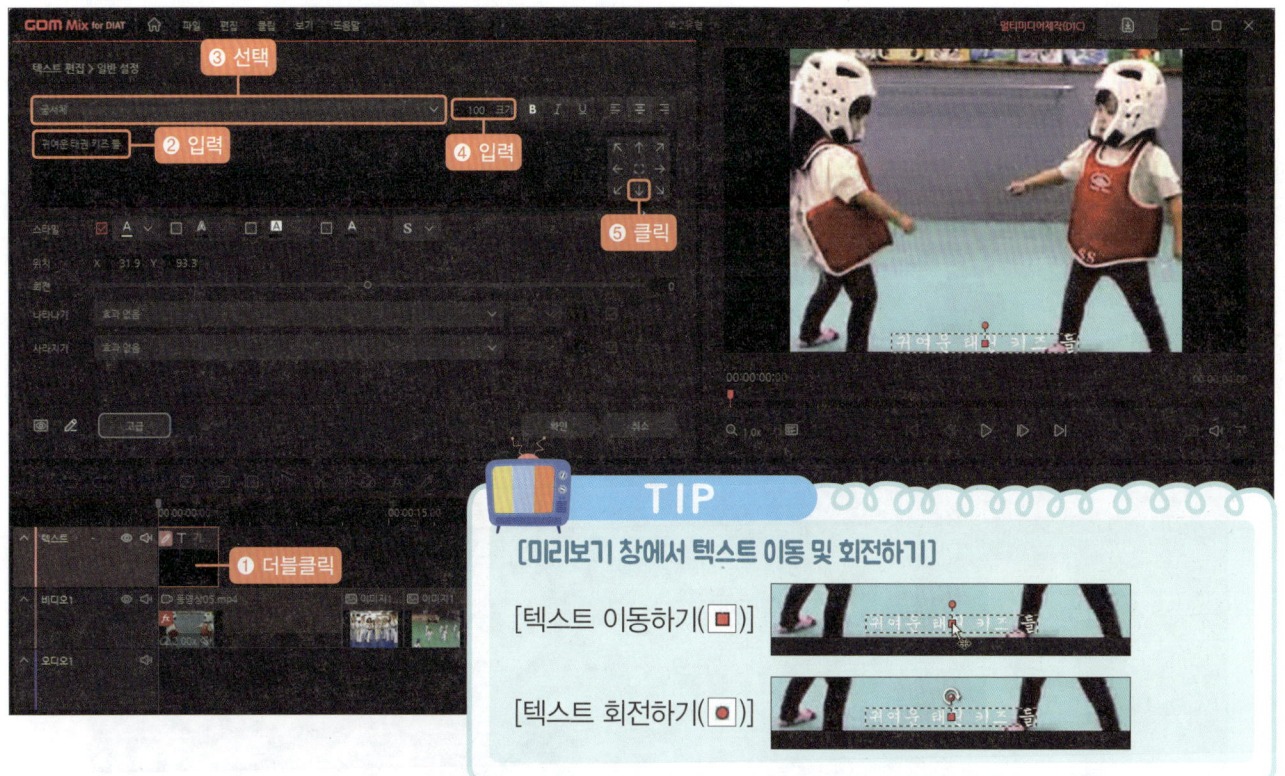

❸ 텍스트의 색상을 바꾸기 위해 [스타일]-[텍스트 채우기(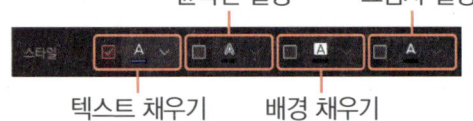)]의 목록 단추(∨)를 눌러 [다른 색상]을 클릭합니다.

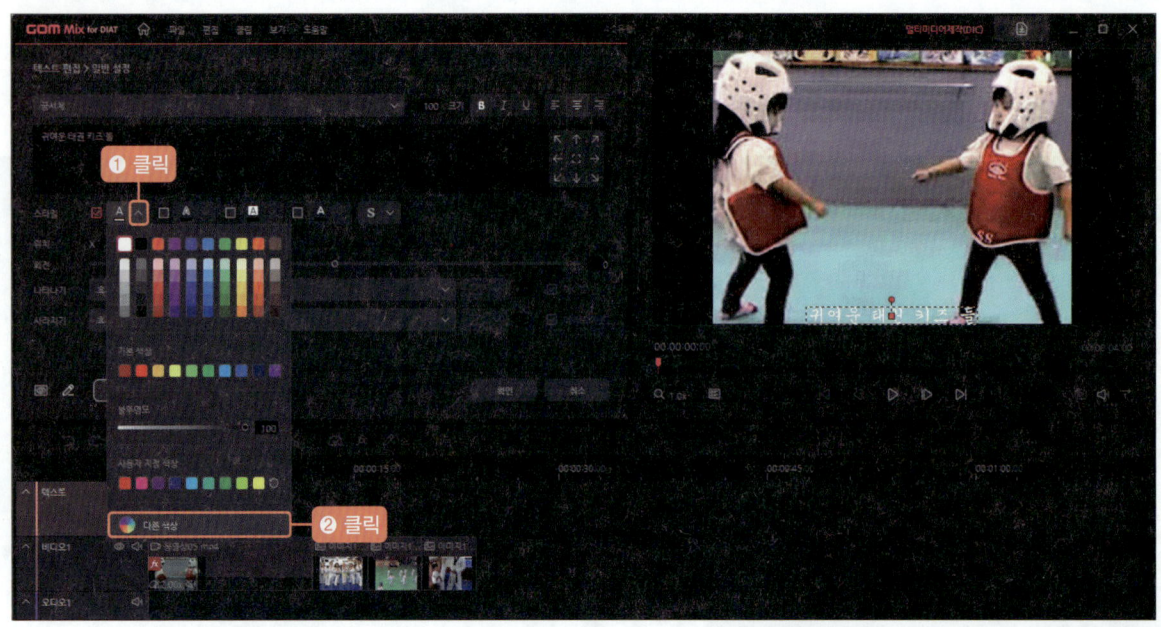

❹ [색상 선택] 대화상자가 나오면 색 입력에 'OC00FF'를 입력하고 〈확인〉 단추를 클릭합니다.

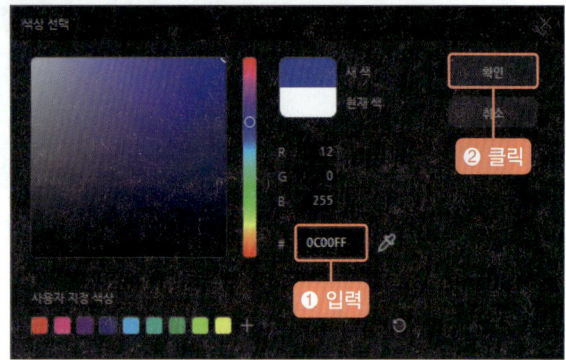

※ 윤곽선 설정(없음)은 [텍스트 윤곽선 설정(🅰)]에서 체크가 되어있는지 확인합니다. 혹시, 체크가 되어 있다면 체크를 해제합니다.

윤곽선 설정   그림자 설정

스타일 ☑ A ∨ □ 🅰 □ 🅰 □ A

텍스트 채우기   배경 채우기

❺ 텍스트의 재생 시간을 설정하기 위해 [미리보기]의 [재생위치 설정]에서 '4.06'을 입력합니다. 이어서, [텍스트] 클립을 빨간 선 있는데로 드래그해서 이동합니다.

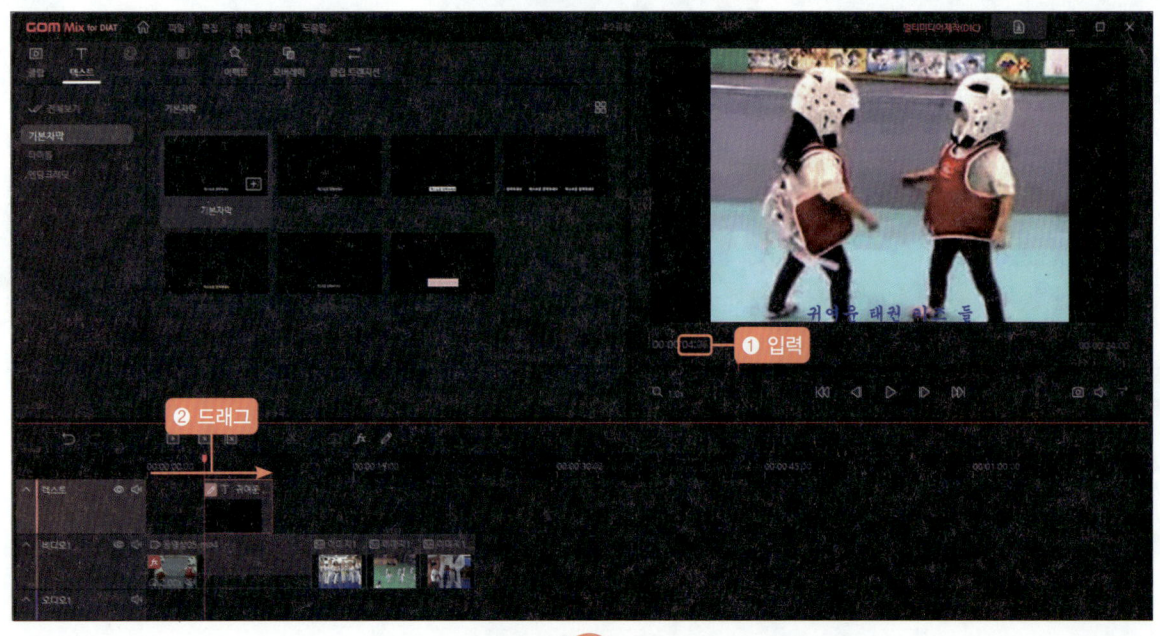

❻ [텍스트] 클립에서 마우스 오른쪽 단추를 눌러 [길이 변경]을 클릭합니다. 이어서, [길이 변경] 대화 상자가 나오면 [클립 길이]에는 '05:00'을 입력하고 〈확인〉 단추를 클릭합니다.

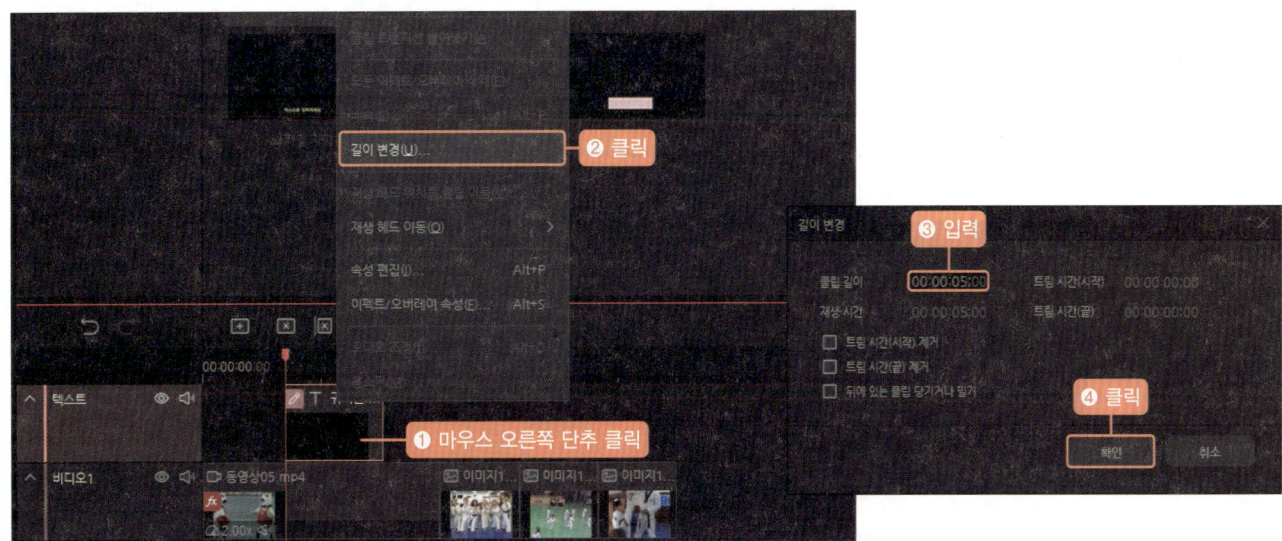

❼ 완성된 동영상을 [미리보기] 화면에서 〈재생(▷)〉 단추를 눌러 확인합니다.

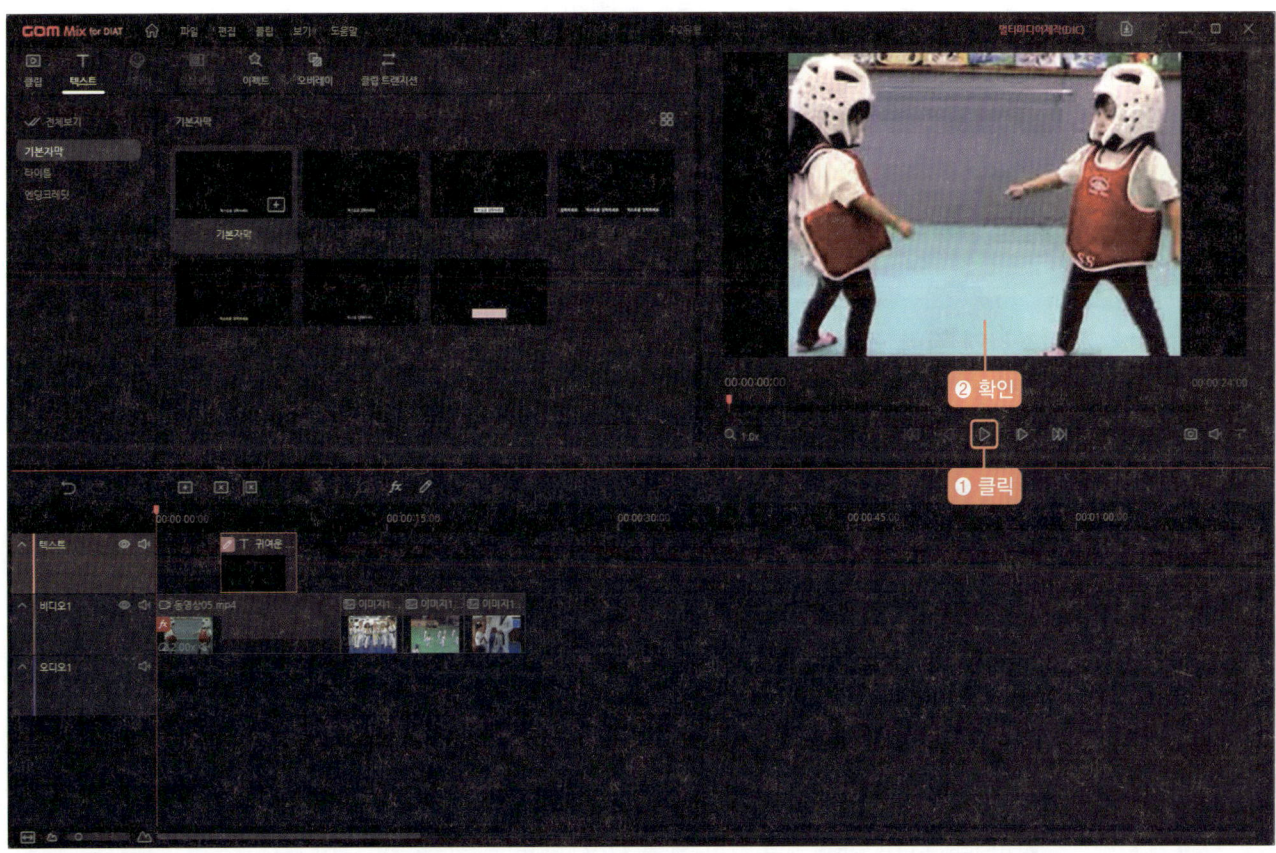

출제 유형 완전 정복 : 동영상 파일 설정하기

01 처리조건에 따라 출력형태와 같이 완성하시오.

* 소스 파일 : 4-2정복1.gmep
* 정답 파일 : 4-2정복1(완성).gmep

출력형태

동영상06.mp4   이미지16.jpg   이미지17.jpg

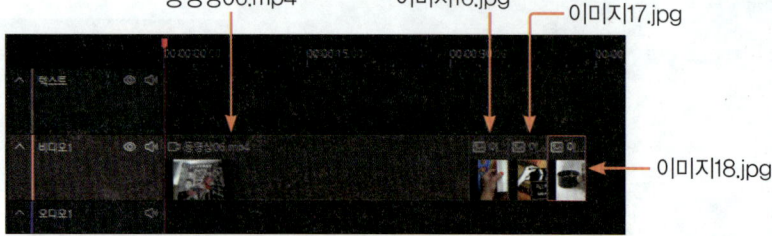

이미지18.jpg

처리조건

원본 파일	이미지16.jpg, 이미지17.jpg, 이미지18.jpg, 동영상06.mp4

▶ **동영상 파일('동영상06.mp4')을 다음과 같이 처리하시오.**

- 배속 : 1.2x
- 자르기 : 시작 시간(0.00), 재생 시간(15.00)
- 이펙트 : LUT 필터-에메랄드-에메랄드 02(노출 : 10, 감마 : 1.0)
- 텍스트 ⇒ 텍스트 입력 : 플립북 애니메이션
  텍스트 서식 : 기본자막(맑은 고딕, 90pt, #0042FF), 윤곽선 설정(없음)
  위치 설정(화면 정가운데 아래), 시작 시간(2.05), 클립 길이(11.00)
- 재생 속도 설정 후 자르기를 하여야 하며, 잘라진 뒷부분의 동영상 및 트랙의 모든 공백을 삭제할 것
- 원본 동영상에 포함된 오디오는 모두 음소거 할 것

02 처리조건에 따라 출력형태와 같이 완성하시오.

* 소스 파일 : 4-2정복2.gmep
* 정답 파일 : 4-2정복2(완성).gmep

출력형태

동영상07.mp4   이미지19.jpg   이미지21.jpg

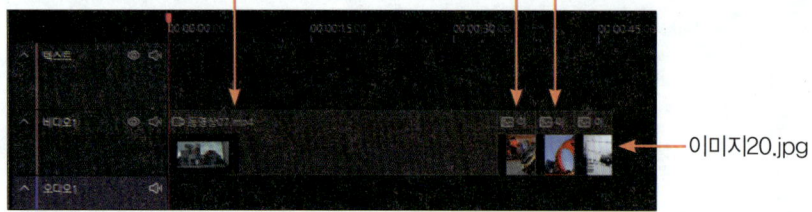

이미지20.jpg

처리조건

원본 파일	이미지19.jpg, 이미지20.jpg, 이미지21.jpg, 동영상07.mp4

▶ **동영상 파일('동영상07.mp4')을 다음과 같이 처리하시오.**

- 배속 : 1.5x
- 자르기 : 시작 시간(0.00), 재생 시간(13.00)
- 이펙트 : LUT 필터-옛날 사진-옛날 사진 09(노출 : 20, 감마 : 1.5)
- 텍스트 ⇒ 텍스트 입력 : 멋진 자동차 묘기
  텍스트 서식 : 기본자막(돋움체, 100pt, #43EDAC), 윤곽선 설정(없음)
  위치 설정(화면 정가운데 아래), 시작 시간(2.00), 클립 길이(10.00)
- 재생 속도 설정 후 자르기를 하여야 하며, 잘라진 뒷부분의 동영상 및 트랙의 모든 공백을 삭제할 것
- 원본 동영상에 포함된 오디오는 모두 음소거 할 것

출제 유형 완전 정복 : 동영상 파일 설정하기

03 처리조건에 따라 출력형태와 같이 완성하시오.

✽ 소스 파일 : 4-2정복3.gmep
✽ 정답 파일 : 4-2정복3(완성).gmep

출력형태

동영상08.mp4   이미지22.jpg   이미지23.jpg

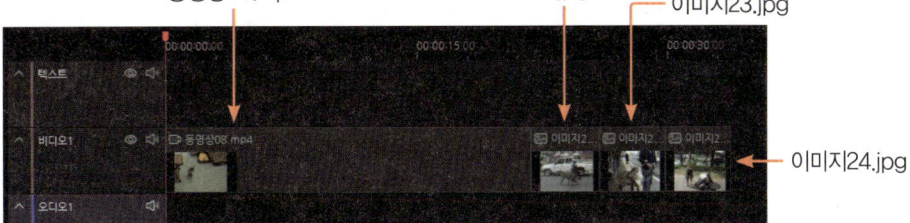

이미지24.jpg

처리조건

원본 파일	이미지22.jpg, 이미지23.jpg, 이미지24.jpg, 동영상08.mp4

▶ 동영상 파일('동영상06.mp4')을 다음과 같이 처리하시오.

- 배속 : 1.4x
- 자르기 : 시작 시간(0.00), 재생 시간(15.00)
- 이펙트 : LUT 필터-파스텔-파스텔 06(노출 : 10, 감마 : 0.5)
- 텍스트 ⇒ 텍스트 입력 : 흔하지 않은 애완동물
    텍스트 서식 : 기본자막(궁서체, 110pt, #7900FF), 윤곽선 설정(없음)
    위치 설정(화면 정가운데 아래), 시작 시간(1.20), 클립 길이(5.00)
- 재생 속도 설정 후 자르기를 하여야 하며, 잘라진 뒷부분의 동영상 및 트랙의 모든 공백을 삭제할 것
- 원본 동영상에 포함된 오디오는 모두 음소거 할 것

04 처리조건에 따라 출력형태와 같이 완성하시오.

✽ 소스 파일 : 4-2정복4.gmep
✽ 정답 파일 : 4-2정복4(완성).gmep

출력형태

동영상09.mp4   이미지25.jpg   이미지26.jpg

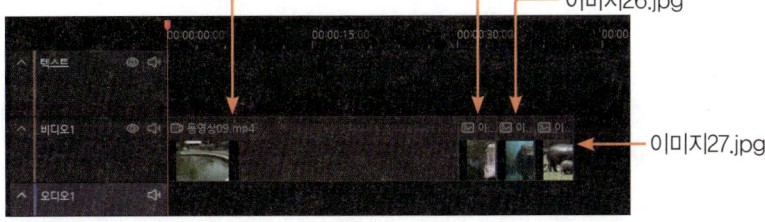

이미지27.jpg

처리조건

원본 파일	이미지25.jpg, 이미지26.jpg, 이미지27.jpg, 동영상09.mp4

▶ 동영상 파일('동영상07.mp4')을 다음과 같이 처리하시오.

- 배속 : 1.4x
- 자르기 : 시작 시간(0.00), 재생 시간(16.00)
- 이펙트 : LUT 필터-맑은 햇살-맑은 햇살 03(노출 : 10, 감마 : 1.0)
- 텍스트 ⇒ 텍스트 입력 : 물뚱뚱이 하마
    텍스트 서식 : 기본자막(돋움체, 90pt, #FFFF02), 윤곽선 설정(없음)
    위치 설정(화면 정가운데 아래), 시작 시간(4.06), 클립 길이(6.25)
- 재생 속도 설정 후 자르기를 하여야 하며, 잘라진 뒷부분의 동영상 및 트랙의 모든 공백을 삭제할 것
- 원본 동영상에 포함된 오디오는 모두 음소거 할 것

03
출제유형

이미지 파일 설정하기

- 이미지 클립 길이 지정하기
- 이미지 오버레이와 클립 트랜지션 전환하기

◆ 문제 미리 보기

＊소스 파일 : 4-3유형.gmep ＊정답 파일 : 4-3유형(완성).gmep

≪ 출력형태 ≫

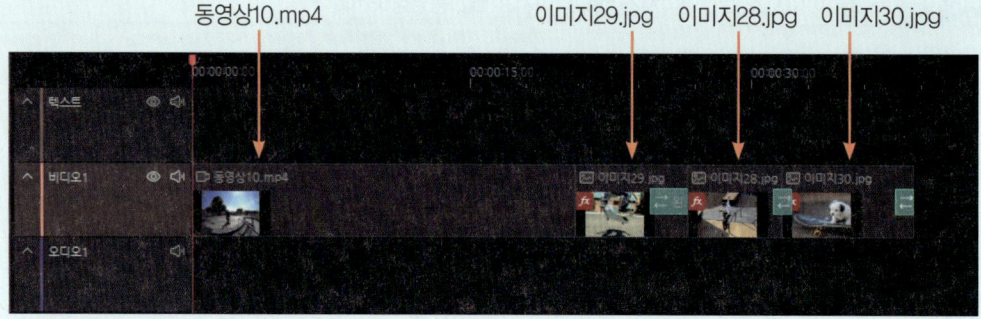

≪ 처리조건 ≫

원본 파일	이미지28.jpg, 이미지29.jpg, 이미지30.jpg, 동영상10.mp4

▶ **이미지 파일을 다음과 같이 처리하시오.**

- '이미지29.jpg' ⇒ 이미지 클립 길이 : 6.00, 오버레이 : 영롱한(크기 : 10),
  클립 트랜지션 : 왼쪽으로 스크롤(앞으로 이동, 재생 시간 : 2.00)
- '이미지28.jpg' ⇒ 이미지 클립 길이 : 5.00, 오버레이 : 원형 비넷(반경 : 70),
  클립 트랜지션 : 문 열기(오버랩, 재생 시간 : 1.00)
- '이미지30.jpg' ⇒ 이미지 클립 길이 : 7.00, 오버레이 : 비누방울(속도 : 8),
  클립 트랜지션 : 위로 덮기(앞으로 이동, 재생 시간 : 1.00)
- 지시사항이 없는 경우는 기본 값을 적용하시오.

※ 시험에서 중요한 포인트

1. 앞에서 변경한 이미지 순서대로 조건이 제시되므로 차례대로 효과를 지정하면 됩니다.

2. 조건으로 효과 이름이 제시되므로 풍선 도움말을 통해 정확한 효과 이름을 확인합니다.

❶ '곰믹스 for DIAT'를 실행하고 [파일]-[프로젝트 열기] 메뉴를 클릭하여 '4-3유형.gmep' 파일을 불러옵니다.

❷ [타임라인]에서 '이미지29.jpg' 클립을 선택하고, 마우스 오른쪽 단추를 눌러 [길이 변경]을 클릭합니다.

❸ [길이 변경] 대화상자가 나오면 클립 길이(6.00)를 입력하고 〈확인〉 단추를 클릭합니다. 이어서, '설정된 클립 길이가 다음 클립 위치보다 큽니다. 뒤에 있는 클립을 밀면서 변경하시겠습니까?' 알림 창이 나오면 〈예〉 단추를 클릭합니다.

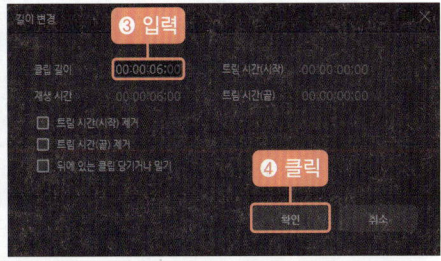

❹ '이미지28.jpg' 클립을 선택하고, 마우스 오른쪽 단추를 눌러 [길이 변경]을 클릭합니다.

❺ [길이 변경] 대화상자가 나오면 클립 길이(5.00)를 입력하고 〈확인〉 단추를 클릭합니다. 이어서, '설정된 클립 길이가 다음 클립 위치보다 큽니다. 뒤에 있는 클립을 밀면서 변경하시겠습니까?' 알림 창이 나오면 〈예〉 단추를 클릭합니다.

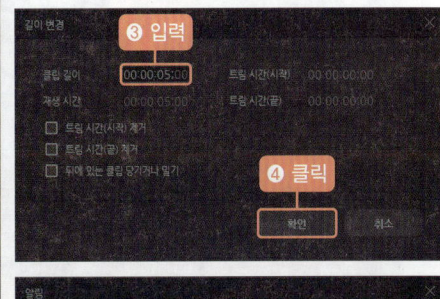

❻ '이미지30.jpg' 클립을 선택하고, 마우스 오른쪽 단추를 눌러 [길이 변경]을 클릭합니다.

❼ [길이 변경] 대화상자가 나오면 클립 길이(7.00)를 입력하고 〈확인〉 단추를 클릭합니다.

유형체크 02 이미지 오버레이와 클립 트랜지션 전환하기

❶ '이미지29.jpg' 클립을 선택하고 [소스 및 효과 패널]–[오버레이] 탭을 클릭합니다. 이어서, '영롱한'을 선택한 후, 크기(10)을 입력하고 〈확인〉 단추를 클릭합니다.

❷ '이미지29.jpg' 클립이 선택된 상태에서 [소스 및 효과 패널]-[클립 트랜지션] 탭-'왼쪽으로 스크롤'을 선택한 다음 🔲를 클릭합니다.

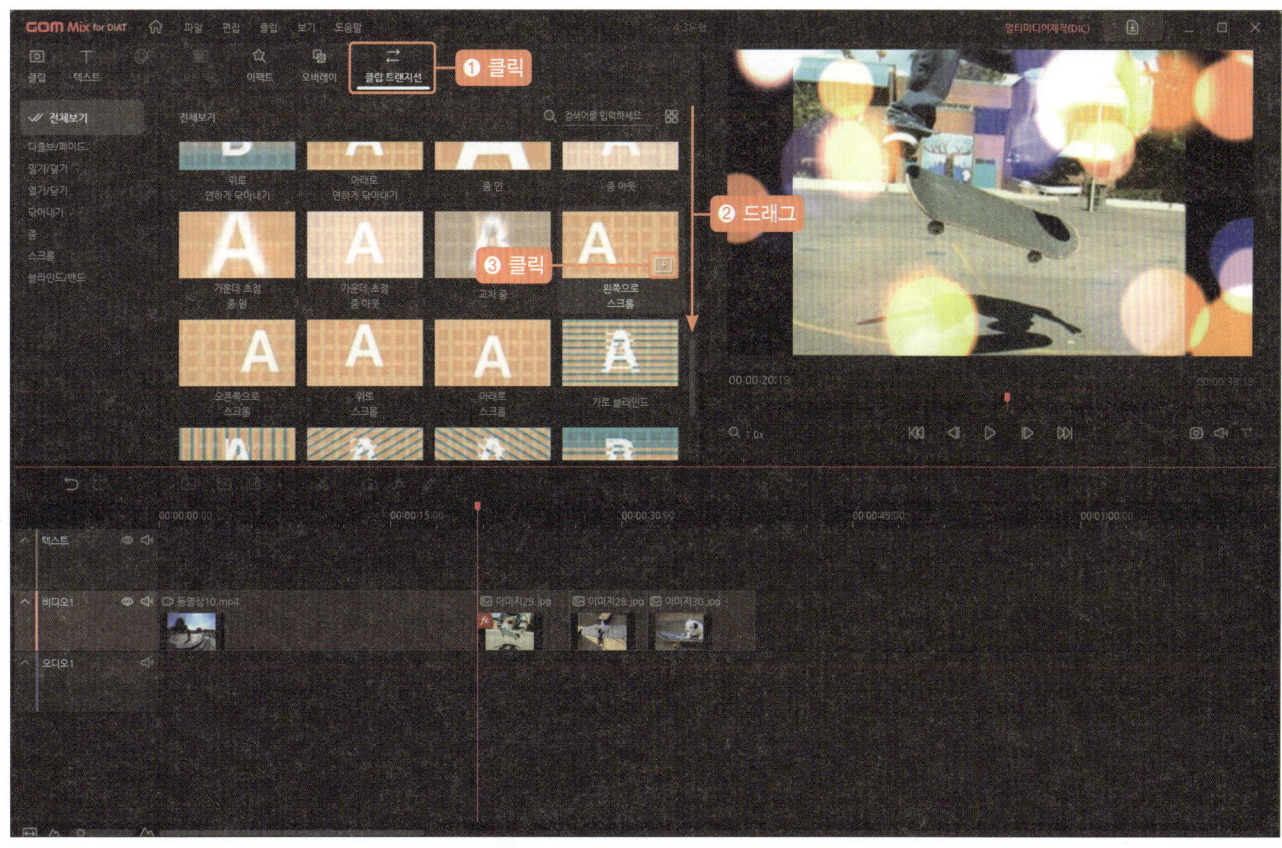

❸ [타임라인]-'이미지29.jpg' 클립에서 🔲왼를 더블클릭하고 [앞으로 이동(🔲)]을 선택한 후, 재생 시간(2.00)을 입력합니다. 이어서, 〈확인〉 단추를 클릭합니다.

❹ '이미지28.jpg' 클립을 선택하고 [소스 및 효과 패널]-[오버레이] 탭을 클릭합니다. 이어서, '원형 비넷'을 선택한 후, 반경(70)을 입력하고 〈확인〉 단추를 클릭합니다.

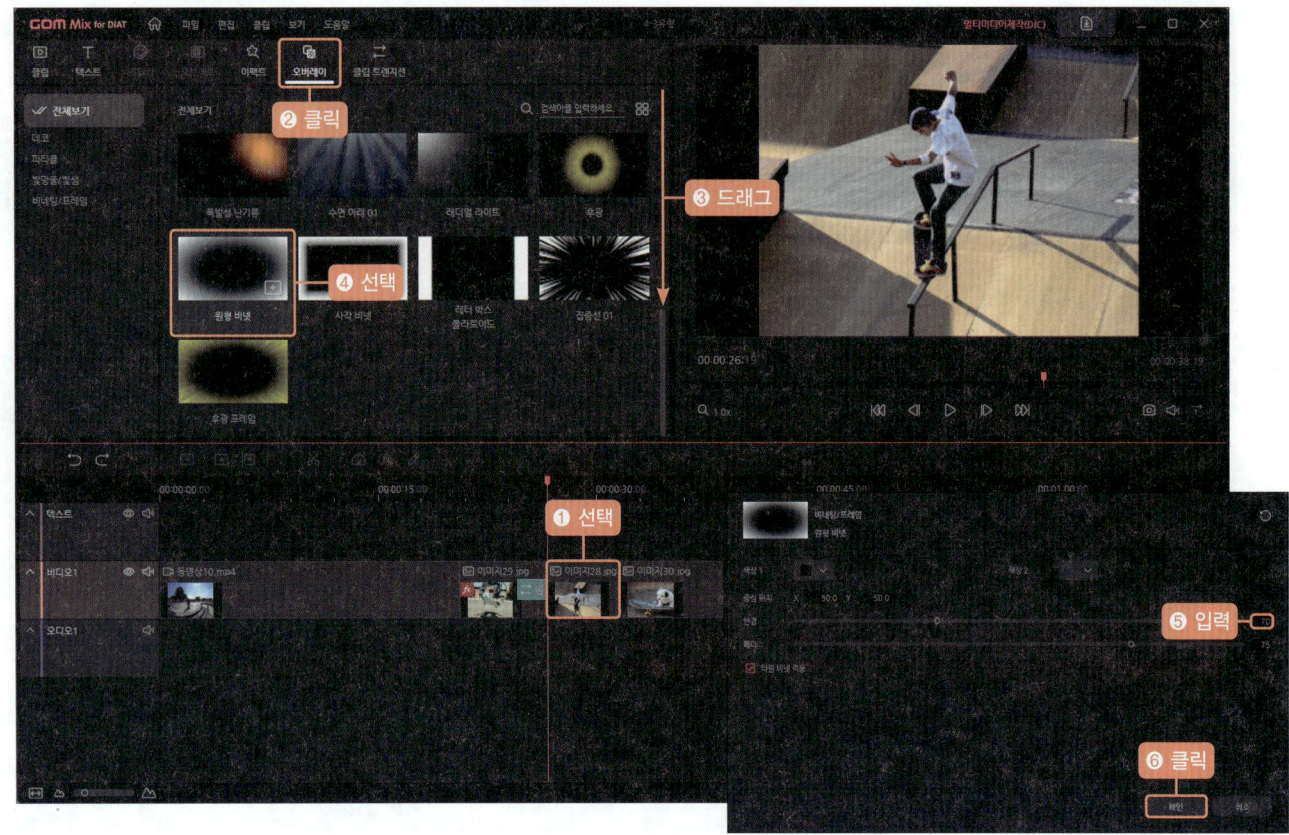

❺ '이미지28.jpg' 클립이 선택된 상태에서 [소스 및 효과 패널]-[클립 트랜지션] 탭-'문 열기'를 선택한 다음 ⊞를 클릭합니다.

⑥ [타임라인]–'이미지28.jpg' 클립에서 ⇆문를 더블클릭하고 [오버랩(▮)]을 선택한 후, 재생 시간 (1.00)을 입력합니다. 이어서, 〈확인〉 단추를 클릭합니다.

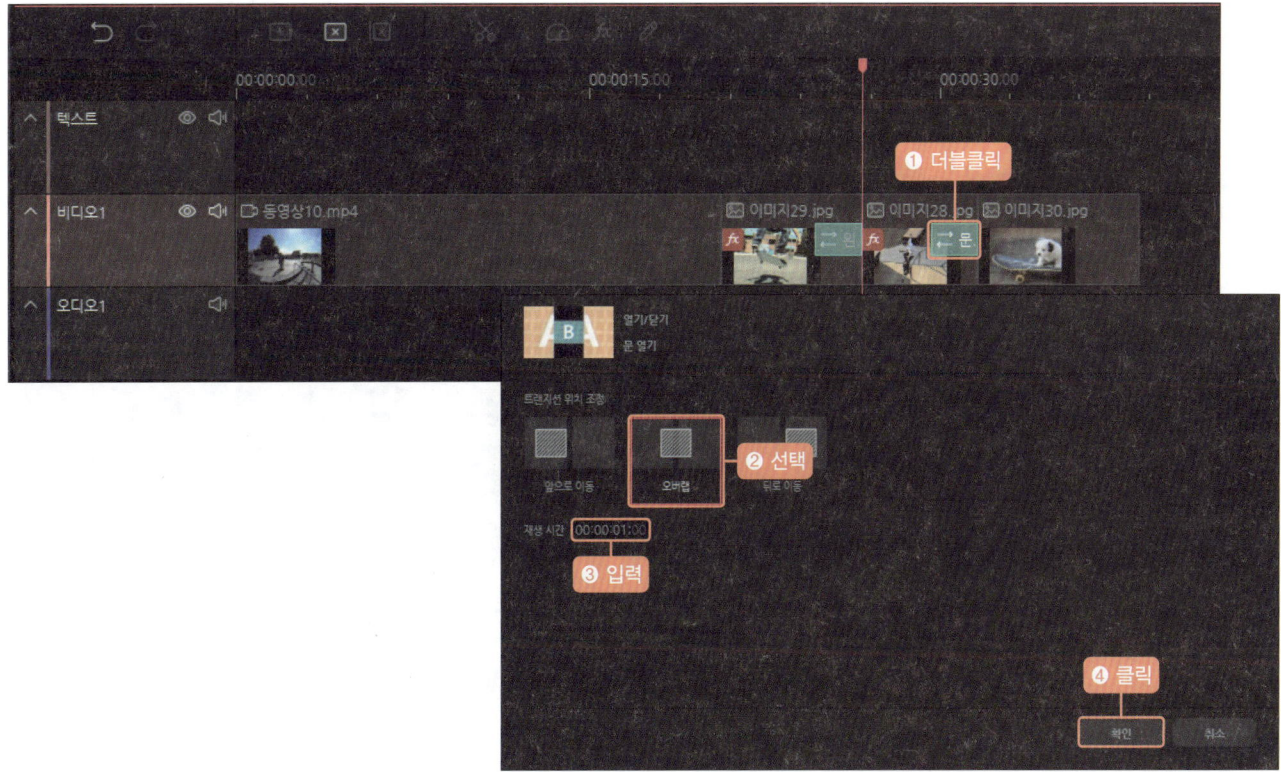

⑦ '이미지30.jpg' 클립을 선택하고 [소스 및 효과 패널]–[오버레이] 탭을 클릭합니다. 이어서, '비누 방울'을 선택한 후, 속도(8)를 입력하고 〈확인〉 단추를 클릭합니다.

❽ '이미지30.jpg' 클립이 선택된 상태에서 [소스 및 효과 패널]−[클립 트랜지션] 탭−'위로 덮기'를 선택한 다음 ⊞를 클릭합니다.

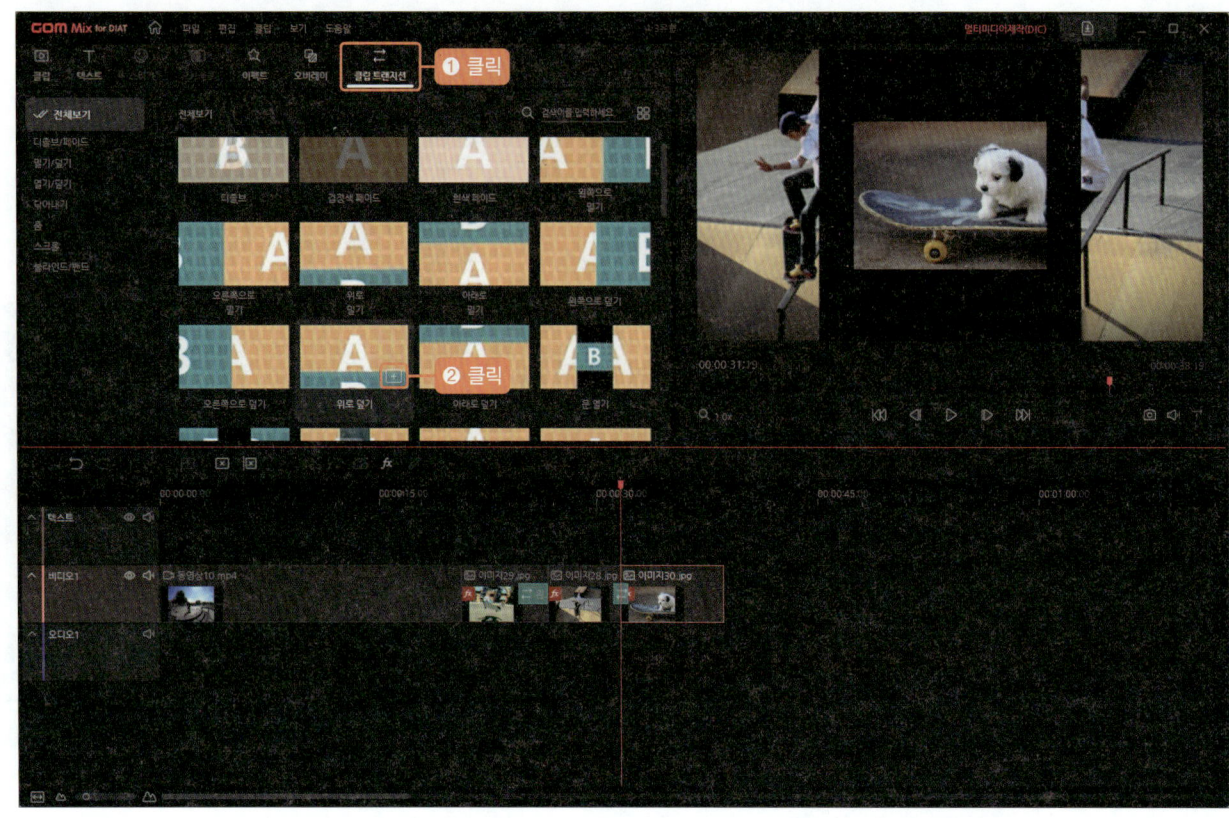

❻ [타임라인]−'이미지30.jpg' 클립에서 ⇄를 더블클릭하고 [앞으로 이동(■)]을 선택한 후, 재생시간(1.00)을 입력합니다. 이어서, 〈확인〉 단추를 클릭합니다.

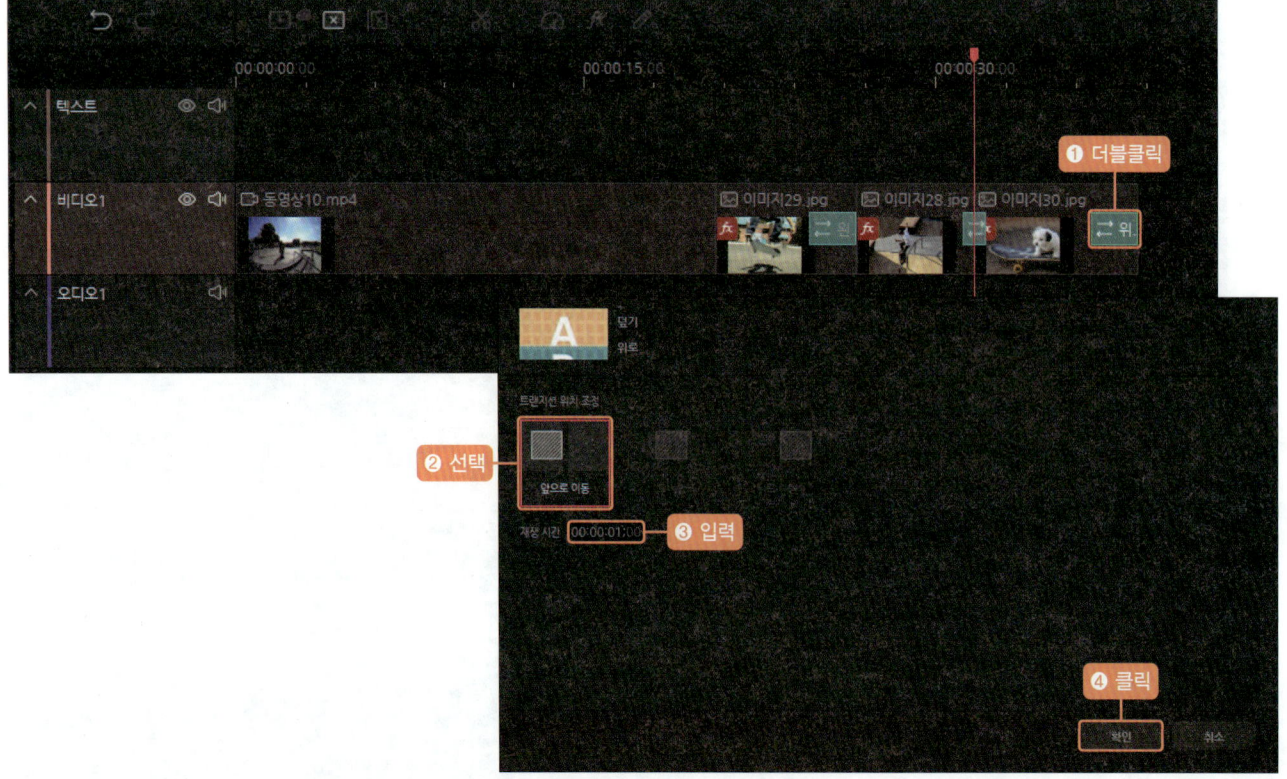

출제 유형 완전 정복 : 이미지 파일 설정하기

01 처리조건에 따라 출력형태와 같이 완성하시오.

* 소스 파일 : 4-3정복1.gmep
* 정답 파일 : 4-3정복1(완성).gmep

출력형태

동영상11.mp4 이미지31.jpg 이미지33.jpg 이미지32.jpg

처리조건

원본 파일	이미지31.jpg, 이미지32.jpg, 이미지33.jpg, 동영상11.mp4

▶ 이미지 파일을 다음과 같이 처리하시오.

- '이미지31.jpg' ⇒ 이미지 클립 길이 : 5.00, 오버레이 : 색종이 조각(크기 : 10),
  클립 트랜지션 : 왼쪽으로 덮기(뒤로 이동, 재생 시간 : 1.00)
- '이미지33.jpg' ⇒ 이미지 클립 길이 : 5.00, 오버레이 : 가랜드(색상 시프트 속도 : 13),
  클립 트랜지션 : 아래로 덮기(앞으로 이동, 재생 시간 : 2.00)
- '이미지32.jpg' ⇒ 이미지 클립 길이 : 5.00, 오버레이 : 후광(내부 반경 : 5.0),
  클립 트랜지션 : 가로 펼치면서 열기(앞으로 이동, 재생 시간 : 2.00)
- 지시사항이 없는 경우는 기본 값을 적용하시오.

02 처리조건에 따라 출력형태와 같이 완성하시오.

* 소스 파일 : 4-3정복2.gmep
* 정답 파일 : 4-3정복2(완성).gmep

출력형태

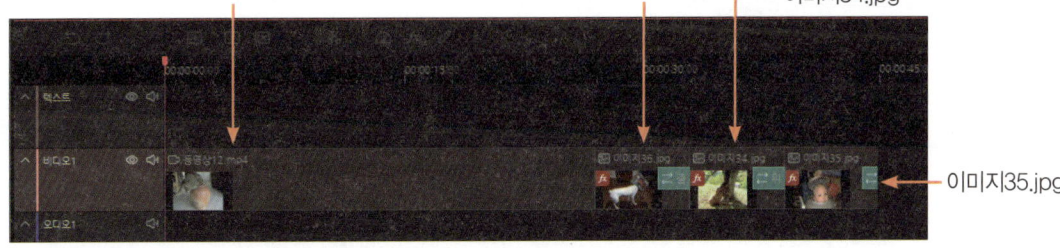

동영상12.mp4 이미지36.jpg 이미지34.jpg 이미지35.jpg

처리조건

원본 파일	이미지34.jpg, 이미지35.jpg, 이미지36.jpg, 동영상12.mp4

▶ 이미지 파일을 다음과 같이 처리하시오.

- '이미지36.jpg' ⇒ 이미지 클립 길이 : 6.00, 오버레이 : 떨림(크기 : 8),
  클립 트랜지션 : 줌 인(앞으로 이동, 재생 시간 : 2.00)
- '이미지34.jpg' ⇒ 이미지 클립 길이 : 6.00, 오버레이 : 떨림(크기 : 20),
  클립 트랜지션 : 위로 덮기(앞으로 이동, 재생 시간 : 2.00)
- '이미지35.jpg' ⇒ 이미지 클립 길이 : 6.00, 오버레이 : 비누 방울(크기 : 10),
  클립 트랜지션 : 디졸브(앞으로 이동, 재생 시간 : 1.00)
- 지시사항이 없는 경우는 기본 값을 적용하시오.

출제 유형 완전 정복 : 이미지 파일 설정하기

03 처리조건에 따라 출력형태와 같이 완성하시오.

* 소스 파일 : 직접 작성 * 정답 파일 : 4-3정복3(완성).gmep

출력형태

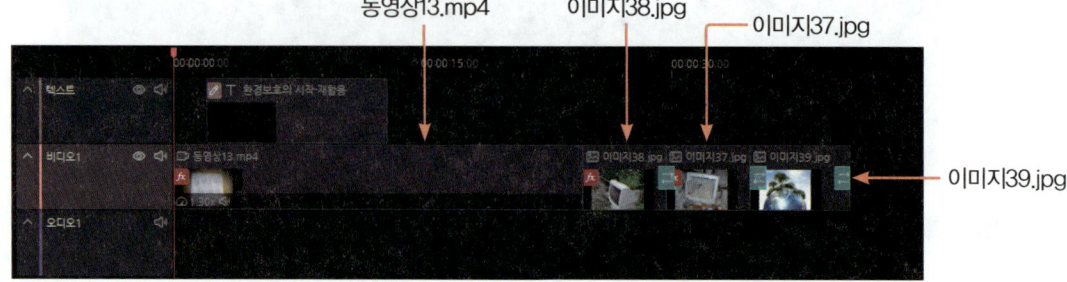

동영상13.mp4 이미지38.jpg 이미지37.jpg 이미지39.jpg

처리조건

원본 파일	이미지37.jpg, 이미지38.jpg, 이미지39.jpg, 동영상13.mp4

▶ **미디어 소스의 순서를 다음과 같이 지정하시오.**
- 미디어 소스 순서 ⇒ 동영상13.mp4 〉 이미지38.jpg 〉 이미지37.jpg 〉 이미지39.jpg

▶ **동영상 파일('동영상13.mp4')을 다음과 같이 처리하시오.**
- 배속 : 1.3x
- 자르기 : 시작 시간(0.00), 재생 시간(24.20)
- 이펙트 : LUT 필터–빈티지–빈티지 01(노출 : 10, 감마 : 1.0)
- 텍스트 ⇒ 텍스트 입력 : ┌ 환경보호의 시작–재활용 ┐
  텍스트 서식 : 기본자막(굴림체, 120pt, #5d00ff), 윤곽선 설정(없음),
  위치 설정(화면 정가운데 아래), 시작 시간(2.00), 클립 길이(11.00)
- 재생 속도 설정 후 자르기를 하여야 하며, 잘라진 뒷부분의 동영상 및 트랙의 모든 공백을 삭제할 것
- 원본 동영상에 포함된 오디오는 모두 음소거 할 것

▶ **이미지 파일을 다음과 같이 처리하시오.**
- '이미지38.jpg' ⇒ 이미지 클립 길이 : 5.00, 오버레이 : 흩날림(크기 : 10),
  클립 트랜지션 : 아래로 닦아내기(오버랩, 재생 시간 : 1.00)
- '이미지37.jpg' ⇒ 이미지 클립 길이 : 5.00, 오버레이 : 지나가는 01(속도 : 5),
  클립 트랜지션 : 세로 블라인드(뒤로 이동, 재생 시간 : 1.00)
- '이미지39.jpg' ⇒ 이미지 클립 길이 : 6.00, 오버레이 : 수면 아래 01(강도 : 50),
  클립 트랜지션 : 문 닫기(앞으로 이동, 재생 시간 : 1.00)
- 지시사항이 없는 경우는 기본 값을 적용하시오.

▶ **다음과 같은 규칙으로 GMEP 파일을 프로젝트 전체 저장하시오.**

GMEP	파일명	4-3정복3.gmep

출제 유형 완전 정복 : 이미지 파일 설정하기

04 처리조건에 따라 출력형태와 같이 완성하시오.

* 소스 파일 : 직접 작성   * 정답 파일 : 4-3정복4(완성).gmep

출력형태

동영상14.mp4   이미지40.jpg   이미지42.jpg

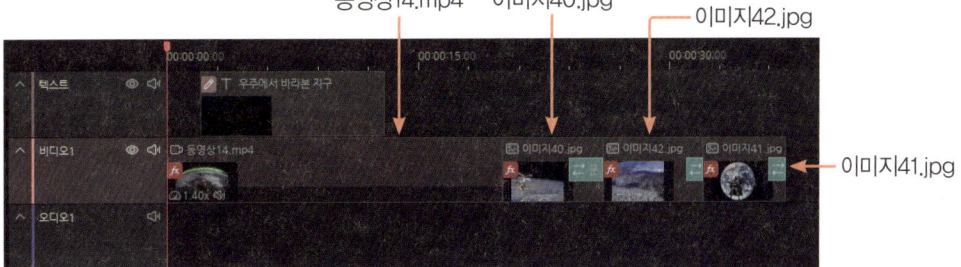

이미지41.jpg

처리조건

원본 파일	이미지40.jpg, 이미지41.jpg, 이미지42.jpg, 동영상14.mp4

▶ **미디어 소스의 순서를 다음과 같이 지정하시오.**
- 미디어 소스 순서 ⇒ 동영상14.mp4 〉 이미지40.jpg 〉 이미지42.jpg 〉 이미지41.jpg

▶ **동영상 파일('동영상14.mp4')을 다음과 같이 처리하시오.**
- 배속 : 1.4x
- 자르기 : 시작 시간(0.00), 재생 시간(20.00)
- 이펙트 : 이미지 보정–블러–Radial Fast Blur(위치(X : 5.0, Y : 5.0), 강도 : 10)
- 텍스트 ⇒ 텍스트 입력 : | 우주에서 바라본 지구 |
    텍스트 서식 : 기본자막(한초롬돋움, 72pt, #c9ff00), 윤곽선 설정(없음),
    위치 설정(화면 정가운데 아래), 시작 시간(2.00), 클립 길이(11.00)
- 재생 속도 설정 후 자르기를 하여야 하며, 잘라진 뒷부분의 동영상 및 트랙의 모든 공백을 삭제 할 것
- 원본 동영상에 포함된 오디오는 모두 음소거 할 것

▶ **이미지 파일을 다음과 같이 처리하시오.**
- '이미지40.jpg' ⇒ 이미지 클립 길이 : 6.00, 오버레이 : 불꽃 스파크(크기 : 3),
    클립 트랜지션 : 문 열기(앞으로 이동, 재생 시간 : 2.00)
- '이미지42.jpg' ⇒ 이미지 클립 길이 : 6.00, 오버레이 : 내려앉는(속도 : 3),
    클립 트랜지션 : 문 닫기(앞으로 이동, 재생 시간 : 1.00)
- '이미지41.jpg' ⇒ 이미지 클립 길이 : 5.00, 오버레이 : 떠오르는(강도 : 10),
    클립 트랜지션 : 위로 덮기(앞으로 이동, 재생 시간 : 1.00)
- 지시사항이 없는 경우는 기본 값을 적용하시오.

▶ **다음과 같은 규칙으로 GMEP 파일을 프로젝트 전체 저장하시오.**

GMEP	파일명	4-3정복4.gmep

04 시작 부분 텍스트 삽입과 음악 넣기

출제유형

- 시작 부분 텍스트 삽입하기
- 음악 삽입하고 프로젝트 전체 저장하기

◆ 문제 미리보기

＊소스 파일 : 4-4유형.gmep   ＊정답 파일 : 4-4유형(완성).gmep

≪ 출력형태 ≫

동영상15.mp4   이미지44.jpg   이미지43.jpg

이미지45.jpg

≪ 처리조건 ≫

원본 파일	이미지43.jpg, 이미지44.jpg, 이미지45.jpg, 동영상15.mp4, 음악01.mp3

▶ **다음 조건에 따라 동영상 시작 부분에 텍스트를 지정하시오.**

- 제목 ⇒ 텍스트 입력 :

  모터 스포츠의 세계
  (F1 Racing)

  텍스트 서식 : 기본자막(한초롬돋움, 150pt, #9f00ff), 윤곽선 설정(#d9ff00, 두께 : 20),
  나타나기(왼쪽으로 닦아내기, 지속 시간 : 2.00), 시작 시간(0.00), 클립 길이(5.00)

▶ **다음 조건에 따라 동영상 전체에 음악 파일('음악01.mp3')을 삽입하시오.**

- 시작 시간 : 0.00, 재생 시간 : 40.03, 페이드 아웃 : 3.00
- 재생 시간 설정 후 자르기 하여야 하며, 잘라진 뒷부분의 음악 파일을 삭제할 것

▶ **다음과 같은 규칙으로 GMEP 파일을 프로젝트 전체 저장하시오.**

- 저장위치 : 바탕화면 – KAIT – 제출파일 폴더

GMEP	파일명	dic_03_수검번호(6자리)_이름.GMEP

(예 : 수검번호가 DIC-24XX-000000인 경우 'dic_03_000000_이름.GMEP'로 프로젝트 전체 저장할 것)

(＊ dic_03_000000_이름.GMEP 파일 누락 / 프로젝트 전체 저장 이외의 기능을 이용하여 저장할 시 "0점" 처리됨)

※ 시험에서 중요한 포인트

1. 시작 부분 텍스트는 동영상의 맨 앞부분에 삽입해야 합니다.

2. 조건으로 제시된 정확한 서식을 순서대로 빠짐없이 지정하도록 연습합니다.

3. 완성된 파일은 '프로젝트 전체 저장' 기능을 이용하여 저장합니다. 프로젝트 전체 저장 이외의 기능을 이용하여 저장할 시 "0점" 처리됩니다.

시작 부분 텍스트 삽입하기

❶ '곰믹스 for DIAT'를 실행하고 [파일]-[프로젝트 열기]를 클릭하여 '4-4유형.gmep' 파일을 불러옵니다.

❷ 텍스트를 입력하기 위해 [텍스트] 타임라인을 클릭하고 [소스 및 효과 패널]-[텍스트]-[기본자막]-[기본자막]에서 ➕ 를 클릭합니다.

❸ [텍스트] 타임라인에서 [텍스트] 클립을 더블클릭합니다. 이어서, '모터스포츠의 세계(F1 Racing)'을 입력하고 '폰트 종류(함초롬돋움)', '폰트 크기(150)'를 지정합니다.

④ 텍스트의 색상을 바꾸기 위해 [스타일]–[텍스트 채우기(<u>A</u>ˇ)]의 목록 단추(ˇ)를 눌러 [다른 색 상]을 클릭합니다.

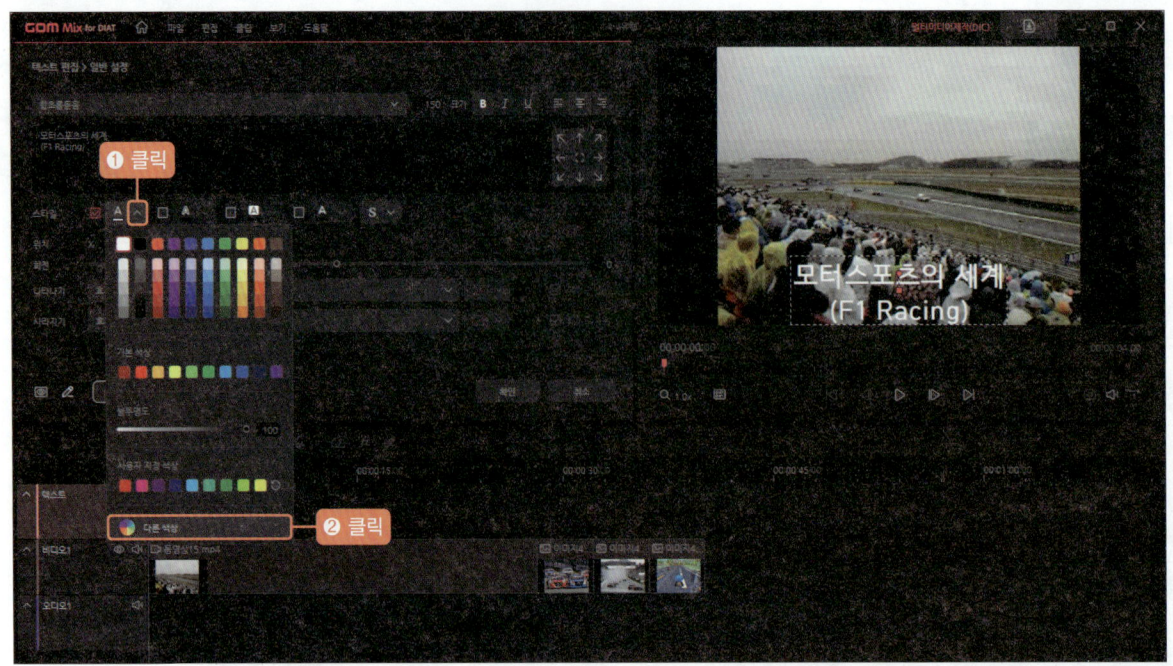

⑤ [색상 선택] 대화상자가 나오면 색 입력에 '9f0ff'를 입력하고 〈확인〉 단추를 클릭합니다.

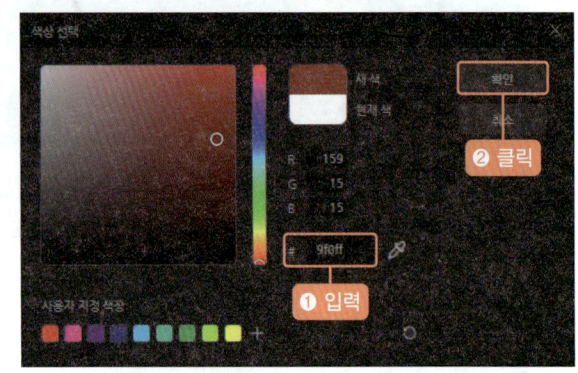

⑥ 윤곽선을 지정하기 위해 〈고급〉 단추를 클릭합니다. 이어서, 윤곽선 설정을 하기 위해 윤곽선 색상 (☑)을 체크한 후 [색상(ˇ)]의 목록 단추(ˇ)를 눌러 [다른 색상]을 선택합니다.

❼ [색상 선택] 대화상자가 나오면 색 입력에 'd9ff00'을 입력하고 〈확인〉 단추를 클릭합니다. 이어서, '두께(20)'을 입력하고 〈일반〉 단추를 클릭합니다.

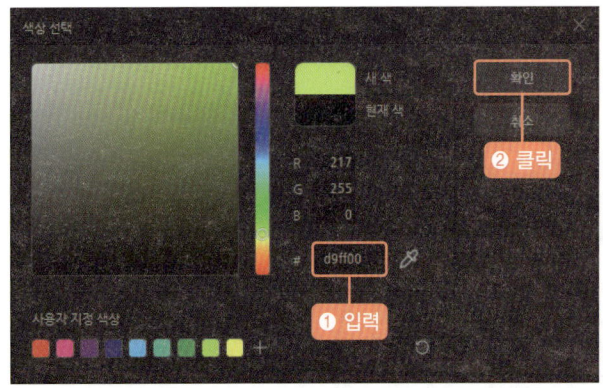
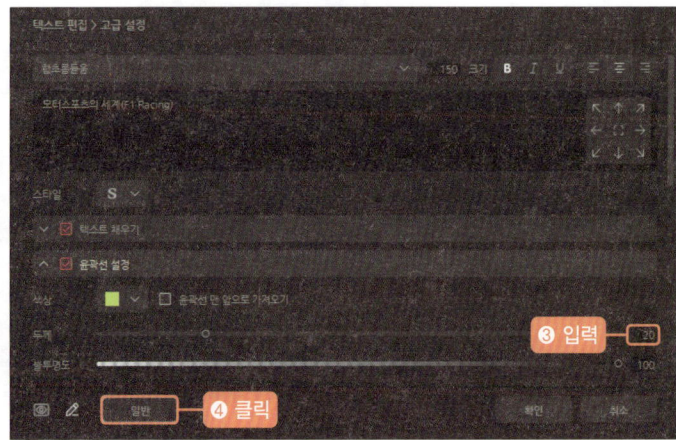

❽ [나타나기]의 목록 단추(⌄)를 눌러 '왼쪽으로 닦아내기'을 선택한 후 '지속 시간(2.0)'을 입력하고 〈확인〉 단추를 클릭합니다.

※ 페이드인은 체크해제가 되어있는지 확인합니다.

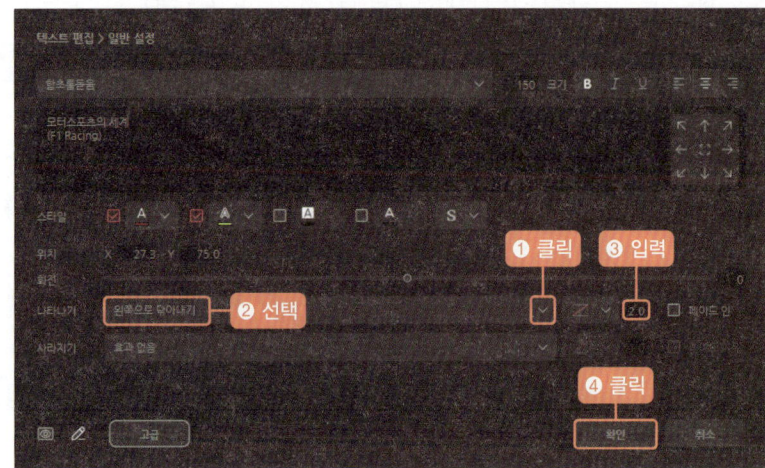

❾ 텍스트의 클립 길이를 설정하기 위해 [텍스트] 클립에서 마우스 오른쪽 단추를 눌러 [길이 변경]을 클릭합니다.

⑩ [길이 변경] 대화상자가 나오면 '클립 길이(5.00)'를 입력하고 〈확인〉 단추를 클릭합니다.

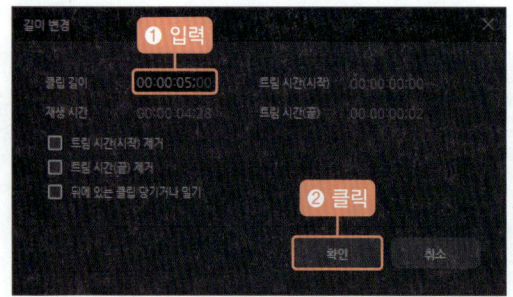

❶ 음악을 추가하기 위해서 [클립]–[미디어 클립 불러오기]를 클릭합니다.

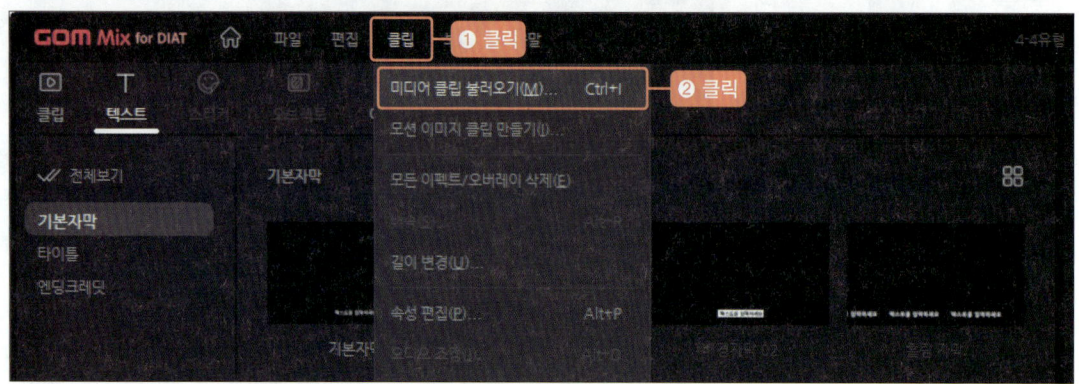

❷ [미디어 클립 불러오기] 대화상자 나오면 '**음악01.mp3**' 파일을 선택한 후 〈열기〉 단추를 클릭하여 추가합니다.

❸ 음악 파일이 미디어 소스 목록에 추가되면 [타임라인]의 [오디오1] 부분으로 드래그하여 삽입합니다.

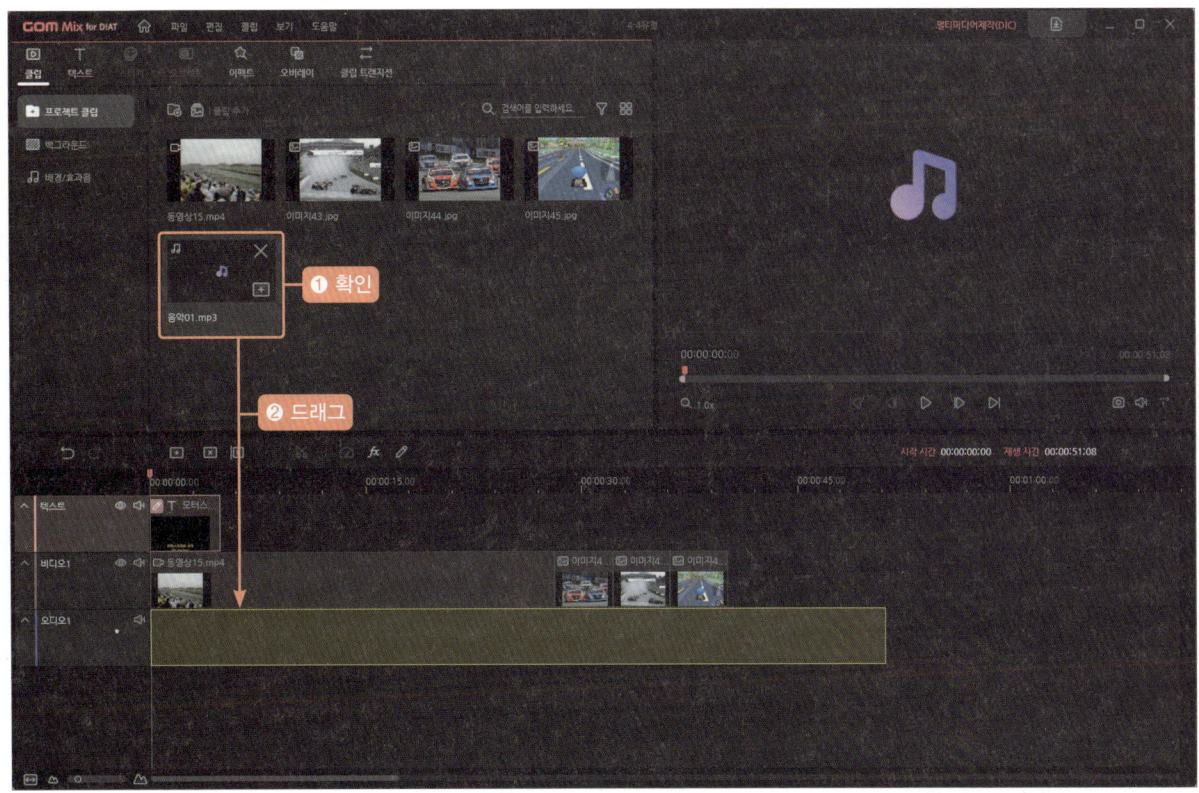

❹ [타임라인]에서 '음악01.mp3' 클립을 클릭하고 [미리보기] 창의 [재생 위치 설정]에서 '40.03'을 입력한 후, **Enter** 키를 누릅니다. 이어서, [타임라인 패널]–'클립 자르기(✂)'를 클릭하고 잘라진 뒷부분의 음악 파일은 **Delete** 키를 눌러 삭제합니다.

❺ [타임라인]-[오디오1]에서 '음악01.mp3' 클립을 클릭합니다. 이어서, [소스 및 효과 패널]-[이펙트]-[오디오]-'페이드 아웃'을 선택합니다.

❻ '지속 시간(3.00)'으로 입력하고 〈확인〉 단추를 클릭합니다.

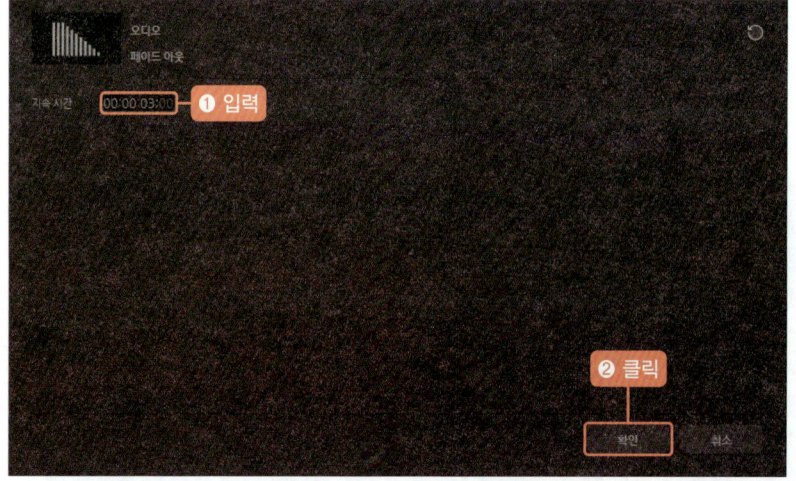

❼ 모든 작업이 완료되면 [파일]-[프로젝트 전체 저장]을 클릭합니다.

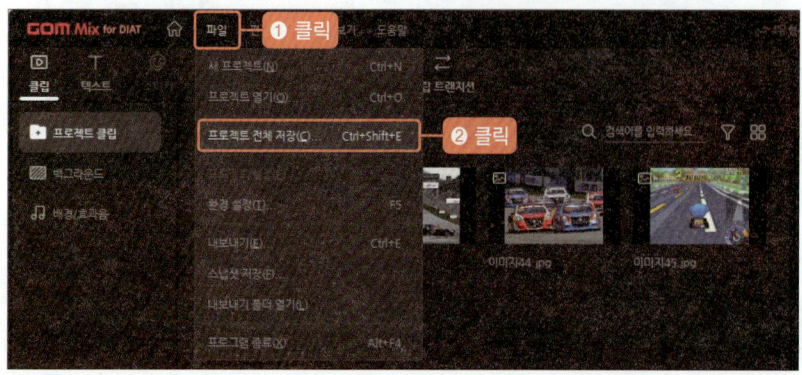

❽ [보관용 프로젝트로 저장] 대화상자가 나오면 [이름]에 '4-4유형(완성)'으로 입력하고 [경로 설정]에서 [폴더 선택(🔲)] 아이콘을 클릭합니다.

❾ [폴더 선택] 대화상자가 나오면 저장할 위치를 지정하고 〈폴더 선택〉 단추를 클릭합니다. 이어서, 〈확인〉 단추를 클릭합니다.

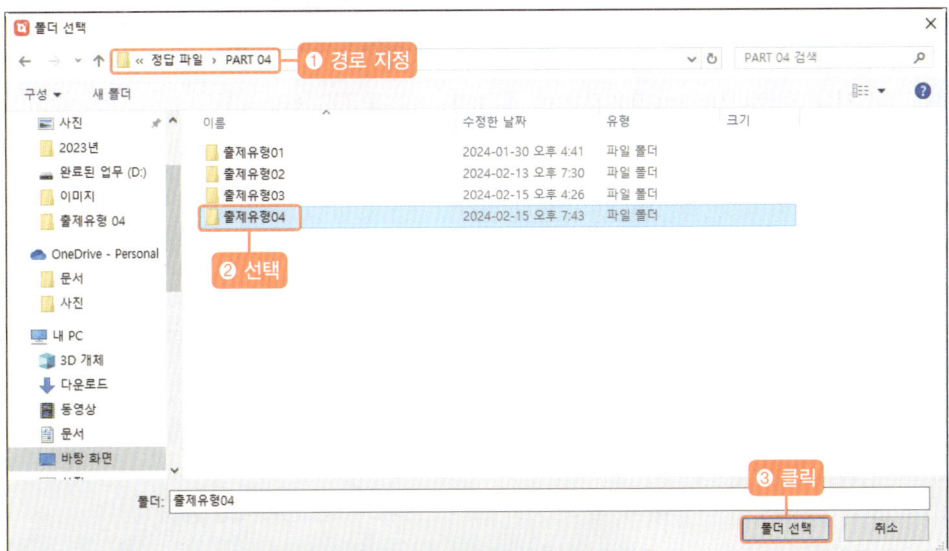

01 처리조건에 따라 출력형태와 같이 완성하시오.

* 소스 파일 : 4-4정복1.gmep * 정답 파일 : 4-4정복1(완성).gmep

동영상16.mp4   이미지47.jpg   이미지46.jpg

출력형태

이미지48.jpg

처리조건

원본 파일	이미지46.jpg, 이미지47.jpg, 이미지48.jpg, 동영상16.mp4, 음악02.mp3

▶ 다음 조건에 따라 동영상 시작 부분에 텍스트를 지정하시오.

• 제목 ⇒ 텍스트 입력 :

> 롤러 코스터
> (Roller Coaster)

텍스트 서식(돋움, 120pt, #00cfff), 윤곽선 설정(#ffffff, 두께 : 20)

나타나기(서서히 타나나기, 지속 시간 : 1.20), 시작 시간(0.00), 클립 길이(1.20)

▶ 다음 조건에 따라 동영상 전체에 음악 파일('음악02.mp3')을 삽입하시오.

• 시작 시간 : 0.00, 재생 시간 : 40.05, 페이드 인 : 3.00

• 재생 시간 설정 후 자르기 하여야 하며, 잘라진 뒷부분의 음악 파일은 삭제할 것

출제 유형 완전 정복 : 시작 부분 텍스트 삽입과 음악 넣기

02 처리조건에 따라 출력형태와 같이 완성하시오.

* 소스 파일 : 4-4정복2.gmep   * 정답 파일 : 4-4정복2(완성).gmep

동영상17.mp4   이미지50.jpg   이미지49.jpg

출력형태

이미지51.jpg

처리조건

원본 파일	이미지49.jpg, 이미지50.jpg, 이미지51.jpg, 동영상17.mp4, 음악03.mp3

▶ 다음 조건에 따라 동영상 시작 부분에 텍스트를 지정하시오.

• 제목 ⇒ 텍스트 입력 :

> 수족관 탐방
> (Shark & Fish)

텍스트 서식(맑은 고딕, 150pt, #ffff93), 윤곽선 설정(#ff92ff, 두께 : 30)
나타나기(위에서 닦아내기, 지속 시간 : 2.00), 시작 시간(0.00), 클립 길이(3.00)

▶ 다음 조건에 따라 동영상 전체에 음악 파일('음악03.mp3')을 삽입하시오.

• 시작 시간 : 0.00, 재생 시간 : 46.12, 게인 : 5
• 재생 시간 설정 후 자르기 하여야 하며, 잘라진 뒷부분의 음악 파일은 삭제할 것

출제 유형 완전 정복 : 시작 부분 텍스트 삽입과 음악 넣기

03 처리조건에 따라 출력형태와 같이 완성하시오.

✻ 소스 파일 : 직접 작성
✻ 정답 파일 : 4-4정복3(완성).gmep

출력형태

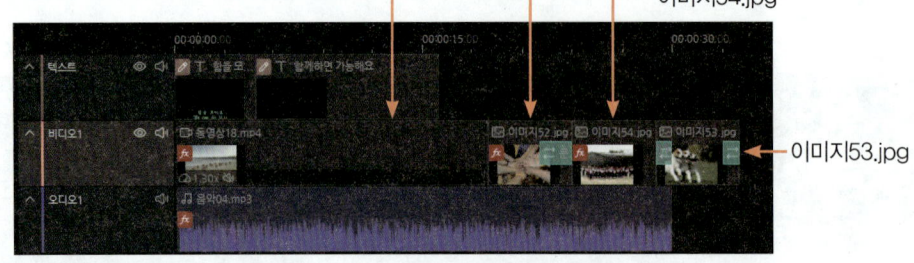

처리조건

원본 파일	이미지52.jpg, 이미지53.jpg, 이미지54.jpg, 동영상18.mp4, 음악04.mp3

▶ 미디어 소스의 순서를 다음과 같이 지정하시오.
- 미디어 소스 순서 ⇒ 동영상18.mp4 〉 이미지52.jpg 〉 이미지54.jpg 〉 이미지53.jpg

▶ 동영상 파일('동영상18.mp4')을 다음과 같이 처리하시오.
- 배속 : 1.3x
- 자르기 : 시작 시간(0.03), 재생 시간(18.27)
- 이펙트 : LUT 필터-옛날 사진-옛날 사진 05(노출 : 10, 감마 : 1.5)
- 텍스트 ⇒ 텍스트 입력 : [함께하면 가능해요]
  텍스트 서식 : 기본자막(바탕, 90pt, #00ff13), 윤곽선 설정(없음),
  위치 설정(화면 정가운데 아래), 시작 시간(5.00), 클립 길이(11.00)
- 재생 속도 설정 후 자르기를 하여야 하며, 잘라진 뒷부분의 동영상 및 트랙의 모든 공백을 삭제할 것
- 원본 동영상에 포함된 오디오는 모두 음소거 할 것

▶ 이미지 파일을 다음과 같이 처리하시오.
- '이미지52.jpg' ⇒ 이미지 클립 길이 : 5.00, 오버레이 : 스페이스01(개수/양 : 8),
  클립 트랜지션 : 문 열기(앞으로 이동, 재생 시간 : 2.00)
- '이미지54.jpg' ⇒ 이미지 클립 길이 : 5.00, 오버레이 : 떠오르는(개수/양 : 85),
  클립 트랜지션 : 교차 줌(뒤로 이동, 재생 시간 : 1.00)
- '이미지53.jpg' ⇒ 이미지 클립 길이 : 5.00, 오버레이 : 수면 아래 01(강도 : 40),
  클립 트랜지션 : 문 닫기(앞으로 이동, 재생 시간 : 1.00)
- 지시사항이 없는 경우는 기본 값을 적용하시오.

▶ 다음 조건에 따라 제목을 이용하여 자막을 지정하시오.
- 제목 ⇒ 텍스트 입력 : [힘을 모아요 (We can do it!)]
  텍스트 서식(궁서체, 180pt, #76ba1e), 윤곽선 설정(#0082ff, 두께 : 10),
  나타나기(왼쪽으로 연하게 닦아내기, 지속 시간 : 2.00), 시작 시간(0.00), 클립 길이(5.00)

▶ 다음 조건에 따라 동영상 전체에 음악 파일('음악04.mp3')을 삽입하시오.
- 시작 시간 : 0.03, 재생 시간 : 29.27, 페이드 아웃 : 4.00
- 재생 시간 설정 후 자르기 하여야 하며, 잘라진 뒷부분의 음악 파일은 삭제할 것

▶ 다음과 같은 규칙으로 GMEP 파일을 프로젝트 전체 저장하시오.

GMEP	파일명	4-4정복3.gmep

출제 유형 완전 정복 : 시작 부분 텍스트 삽입과 음악 넣기

04 처리조건에 따라 출력형태와 같이 완성하시오.

* 소스 파일 : 직접 작성
* 정답 파일 : 4-4정복4(완성).gmep

출력형태

동영상19.mp4   이미지56.jpg   이미지55.jpg

이미지57.jpg

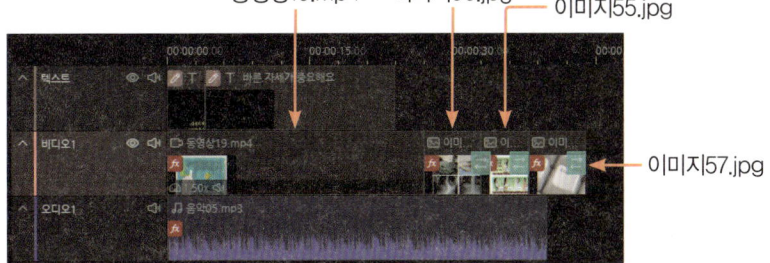

처리조건

원본 파일	이미지55.jpg, 이미지56.jpg, 이미지57.jpg, 동영상19.mp4, 음악05.mp3

▶ 미디어 소스의 순서를 다음과 같이 지정하시오.
- 미디어 소스 순서 ⇒ 동영상19.mp4 〉 이미지56.jpg 〉 이미지55.jpg 〉 이미지57.jpg

▶ 동영상 파일('동영상18.mp4')을 다음과 같이 처리하시오.
- 배속 : 1.5x
- 자르기 : 시작 시간(0.00), 재생 시간(27.00)
- 이펙트 : 영상-글리치 01(인터벌 : 3, 강도 : 70)
- 텍스트 ⇒ 텍스트 입력 : 　바른 자세가 중요해요　
　　　텍스트 서식 : 기본자막(바탕체, 80pt, #e4192a), 윤곽선 설정(없음),
　　　위치 설정(화면 정가운데 아래), 시작 시간(4.00), 클립 길이(20.00)
- 재생 속도 설정 후 자르기를 하여야 하며, 잘라진 뒷부분의 동영상 및 트랙의 모든 공백을 삭제할 것
- 원본 동영상에 포함된 오디오는 모두 음소거 할 것

▶ 이미지 파일을 다음과 같이 처리하시오.
- '이미지56.jpg' ⇒ 이미지 클립 길이 : 6.00, 오버레이 : 흩날림(크기 : 8),
　　　클립 트랜지션 : 흰색 페이드(오버랩, 재생 시간 : 2.00)
- '이미지55.jpg' ⇒ 이미지 클립 길이 : 5.00, 오버레이 : 가우스(강도 : 20),
　　　클립 트랜지션 : 아래로 밀기(앞으로 이동, 재생 시간 : 2.00)
- '이미지57.jpg' ⇒ 이미지 클립 길이 : 6.00, 오버레이 : 레디얼 라이트(크기 : 60),
　　　클립 트랜지션 : 오른쪽으로 덮기(앞으로 이동, 재생 시간 : 2.00)
- 지시사항이 없는 경우는 기본 값을 적용하시오.

▶ 다음 조건에 따라 제목을 이용하여 자막을 지정하시오.
- 제목 ⇒ 텍스트 입력 : 　컴퓨터와 건강
　　　　　　　　(COM & Health)
　　　텍스트 서식(함초롬돋움, 150pt, #fdff00), 윤곽선 설정(#000000, 두께 : 30),
　　　나타나기(오른쪽으로 닦아내기, 지속 시간 : 2.00), 시작 시간(0.00), 클립 길이(4.00)

▶ 다음 조건에 따라 동영상 전체에 음악 파일('음악05.mp3')을 삽입하시오.
- 시작 시간 : 0.00, 재생 시간 : 40.00, 페이드 아웃 : 3.00
- 재생 시간 설정 후 자르기 하여야 하며, 잘라진 뒷부분의 음악 파일은 삭제할 것

▶ 다음과 같은 규칙으로 GMEP 파일을 프로젝트 전체 저장하시오.

GMEP	파일명	4-4정복4.gmep

DIAT

MEMO

PART 05

출제예상
모의고사

제01회 디지털정보활용능력 출제예상 모의고사

◆ 시험과목 : 멀티미디어제작(포토샵, 곰믹스)
◆ 시험일자 : 20XX. XX. XX (토)
◆ 수검자 기재사항 및 감독위원 확인

수 검 번 호	DIC – XXXX –	감독위원 확인
성 명		

수검자 유의사항

1. 수검자는 신분증을 지참하여야 시험에 응시할 수 있으며, 시험이 종료될 때까지 신분증을 제시하지 못 할 경우 해당 시험은 0점 처리됩니다.

2. 시스템(PC 작동 여부, 네트워크 상태 등)의 이상 여부를 반드시 확인하여야 하며, 시스템 이상이 있을 시 감독위원에게 조치를 받으셔야 합니다.

3. 시험 중 부주의 또는 고의로 시스템을 파손한 경우는 수검자 부담으로 합니다.

4. 답안 전송 프로그램을 통해 다운로드 받은 파일을 이용하여 답안 파일을 작성하시기 바랍니다.

5. 작성한 답안 파일은 답안 전송 프로그램을 통하여 전송됩니다. 감독위원의 지시에 따라 주시기 바랍니다.

6. 다음 사항의 경우 실격(0점) 혹은 부정행위 처리됩니다.

   1) 답안 파일을 저장하지 않았거나, 저장한 파일이 손상되었을 경우
   2) 답안 파일을 지정한 폴더(바탕화면 – "KAIT" 폴더)에 저장하지 않았을 경우
   ※ 답안 전송 프로그램 로그인 시 바탕화면에 자동 생성됨
   3) 답안 파일을 다른 보조 기억장치(USB) 혹은 네트워크(메신저, 게시판 등)로 전송할 경우
   4) 휴대용 전화기 등 통신기기를 사용할 경우

7. 【 】안의 지시사항은 PhotoShop 영문 버전용 입니다.

8. 답안은 PhotoShop과 Gom Mix for DIAT를 활용하여 작성하십시오.
   ※ PhotoShop 답안 파일의 해상도는 72 Pixels/inch로 작성하십시오.
   ※ Gom Mix for DIAT 답안 파일은 반드시 프로젝트 전체 저장으로 저장하십시오(미준수 시 0점 처리).

9. 시험지에 제시된 글꼴이 응시 프로그램에 없는 경우, 반드시 감독위원에게 해당 내용을 통보한 뒤 조치를 받아야 합니다.

10. 시험의 완료는 작성이 완료된 답안을 저장하고, 답안 전송이 완료된 상태를 확인한 것으로 합니다. 답안 전송 확인 후 문제지는 감독위원에게 제출한 후 퇴실하여야 합니다.

11. 답안 전송이 완료된 경우에는 수정 또는 정정이 불가능합니다.

12. 시험 시행 후 문제 공개 및 합격자 발표는 홈페이지(www.ihd.or.kr)에서 확인하시기 바랍니다.

   1) 문제 및 정답 공개 : 20XX. XX. XX.
   2) 합격자 발표 : 20XX. XX. XX.

※ PhotoShop 프로그램을 활용하여 [문제 01], [문제 02]를 작업하시오.

문제 01　　원본파일을 처리조건에 따라 결과파일로 완성하시오.　　　　　　　　(50점)

〈원본파일〉	〈결과파일〉

《 처리조건 》

▶ 다음과 같이 캔버스 크기를 변경하시오.
  • 캔버스 크기[Canvas Size] ⇒ 가로(650 픽셀[Pixels])×세로(450 픽셀[Pixels])

▶ '사진1.jpg' 이미지를 불러와 기존 캔버스에 복사한 후 다음과 같이 처리하시오.
  • ① ⇒ 복제 도장 도구[Clone Stamp Tool]를 이용하여 이미지 복사
  • ② ⇒ 색상 균형[Color Balance]를 이용하여 초록색 계열로 보정
  • ③ ⇒ 색조/채도[Hue/Saturation]를 이용하여 보라색 계열로 보정
  • 밝기 조정 ⇒ 곡선[Curves]을 이용하여 이미지 조정 (입력[Input] : 60, 출력[Output] : 90)
  • 필터 효과 ⇒ 그물눈[Crosshatch]을 이용하여 필터 적용
　　　　　　　　(선 길이[Stroke Length] : 3, 선명도[Sharpness] : 10, 강도[Strength] : 1)

▶ 지시사항이 없는 경우는 기본값을 적용하시오.

▶ 다음과 같은 규칙으로 JPG 파일과 PSD 파일을 각각 저장하시오.
  • 저장위치 : 바탕화면 – KAIT – 제출파일 폴더

JPG	파일명	dic_01_수검번호(6자리)_이름.JPG	PSD	파일명	dic_01_수검번호(6자리)_이름.PSD
	이미지 크기	600 × 400 픽셀[Pixels]		이미지 크기	65 × 45 픽셀[Pixels]

(예 : 수검번호가 DIC–XXXX–000000인 경우 "dic_01_000000_이름.JPG"과 "dic_01_000000_이름.PSD"로 저장할 것)

(※ dic_01_000000_이름.JPG와 dic_01_000000_이름.PSD 파일 중 하나라도 누락시 "0점" 처리 됨)

문제 02　　원본파일을 처리조건에 따라 결과파일로 완성하시오.　　(80점)

〈원본파일〉	〈결과파일〉

《 처리조건 》

▶ 다음과 같이 캔버스를 변경하시오.
- 캔버스 조정 ⇒ 캔버스 크기[Canvas Size] : 가로(600 픽셀[Pixels])×세로(300픽셀[Pixels])
　　　　　　　캔버스 배경색(색상 : #e5ff0e)

▶ '사진2.jpg' 이미지를 불러와 기존 캔버스에 복사한 후 다음과 같이 처리하시오.
- 이미지 복사 ⇒ 자유 변형[Free Transform]으로 크기 변형, 레이어 이름 – '공원'
　　　　　　 레이어 마스크[Layer Mask] 설정, 가로 방향으로 흐릿하게
- "Safety of the city" ⇒ 글꼴(Arial), 글꼴 스타일(Bold Italic), 크기(50pt), 색상(#ffffff), 앤티 앨리어싱 :
　　　　　　　선명하게[Sharp], 레이어 스타일 – 선/획[Stroke] (크기 : 3px, 색상 : #cc0000)
- "도시의 안전" ⇒ 글꼴(궁서체), 크기(45pt), 색상(#993333), 앤티 앨리어싱 : 선명하게[Sharp],
　　　　　　 레이어 스타일 – 선/획[Stroke] (크기 : 2px, 색상 : #ffffff)

▶ '사진3.jpg'를 이용하여 새로운 레이어를 생성하시오.
- 이미지 복사 ⇒ 자유 변형[Free Transform]으로 크기 변형, 레이어 이름 – '안전'
　　　　　　 레이어 스타일 – 그림자 효과[Drop Shadow] (혼합모드[Blend Mode] : 곱하기[Multiply],
　　　　　　 각도[Angle] : 90°)
- '사진3.jpg'의 자유 변형[Free Transform] 후, 이미지의 형태는 결과파일과 동일할 것

▶ 지시사항이 없는 경우는 기본값을 적용하시오.

▶ 다음과 같은 규칙으로 JPG 파일과 PSD 파일을 각각 저장하시오.
- 저장위치 : 바탕화면 – KAIT – 제출파일 폴더

JPG	파일명	dic_02_수검번호(6자리)_이름.JPG	PSD	파일명	dic_02_수검번호(6자리)_이름.PSD
	이미지 크기	550 × 250 픽셀[Pixels]		이미지 크기	60 × 30 픽셀[Pixels]

(예 : 수검번호가 DIC–XXXX–000000인 경우 "dic_02_000000_이름.JPG"과 "dic_02_000000_이름.PSD"로 저장할 것)

(※ dic_02_000000_이름.JPG와 dic_02_000000_이름.PSD 파일 중 하나라도 누락시 "0점" 처리 됨)

※ Gom Mix for DIAT 프로그램을 활용하여 [문제 03]을 작업하시오.

문제 03　　처리조건에 따라 출력형태와 같이 완성하시오.　　(70점)

《 출력형태 》

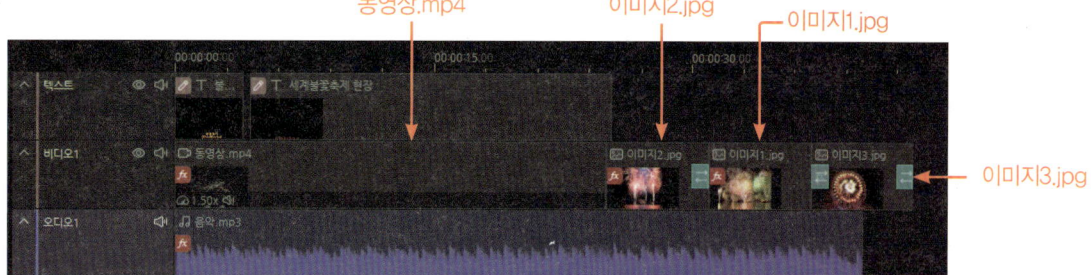

《 처리조건 》

원본 파일	이미지1.jpg, 이미지2.jpg, 이미지3.jpg, 동영상.mp4, 음악.mp3

▶ 미디어 소스의 순서를 다음과 같이 지정하시오.
  • 미디어 소스 순서 ⇒ 동영상.mp4 〉이미지2.jpg 〉이미지1.jpg 〉이미지3.jpg

▶ 동영상 파일('동영상.mp4')을 다음과 같이 처리하시오.
  • 배속 : 1.5x
  • 자르기 : 시작 시간(0.00), 재생 시간(25.00)
  • 이펙트 : LUT 필터–파스텔–파스텔 03(노출 : 20, 감마 : 0.5)
  • 텍스트 ⇒ 텍스트 입력 : 　세계불꽃축제 현장
          텍스트 서식(맑은 고딕, 110pt, #ff2700), 윤곽선 설정(없음),
          위치 설정(화면 정가운데 아래), 시작 시간(4.10), 클립 길이(20.80)
  • 재생 속도 설정 후 자르기를 하여야 하며, 잘라진 뒷부분의 동영상 및 트랙의 모든 공백을 삭제할 것
  • 원본 동영상에 포함된 오디오는 모두 음소거 할 것

▶ 이미지 파일을 다음과 같이 처리하시오.
  • '이미지2.jpg' ⇒ 이미지 클립 길이 : 6.00, 오버레이 : 스페이스 01(개수/양 : 10),
          클립 트랜지션 : 흰색 페이드(앞으로 이동, 재생 시간 : 1.00)
  • '이미지1.jpg' ⇒ 이미지 클립 길이 : 6.00, 오버레이 : 불꽃 스파크(크기 : 10),
          클립 트랜지션 : 왼쪽으로 덮기(뒤로 이동, 재생 시간 : 1.00)
  • '이미지3.jpg' ⇒ 이미지 클립 길이 : 6.00, 오버레이 : 떠오르는 하트(개수/양 : 70),
          클립 트랜지션 : 가로 펼치면서 열기(앞으로 이동, 재생 시간 : 1.00)
  • 지시사항이 없는 경우는 기본 값을 적용하시오.

▶ 다음 조건에 따라 동영상 시작 부분의 텍스트를 지정하시오.

  • 텍스트 입력 : 　불꽃놀이
             (FireWorks)

    텍스트 서식(궁서, 115pt, #f0e200), 윤곽선 설정(#ff4000, 두께 : 30),
    나타나기(커지면서 나타나기, 지속 시간 : 2.00), 시작 시간(0.00), 클립 길이(4.00)

▶ 다음 조건에 따라 동영상 전체에 음악 파일('음악.mp3')을 삽입하시오.
  • 시작 시간 : 0.00, 재생 시간 : 40.00, 페이드 아웃 : 3.00

▶ 다음과 같은 규칙으로 GMEP 파일을 프로젝트 전체 저장하시오.
  • 저장 위치 : 바탕화면 – KAIT – 제출파일 폴더

GMEP	파일명	dic_03_수검 번호(6자리)_이름.GMEP

(예 : 수검 번호가 DIC–XXXX–000000인 경우 'dic_03_000000_이름.GMEP'로 프로젝트 전체 저장할 것)
(※ dic_03_000000_이름.GMEP 파일 누락 / 프로젝트 전체 저장 이외의 기능을 이용하여 저장할 시 "0점" 처리됨)

제02회 디지털정보활용능력 출제예상 모의고사

◆ **시험과목 : 멀티미디어제작(포토샵, 곰믹스)**
◆ **시험일자 : 20XX. XX. XX (토)**
◆ **수검자 기재사항 및 감독위원 확인**

수검번호	DIC – XXXX –	감독위원 확인
성 명		

수검자 유의사항

1. 수검자는 신분증을 지참하여야 시험에 응시할 수 있으며, 시험이 종료될 때까지 신분증을 제시하지 못 할 경우 해당 시험은 0점 처리됩니다.

2. 시스템(PC 작동 여부, 네트워크 상태 등)의 이상 여부를 반드시 확인하여야 하며, 시스템 이상이 있을 시 감독위원에게 조치를 받으셔야 합니다.

3. 시험 중 부주의 또는 고의로 시스템을 파손한 경우는 수검자 부담으로 합니다.

4. 답안 전송 프로그램을 통해 다운로드 받은 파일을 이용하여 답안 파일을 작성하시기 바랍니다.

5. 작성한 답안 파일은 답안 전송 프로그램을 통하여 전송됩니다. 감독위원의 지시에 따라 주시기 바랍니다.

6. 다음 사항의 경우 실격(0점) 혹은 부정행위 처리됩니다.
    1) 답안 파일을 저장하지 않았거나, 저장한 파일이 손상되었을 경우
    2) 답안 파일을 지정한 폴더(바탕화면 – "KAIT" 폴더)에 저장하지 않았을 경우
    ※ 답안 전송 프로그램 로그인 시 바탕화면에 자동 생성됨
    3) 답안 파일을 다른 보조 기억장치(USB) 혹은 네트워크(메신저, 게시판 등)로 전송할 경우
    4) 휴대용 전화기 등 통신기기를 사용할 경우

7. 【 】안의 지시사항은 PhotoShop 영문 버전용 입니다.

8. 답안은 PhotoShop과 Gom Mix for DIAT를 활용하여 작성하십시오.
    ※ PhotoShop 답안 파일의 해상도는 72 Pixels/inch로 작성하십시오.
    ※ Gom Mix for DIAT 답안 파일은 반드시 프로젝트 전체 저장으로 저장하십시오(미준수 시 0점 처리).

9. 시험지에 제시된 글꼴이 응시 프로그램에 없는 경우, 반드시 감독위원에게 해당 내용을 통보한 뒤 조치를 받아야 합니다.

10. 시험의 완료는 작성이 완료된 답안을 저장하고, 답안 전송이 완료된 상태를 확인한 것으로 합니다. 답안 전송 확인 후 문제지는 감독위원에게 제출한 후 퇴실하여야 합니다.

11. 답안 전송이 완료된 경우에는 수정 또는 정정이 불가능합니다.

12. 시험 시행 후 문제 공개 및 합격자 발표는 홈페이지(www.ihd.or.kr)에서 확인하시기 바랍니다.
    1) 문제 및 정답 공개 : 20XX. XX. XX.
    2) 합격자 발표 : 20XX. XX. XX.

※ PhotoShop 프로그램을 활용하여 [문제 01], [문제 02]를 작업하시오.

문제 01　　원본파일을 처리조건에 따라 결과파일로 완성하시오.　　　　　　(50점)

〈원본파일〉	〈결과파일〉

《 처리조건 》

▶ 다음과 같이 캔버스 크기를 변경하시오.
　• 캔버스 크기[Canvas Size] ⇒ 가로(650 픽셀[Pixels])×세로(430 픽셀[Pixels])

▶ '사진1.jpg' 이미지를 불러와 기존 캔버스에 복사한 후 다음과 같이 처리하시오.
　• ① ⇒ 복구 브러쉬 도구[Healing Brush Tool]를 이용하여 이미지 제거
　• ② ⇒ 색상 균형[Color Balance]를 이용하여 보라색 계열로 보정
　• ③ ⇒ 색조/채도[Hue/Saturation]를 이용하여 초록색 계열로 보정
　• 밝기 조정 ⇒ 곡선[Curves]을 이용하여 이미지 조정 (입력[Input] : 90, 출력[Output] : 120)
　• 필터 효과 ⇒ 물 종이[Water Paper]를 이용하여 필터 적용
　　　　　　　(섬유 길이[Fiber Length] : 3 , 명도[Brightness] : 50, 대비[Contrast] : 80)

▶ 지시사항이 없는 경우는 기본값을 적용하시오.

▶ 다음과 같은 규칙으로 JPG 파일과 PSD 파일을 각각 저장하시오.
　• 저장위치 : 바탕화면 – KAIT – 제출파일 폴더

JPG	파일명	dic_01_수검번호(6자리)_이름.JPG	PSD	파일명	dic_01_수검번호(6자리)_이름.PSD
	이미지 크기	600 × 400 픽셀[Pixels]		이미지 크기	65 × 43 픽셀[Pixels]

(예 : 수검번호가 DIC-XXXX-000000인 경우 "dic_01_000000_이름.JPG"과 "dic_01_000000_이름.PSD"로 저장할 것)

(※ dic_01_000000_이름.JPG와 dic_01_000000_이름.PSD 파일 중 하나라도 누락시 "0점" 처리 됨)

| 문제 02 | 원본파일을 처리조건에 따라 결과파일로 완성하시오. | (80점) |

| 〈원본파일〉 | 〈결과파일〉 |

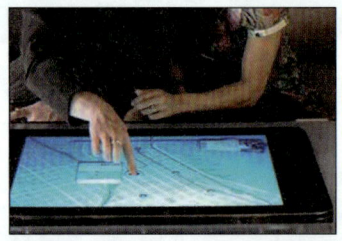

《 처리조건 》

▶ 다음과 같이 캔버스 크기를 변경하시오.
- 캔버스 크기[Canvas Size] ⇒ 가로(600 픽셀[Pixels])×세로(400픽셀[Pixels])

▶ '사진2.jpg' 이미지를 불러와 기존 캔버스에 복사한 후 다음과 같이 처리하시오.
- ① ⇒ 모양 도구[Shape Tool] 이용
  레이어 스타일 – 선/획[Stroke] (크기 : 4px, 색상 : #ff9999),
  　　　　　　　그라디언트 오버레이[Gradient Overlay] (색상 : #ccffcc – #ffff66)
- "Touch Technology" ⇒ 글꼴(Arial), 글꼴 스타일(Bold), 크기(50pt), 색상(#ffffff), 앤티 앨리어싱 :
  　　　　　　　선명하게[Sharp], 레이어 스타일 – 선/획[Stroke] (크기 : 3px, 색상 : #ff00ff)
- "터치 기술" ⇒ 글꼴(휴먼옛체), 크기(40pt), 색상(#fedd00), 앤티 앨리어싱 : 선명하게[Sharp],
  　　　　　레이어 스타일 – 선/획[Stroke] (크기 : 3px, 색상 : #0048ff)

▶ 타원 도구[Ellipse Tool]와 '사진3.jpg'를 이용하여 새로운 레이어를 생성하시오.
- 원의 크기 ⇒ 130 px × 130 px (단, 클리핑 마스크 기능을 이용할 것)
  　　　　　레이어 스타일 – 선/획[Stroke] (크기 : 5px, 색상 : #ffcc00, 위치 : 안쪽[Inside]),
  　　　　　그림자 효과[Drop Shadow] (혼합모드[Blend Mode] : 곱하기[Multiply], 각도(Angle) : 180°)

▶ 지시사항이 없는 경우는 기본값을 적용하시오.

▶ 다음과 같은 규칙으로 JPG 파일과 PSD 파일을 각각 저장하시오.
- 저장위치 : 바탕화면 – KAIT – 제출파일 폴더

JPG	파일명	dic_02_수검번호(6자리)_이름.JPG	PSD	파일명	dic_02_수검번호(6자리)_이름.PSD
	이미지 크기	580 × 380 픽셀[Pixels]		이미지 크기	60 × 40 픽셀[Pixels]

(예 : 수검번호가 DIC–XXXX–000000인 경우 "dic_02_000000_이름.JPG"과 "dic_02_000000_이름.PSD"로 저장할 것)

(※ dic_02_000000_이름.JPG와 dic_02_000000_이름.PSD 파일 중 하나라도 누락시 "0점" 처리 됨)

※ Gom Mix for DIAT 프로그램을 활용하여 [문제 03]을 작업하시오.

문제 03　처리조건에 따라 출력형태와 같이 완성하시오.　(70점)

《 출력형태 》

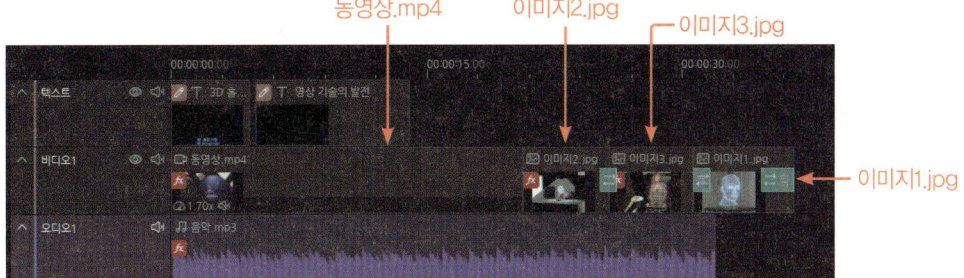

《 처리조건 》

원본 파일	이미지1.jpg, 이미지2.jpg, 이미지3.jpg, 동영상.mp4, 음악.mp3

▶ 미디어 소스의 순서를 다음과 같이 지정하시오.
- 미디어 소스 순서 ⇒ 동영상.mp4 〉 이미지2.jpg 〉 이미지3.jpg 〉 이미지1.jpg

▶ 동영상 파일('동영상.mp4')을 다음과 같이 처리하시오.
- 배속 : 1.7x
- 자르기 : 시작 시간(0.00), 재생 시간(20.20)
- 이펙트 : LUT 필터-맑은 햇살-맑은 햇살 04(노출 : 20, 감마 : 1.5)
- 텍스트 ⇒ 텍스트 입력 : 영상 기술의 발전
  텍스트 서식(바탕체, 105pt, #f0e200), 윤곽선 설정(없음),
  위치 설정(화면 정가운데 아래), 시작 시간(4.20), 클립 길이(9.00)
- 재생 속도 설정 후 자르기를 하여야 하며, 잘라진 뒷부분의 동영상 및 트랙의 모든 공백을 삭제할 것
- 원본 동영상에 포함된 오디오는 모두 음소거 할 것

▶ 이미지 파일을 다음과 같이 처리하시오.
- '이미지2.jpg' ⇒ 이미지 클립 길이 : 5.00, 오버레이 : 영롱한(크기 : 3),
  　　　　　　　　클립 트랜지션 : 디졸브(오버랩, 재생 시간 : 1.00)
- '이미지3.jpg' ⇒ 이미지 클립 길이 : 5.00, 오버레이 : 가우스(강도 : 60),
  　　　　　　　　클립 트랜지션 : 마름모 열기(뒤로 이동, 재생 시간 : 1.00)
- '이미지1.jpg' ⇒ 이미지 클립 길이 : 6.00, 오버레이 : UFO(강도 : 60),
  　　　　　　　　클립 트랜지션 : 타원 닫기(앞으로 이동, 재생 시간 : 2.00)
- 지시사항이 없는 경우는 기본 값을 적용하시오.

▶ 다음 조건에 따라 동영상 시작 부분의 텍스트를 지정하시오.
- 텍스트 입력 : 3D 홀로그램
  (3D Hologram)

  텍스트 서식(돋움체, 140pt, #00ffd6), 윤곽선 설정(#0001ff, 두께 : 20),
  나타나기(회전하며 나타나기, 지속 시간 : 1.00), 시작 시간(0.00), 클립 길이(4.20)

▶ 다음 조건에 따라 동영상 전체에 음악 파일('음악.mp3')을 삽입하시오.
- 시작 시간 : 0.00, 재생 시간 : 32.00, 페이드 인 : 4.00

▶ 다음과 같은 규칙으로 GMEP 파일을 프로젝트 전체 저장하시오.
- 저장 위치 : 바탕화면 – KAIT – 제출파일 폴더

GMEP	파일명	dic_03_수검 번호(6자리)_이름.GMEP

(예 : 수검 번호가 DIC-XXXX-000000인 경우 'dic_03_000000_이름.GMEP'로 프로젝트 전체 저장할 것)
(※ dic_03_000000_이름.GMEP 파일 누락 / 프로젝트 전체 저장 이외의 기능을 이용하여 저장할 시 "0점" 처리됨)

◆ 시험과목 : 멀티미디어제작(포토샵, 곰믹스)
◆ 시험일자 : 20XX. XX. XX (토)
◆ 수검자 기재사항 및 감독위원 확인

수 검 번 호	DIC – XXXX –	감독위원 확인
성 명		

수검자 유의사항

1. 수검자는 신분증을 지참하여야 시험에 응시할 수 있으며, 시험이 종료될 때까지 신분증을 제시하지 못 할 경우 해당 시험은 0점 처리됩니다.

2. 시스템(PC 작동 여부, 네트워크 상태 등)의 이상 여부를 반드시 확인하여야 하며, 시스템 이상이 있을 시 감독위원에게 조치를 받으셔야 합니다.

3. 시험 중 부주의 또는 고의로 시스템을 파손한 경우는 수검자 부담으로 합니다.

4. 답안 전송 프로그램을 통해 다운로드 받은 파일을 이용하여 답안 파일을 작성하시기 바랍니다.

5. 작성한 답안 파일은 답안 전송 프로그램을 통하여 전송됩니다. 감독위원의 지시에 따라 주시기 바랍니다.

6. 다음 사항의 경우 실격(0점) 혹은 부정행위 처리됩니다.
   1) 답안 파일을 저장하지 않았거나, 저장한 파일이 손상되었을 경우
   2) 답안 파일을 지정한 폴더(바탕화면 – "KAIT" 폴더)에 저장하지 않았을 경우
   ※ 답안 전송 프로그램 로그인 시 바탕화면에 자동 생성됨
   3) 답안 파일을 다른 보조 기억장치(USB) 혹은 네트워크(메신저, 게시판 등)로 전송할 경우
   4) 휴대용 전화기 등 통신기기를 사용할 경우

7. 【 】안의 지시사항은 PhotoShop 영문 버전용 입니다.

8. 답안은 PhotoShop과 Gom Mix for DIAT를 활용하여 작성하십시오.
   ※ PhotoShop 답안 파일의 해상도는 72 Pixels/inch로 작성하십시오.
   ※ Gom Mix for DIAT 답안 파일은 반드시 프로젝트 전체 저장으로 저장하십시오(미준수 시 0점 처리).

9. 시험지에 제시된 글꼴이 응시 프로그램에 없는 경우, 반드시 감독위원에게 해당 내용을 통보한 뒤 조치를 받아야 합니다.

10. 시험의 완료는 작성이 완료된 답안을 저장하고, 답안 전송이 완료된 상태를 확인한 것으로 합니다. 답안 전송 확인 후 문제지는 감독위원에게 제출한 후 퇴실하여야 합니다.

11. 답안 전송이 완료된 경우에는 수정 또는 정정이 불가능합니다.

12. 시험 시행 후 문제 공개 및 합격자 발표는 홈페이지(www.ihd.or.kr)에서 확인하시기 바랍니다.
   1) 문제 및 정답 공개 : 20XX. XX. XX.
   2) 합격자 발표 : 20XX. XX. XX.

※ PhotoShop 프로그램을 활용하여 [문제 01], [문제 02]를 작업하시오.

문제 01　　원본파일을 처리조건에 따라 결과파일로 완성하시오.　　　　　　　　(50점)

〈원본파일〉	〈결과파일〉

《 처리조건 》

▶ 다음과 같이 캔버스 크기를 변경하시오.
  • 캔버스 크기[Canvas Size] ⇒ 가로(650 픽셀[Pixels])×세로(450 픽셀[Pixels])

▶ '사진1.jpg' 이미지를 불러와 기존 캔버스에 복사한 후 다음과 같이 처리하시오.
  • ① ⇒ 복제 도장 도구[Clone Stamp Tool]를 이용하여 이미지 복사
  • ② ⇒ 색상 균형[Color Balance]를 이용하여 보라색 계열로 보정
  • ③ ⇒ 색조/채도[Hue/Saturation]를 이용하여 빨간색 계열로 보정
  • 밝기 조정 ⇒ 곡선[Curves]을 이용하여 이미지 조정 (입력[Input] : 60, 출력[Output] : 90)
  • 필터 효과 ⇒ 렌즈 플레어[Lens Flare]를 이용하여 필터 적용
　　　　　　　　　　(렌즈 유형[Lens Type] : 35mm 프라임[35mm Prime], 명도[Brightness] : 150%)

▶ 지시사항이 없는 경우는 기본값을 적용하시오.

▶ 다음과 같은 규칙으로 JPG 파일과 PSD 파일을 각각 저장하시오.
  • 저장위치 : 바탕화면 – KAIT – 제출파일 폴더

JPG	파일명	dic_01_수검번호(6자리)_이름.JPG	PSD	파일명	dic_01_수검번호(6자리)_이름.PSD
	이미지 크기	600 × 400 픽셀[Pixels]		이미지 크기	65 × 45 픽셀[Pixels]

(예 : 수검번호가 DIC–XXXX–000000인 경우 "dic_01_000000_이름.JPG"과 "dic_01_000000_이름.PSD"로 저장할 것)

(※ dic_01_000000_이름.JPG와 dic_01_000000_이름.PSD 파일 중 하나라도 누락시 "0점" 처리 됨)

문제 02　원본파일을 처리조건에 따라 결과파일로 완성하시오.　(80점)

〈원본파일〉	〈결과파일〉

《 처리조건 》

▶ 다음과 같이 캔버스를 변경하시오.
- 캔버스 조정 ⇒ 캔버스 크기[Canvas Size] : 가로(600 픽셀[Pixels])×세로(300픽셀[Pixels])
  캔버스 배경색(색상 : #33ccff)

▶ '사진2.jpg' 이미지를 불러와 기존 캔버스에 복사한 후 다음과 같이 처리하시오.
- 이미지 복사 ⇒ 자유 변형[Free Transform]으로 크기 변형, 레이어 이름 – '산책길'
  레이어 마스크[Layer Mask] 설정, 세로 방향으로 흐릿하게
- "a sunny day" ⇒ 글꼴(Arial), 글꼴 스타일(Bold), 크기(60pt), 색상(#ff3300), 앤티 앨리어싱 : 선명하게[Sharp],
  레이어 스타일 – 선/획[Stroke] (크기 : 3px, 색상 : #ffcccc)
- "화창한 날" ⇒ 글꼴(궁서체), 크기(40pt), 색상(#66ff00), 앤티 앨리어싱 : 선명하게[Sharp],
  레이어 스타일 – 선/획[Stroke] (크기 : 2px, 색상 : #333333)

▶ '사진3.jpg'를 이용하여 새로운 레이어를 생성하시오.
- 이미지 복사 ⇒ 자유 변형[Free Transform]으로 크기 변형, 레이어 이름 – '꽃'
  레이어 스타일 – 그림자 효과[Drop Shadow] (혼합모드[Blend Mode] : 곱하기[Multiply],
  각도[Angle] : 30°)
- '사진3.jpg'의 자유 변형[Free Transform] 후, 이미지의 형태는 결과파일과 동일할 것

▶ 지시사항이 없는 경우는 기본값을 적용하시오.

▶ 다음과 같은 규칙으로 JPG 파일과 PSD 파일을 각각 저장하시오.
- 저장위치 : 바탕화면 – KAIT – 제출파일 폴더

JPG	파일명	dic_02_수검번호(6자리)_이름.JPG	PSD	파일명	dic_02_수검번호(6자리)_이름.PSD
	이미지 크기	580 × 280 픽셀[Pixels]		이미지 크기	60 × 30 픽셀[Pixels]

(예 : 수검번호가 DIC–XXXX–000000인 경우 "dic_02_000000_이름.JPG"과 "dic_02_000000_이름.PSD"로 저장할 것)

(※ dic_02_000000_이름.JPG와 dic_02_000000_이름.PSD 파일 중 하나라도 누락시 "0점" 처리 됨)

※ Gom Mix for DIAT 프로그램을 활용하여 [문제 03]을 작업하시오.

문제 03　　처리조건에 따라 출력형태와 같이 완성하시오.　　　　　　　　(70점)

《 출력형태 》

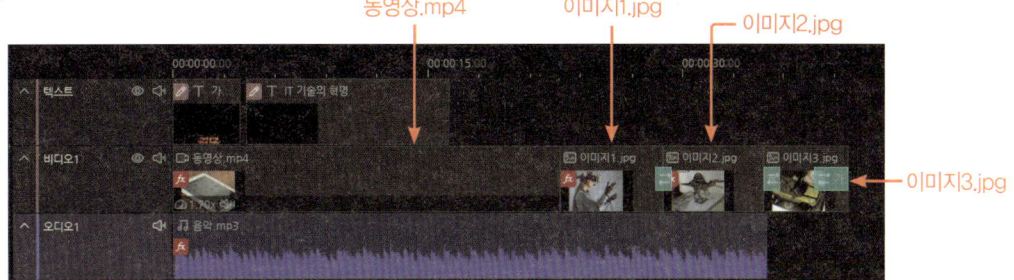

《 처리조건 》

원본 파일	이미지1.jpg, 이미지2.jpg, 이미지3.jpg, 동영상.mp4, 음악.mp3

▶ 미디어 소스의 순서를 다음과 같이 지정하시오.
 • 미디어 소스 순서 ⇒ 동영상.mp4 〉 이미지1.jpg 〉 이미지2.jpg 〉 이미지3.jpg

▶ 동영상 파일('동영상.mp4')을 다음과 같이 처리하시오.
 • 배속 : 1.7x　　　　　　　　　　• 자르기 : 시작 시간(0.00), 재생 시간(22.25)
 • 이펙트 : LUT 필터–맑은 햇살–맑은 햇살 04(노출 : 20, 감마 : 1.5)
 • 텍스트 ⇒ 텍스트 입력 :　[　IT 기술의 혁명　]
　　　　　　　　텍스트 서식(굴림, 88pt, #ff0072), 윤곽선 설정(없음),
　　　　　　　　위치 설정(화면 정가운데 아래), 시작 시간(4.10), 클립 길이(12.00)
 • 재생 속도 설정 후 자르기를 하여야 하며, 잘라진 뒷부분의 동영상 및 트랙의 모든 공백을 삭제할 것
 • 원본 동영상에 포함된 오디오는 모두 음소거 할 것

▶ 이미지 파일을 다음과 같이 처리하시오.
 • '이미지1.jpg' ⇒ 이미지 클립 길이 : 6.00, 오버레이 : 수면 아래 01(X축 : 70, 강도 : 30),
　　　　　　　　　클립 트랜지션 : 아래로 연하게 닦아내기(오버랩, 재생 시간 : 1.00)
 • '이미지2.jpg' ⇒ 이미지 클립 길이 : 6.00, 오버레이 : 비누 방울(크기 : 8, 속도 : 3),
　　　　　　　　　클립 트랜지션 : 가운데 초점 줌 인(뒤로 이동, 재생 시간 : 1.00)
 • '이미지3.jpg' ⇒ 이미지 클립 길이 : 5.00, 오버레이 : 후광 프레임(꼭지점 개수 3, 내부 반경 : 45),
　　　　　　　　　클립 트랜지션 : 가운데 초점 줌 아웃(앞으로 이동, 재생 시간 : 2.00)
 • 지시사항이 없는 경우는 기본 값을 적용하시오.

▶ 다음 조건에 따라 동영상 시작 부분의 텍스트를 지정하시오.

 • 텍스트 입력 :　[　가상현실기법
　　　　　　　　　　(Virtual Reality)　]

　텍스트 서식(돋움, 120pt, #ffff00), 윤곽선 설정(#ff0015, 두께 : 30),
　사라지기(아래로 닦아내기, 지속 시간 : 2.00), 시작 시간(0.00), 클립 길이(4.00)

▶ 다음 조건에 따라 동영상 전체에 음악 파일('음악.mp3')을 삽입하시오.
 • 시작 시간 : 0.00, 재생 시간 : 35.00, 페이드 아웃 : 3.00

▶ 다음과 같은 규칙으로 GMEP 파일을 프로젝트 전체 저장하시오.
 • 저장 위치 : 바탕화면 – KAIT – 제출파일 폴더

GMEP	파일명	dic_03_수검 번호(6자리)_이름.GMEP

(예 : 수검 번호가 DIC–XXXX–000000인 경우 'dic_03_000000_이름.GMEP'로 프로젝트 전체 저장할 것)
(※ dic_03_000000_이름.GMEP 파일 누락 / 프로젝트 전체 저장 이외의 기능을 이용하여 저장할 시 "0점" 처리됨)

제04회 디지털정보활용능력 출제예상 모의고사

◆ **시험과목 : 멀티미디어제작(포토샵, 곰믹스)**
◆ **시험일자 : 20XX. XX. XX (토)**
◆ **수검자 기재사항 및 감독위원 확인**

수 검 번 호	DIC - XXXX -	감독위원 확인
성 명		

수검자 유의사항

1. 수검자는 신분증을 지참하여야 시험에 응시할 수 있으며, 시험이 종료될 때까지 신분증을 제시하지 못 할 경우 해당 시험은 0점 처리됩니다.
2. 시스템(PC 작동 여부, 네트워크 상태 등)의 이상 여부를 반드시 확인하여야 하며, 시스템 이상이 있을 시 감독위원에게 조치를 받으셔야 합니다.
3. 시험 중 부주의 또는 고의로 시스템을 파손한 경우는 수검자 부담으로 합니다.
4. 답안 전송 프로그램을 통해 다운로드 받은 파일을 이용하여 답안 파일을 작성하시기 바랍니다.
5. 작성한 답안 파일은 답안 전송 프로그램을 통하여 전송됩니다. 감독위원의 지시에 따라 주시기 바랍니다.
6. 다음 사항의 경우 실격(0점) 혹은 부정행위 처리됩니다.
    1) 답안 파일을 저장하지 않았거나, 저장한 파일이 손상되었을 경우
    2) 답안 파일을 지정한 폴더(바탕화면 – "KAIT" 폴더)에 저장하지 않았을 경우
    ※ 답안 전송 프로그램 로그인 시 바탕화면에 자동 생성됨
    3) 답안 파일을 다른 보조 기억장치(USB) 혹은 네트워크(메신저, 게시판 등)로 전송할 경우
    4) 휴대용 전화기 등 통신기기를 사용할 경우
7. 【 】안의 지시사항은 PhotoShop 영문 버전용 입니다.
8. 답안은 PhotoShop과 Gom Mix for DIAT를 활용하여 작성하십시오.
    ※ PhotoShop 답안 파일의 해상도는 72 Pixels/inch로 작성하십시오.
    ※ Gom Mix for DIAT 답안 파일은 반드시 프로젝트 전체 저장으로 저장하십시오(미준수 시 0점 처리).
9. 시험지에 제시된 글꼴이 응시 프로그램에 없는 경우, 반드시 감독위원에게 해당 내용을 통보한 뒤 조치를 받아야 합니다.
10. 시험의 완료는 작성이 완료된 답안을 저장하고, 답안 전송이 완료된 상태를 확인한 것으로 합니다. 답안 전송 확인 후 문제지는 감독위원에게 제출한 후 퇴실하여야 합니다.
11. 답안 전송이 완료된 경우에는 수정 또는 정정이 불가능합니다.
12. 시험 시행 후 문제 공개 및 합격자 발표는 홈페이지(www.ihd.or.kr)에서 확인하시기 바랍니다.
    1) 문제 및 정답 공개 : 20XX. XX. XX.
    2) 합격자 발표 : 20XX. XX. XX.

※ PhotoShop 프로그램을 활용하여 [문제 01], [문제 02]를 작업하시오.

문제 01　　원본파일을 처리조건에 따라 결과파일로 완성하시오.　　　　　　　　(50점)

〈원본파일〉	〈결과파일〉

《 처리조건 》

▶ 다음과 같이 캔버스 크기를 변경하시오.
- 캔버스 크기[Canvas Size] ⇒ 가로(650 픽셀[Pixels])×세로(450 픽셀[Pixels])

▶ '사진1.jpg' 이미지를 불러와 기존 캔버스에 복사한 후 다음과 같이 처리하시오.
- ① ⇒ 복구 브러쉬 도구[Healing Brush Tool]를 이용하여 이미지 제거
- ② ⇒ 색상 균형[Color Balance]를 이용하여 보라색 계열로 보정
- ③ ⇒ 색조/채도[Hue/Saturation]를 이용하여 빨간색 계열로 보정
- 밝기 조정 ⇒ 곡선[Curves]을 이용하여 이미지 조정 (입력[Input] : 80, 출력[Output] : 100)
- 필터 효과 ⇒ 거친 파스텔 효과[Rough Pastels]를 이용하여 필터 적용 (텍스처[Texture] : 벽돌[Brick])

▶ 지시사항이 없는 경우는 기본값을 적용하시오.

▶ 다음과 같은 규칙으로 JPG 파일과 PSD 파일을 각각 저장하시오.
- 저장위치 : 바탕화면 – KAIT – 제출파일 폴더

JPG	파일명	dic_01_수검번호(6자리)_이름.JPG	PSD	파일명	dic_01_수검번호(6자리)_이름.PSD
	이미지 크기	600 × 400 픽셀[Pixels]		이미지 크기	65 × 45 픽셀[Pixels]

(예 : 수검번호가 DIC–XXXX–000000인 경우 "dic_01_000000_이름.JPG"과 "dic_01_000000_이름.PSD"로 저장할 것)

(※ dic_01_000000_이름.JPG와 dic_01_000000_이름.PSD 파일 중 하나라도 누락시 "0점" 처리 됨)

문제 02 원본파일을 처리조건에 따라 결과파일로 완성하시오.　(80점)

〈원본파일〉	〈결과파일〉

《 처리조건 》

▶ 다음과 같이 캔버스 크기를 변경하시오.
- 캔버스 크기[Canvas Size] ⇒ 가로(650 픽셀[Pixels])×세로(450픽셀[Pixels])

▶ '사진2.jpg' 이미지를 불러와 기존 캔버스에 복사한 후 다음과 같이 처리하시오.
- ① ⇒ 모양 도구[Shape Tool] 이용
  레이어 스타일 – 선/획[Stroke] (크기 : 2px, 색상 : #660000),
  　　　　그라디언트 오버레이[Gradient Overlay] (색상 : #660000 – #cc9999)
- "welcome to mountain" ⇒글꼴(Arial), 글꼴 스타일(Bold Italic), 크기(60pt), 색상(#ffff66), 앤티 앨리어싱 :
  　　　　선명하게[Sharp], 레이어 스타일 – 선/획[Stroke] (크기 : 3px, 색상 : #339900)
- "환영합니다!" ⇒글꼴(굴림체), 크기(50pt), 색상(#ffcc33), 앤티 앨리어싱 : 선명하게[Sharp],
  　　　　레이어 스타일 – 선/획[Stroke] (크기 : 5px, 색상 : #006600)

▶ 타원 도구[Ellipse Tool]와 '사진3.jpg'를 이용하여 새로운 레이어를 생성하시오.
- 원의 크기 ⇒ 120 px × 120 px (단, 클리핑 마스크 기능을 이용할 것)
  　　　　레이어 스타일 – 선/획[Stroke] (크기 : 5px, 색상 : #ffffff, 위치 : 안쪽[Inside]),
  　　　　그림자 효과[Drop Shadow] (혼합모드[Blend Mode] : 곱하기[Multiply], 각도(Angle) : 160°)

▶ 지시사항이 없는 경우는 기본값을 적용하시오.

▶ 다음과 같은 규칙으로 JPG 파일과 PSD 파일을 각각 저장하시오.
- 저장위치 : 바탕화면 – KAIT – 제출파일 폴더

JPG	파일명	dic_02_수검번호(6자리)_이름.JPG	PSD	파일명	dic_02_수검번호(6자리)_이름.PSD
	이미지 크기	600 × 400 픽셀[Pixels]		이미지 크기	65 × 45 픽셀[Pixels]

(예 : 수검번호가 DIC-XXXX-000000인 경우 "dic_02_000000_이름.JPG"과 "dic_02_000000_이름.PSD"로 저장할 것)

(※ dic_02_000000_이름.JPG와 dic_02_000000_이름.PSD 파일 중 하나라도 누락시 "0점" 처리 됨)

※ Gom Mix for DIAT 프로그램을 활용하여 [문제 03]을 작업하시오.

문제 03 　 처리조건에 따라 출력형태와 같이 완성하시오. 　　(70점)

《 출력형태 》

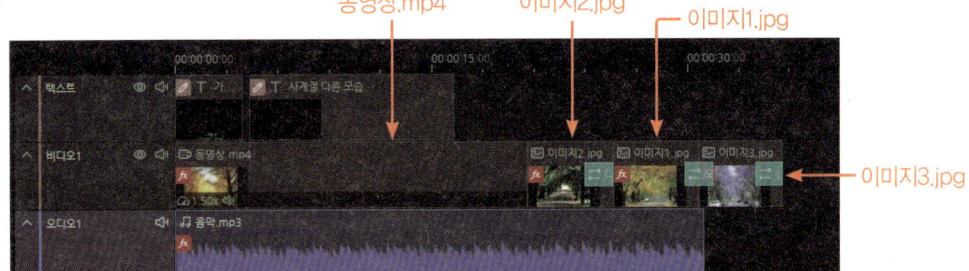

《 처리조건 》

원본 파일	이미지1.jpg, 이미지2.jpg, 이미지3.jpg, 동영상.mp4, 음악.mp3

▶ 미디어 소스의 순서를 다음과 같이 지정하시오.
- 미디어 소스 순서 ⇒ 동영상.mp4 〉이미지2.jpg 〉이미지1.jpg 〉이미지3.jpg

▶ 동영상 파일('동영상.mp4')을 다음과 같이 처리하시오.
- 배속 : 1.5x
- 이펙트 : 색상 보정–색상/채도/밝기(색상만 : −20, 채도 : 10)
- 자르기 : 시작 시간(0.00), 재생 시간(20.20)
- 텍스트 ⇒ 텍스트 입력 : 　사계절 다른 모습
   - 텍스트 서식(맑은 고딕, 88pt, #8bf500), 윤곽선 설정(없음),
   - 위치 설정(화면 정가운데 아래), 시작 시간(4.10), 클립 길이(12.00)
- 재생 속도 설정 후 자르기를 하여야 하며, 잘라진 뒷부분의 동영상 및 트랙의 모든 공백을 삭제할 것
- 원본 동영상에 포함된 오디오는 모두 음소거 할 것

▶ 이미지 파일을 다음과 같이 처리하시오.
- '이미지2.jpg' ⇒ 이미지 클립 길이 : 5.00, 오버레이 : 후광(외부 반경 : 40, 페더 : 5),
   - 클립 트랜지션 : 디졸브(앞으로 이동, 재생 시간 : 1.20)
- '이미지1.jpg' ⇒ 이미지 클립 길이 : 5.00, 오버레이 : 레디얼 라이트(노출 : 20, 명도 : 50),
   - 클립 트랜지션 : 오른쪽으로 덮기(오보랩, 재생 시간 : 1.20)
- '이미지3.jpg' ⇒ 이미지 클립 길이 : 5.00, 오버레이 : 떨림(색상2 : #2a44db, 깜박거림 빈도 : 10),
   - 클립 트랜지션 : 십자형 나누기(앞으로 이동, 재생 시간 : 1.20)
- 지시사항이 없는 경우는 기본 값을 적용하시오.

▶ 다음 조건에 따라 동영상 시작 부분의 텍스트를 지정하시오.
- 텍스트 입력 : 　가로수
   (Street Trees)

   텍스트 서식(돋움체, 144pt, #43dc30), 윤곽선 설정(#292929, 두께 : 30),
   나타나기(회전하며 나타나기, 지속 시간 : 2.20), 시작 시간(0.00), 클립 길이(4.00)

▶ 다음 조건에 따라 동영상 전체에 음악 파일('음악.mp3')을 삽입하시오.
- 시작 시간 : 0.00, 재생 시간 : 31.00, 페이드 아웃 : 2.00

▶ 다음과 같은 규칙으로 GMEP 파일을 프로젝트 전체 저장하시오.
- 저장 위치 : 바탕화면 – KAIT – 제출파일 폴더

GMEP	파일명	dic_03_수검 번호(6자리)_이름.GMEP

(예 : 수검 번호가 DIC–XXXX–000000인 경우 'dic_03_000000_이름.GMEP'로 프로젝트 전체 저장할 것)

(※ dic_03_000000_이름.GMEP 파일 누락 / 프로젝트 전체 저장 이외의 기능을 이용하여 저장할 시 "0점" 처리됨)

제05회 디지털정보활용능력 출제예상 모의고사

◆ **시험과목 : 멀티미디어제작(포토샵, 곰믹스)**
◆ **시험일자 : 20XX. XX. XX (토)**
◆ **수검자 기재사항 및 감독위원 확인**

수 검 번 호	DIC - XXXX -	감독위원 확인
성 명		

수검자 유의사항

1. 수검자는 신분증을 지참하여야 시험에 응시할 수 있으며, 시험이 종료될 때까지 신분증을 제시하지 못 할 경우 해당 시험은 0점 처리됩니다.

2. 시스템(PC 작동 여부, 네트워크 상태 등)의 이상 여부를 반드시 확인하여야 하며, 시스템 이상이 있을 시 감독위원에게 조치를 받으셔야 합니다.

3. 시험 중 부주의 또는 고의로 시스템을 파손한 경우는 수검자 부담으로 합니다.

4. 답안 전송 프로그램을 통해 다운로드 받은 파일을 이용하여 답안 파일을 작성하시기 바랍니다.

5. 작성한 답안 파일은 답안 전송 프로그램을 통하여 전송됩니다. 감독위원의 지시에 따라 주시기 바랍니다.

6. 다음 사항의 경우 실격(0점) 혹은 부정행위 처리됩니다.

   1) 답안 파일을 저장하지 않았거나, 저장한 파일이 손상되었을 경우
   2) 답안 파일을 지정한 폴더(바탕화면 – "KAIT" 폴더)에 저장하지 않았을 경우
   ※ 답안 전송 프로그램 로그인 시 바탕화면에 자동 생성됨
   3) 답안 파일을 다른 보조 기억장치(USB) 혹은 네트워크(메신저, 게시판 등)로 전송할 경우
   4) 휴대용 전화기 등 통신기기를 사용할 경우

7. 【 】안의 지시사항은 PhotoShop 영문 버전용 입니다.

8. 답안은 PhotoShop과 Gom Mix for DIAT를 활용하여 작성하십시오.

   ※ PhotoShop 답안 파일의 해상도는 72 Pixels/inch로 작성하십시오.
   ※ Gom Mix for DIAT 답안 파일은 반드시 프로젝트 전체 저장으로 저장하십시오(미준수 시 0점 처리).

9. 시험지에 제시된 글꼴이 응시 프로그램에 없는 경우, 반드시 감독위원에게 해당 내용을 통보한 뒤 조치를 받아야 합니다.

10. 시험의 완료는 작성이 완료된 답안을 저장하고, 답안 전송이 완료된 상태를 확인한 것으로 합니다. 답안 전송 확인 후 문제지는 감독위원에게 제출한 후 퇴실하여야 합니다.

11. 답안 전송이 완료된 경우에는 수정 또는 정정이 불가능합니다.

12. 시험 시행 후 문제 공개 및 합격자 발표는 홈페이지(www.ihd.or.kr)에서 확인하시기 바랍니다.

    1) 문제 및 정답 공개 : 20XX. XX. XX.
    2) 합격자 발표 : 20XX. XX. XX.

※ PhotoShop 프로그램을 활용하여 [문제 01], [문제 02]를 작업하시오.

문제 01　　원본파일을 처리조건에 따라 결과파일로 완성하시오.　　　　　　(50점)

〈원본파일〉	〈결과파일〉

《 처리조건 》

▶ 다음과 같이 캔버스 크기를 변경하시오.
 • 캔버스 크기[Canvas Size] ⇒ 가로(650 픽셀[Pixels])×세로(450 픽셀[Pixels])

▶ '사진1.jpg' 이미지를 불러와 기존 캔버스에 복사한 후 다음과 같이 처리하시오.
 • ① ⇒ 복제 도장 도구[Clone Stamp Tool]를 이용하여 이미지 복사
 • ② ⇒ 색조/채도[Hue/Saturation]를 이용하여 초록색 계열로 보정
 • ③ ⇒ 색조/채도[Hue/Saturation]를 이용하여 보라색 계열로 보정
 • 밝기 조정 ⇒ 곡선[Curves]을 이용하여 이미지 조정 (입력[Input] : 70, 출력[Output] : 110)
 • 필터 효과 ⇒ 텍스처화[Texturizer]를 이용하여 필터 적용 (텍스처[Texture] : 삼베[Burlap])

▶ 지시사항이 없는 경우는 기본값을 적용하시오.

▶ 다음과 같은 규칙으로 JPG 파일과 PSD 파일을 각각 저장하시오.
 • 저장위치 : 바탕화면 – KAIT – 제출파일 폴더

JPG	파일명	dic_01_수검번호(6자리)_이름.JPG	PSD	파일명	dic_01_수검번호(6자리)_이름.PSD
	이미지 크기	600 × 400 픽셀[Pixels]		이미지 크기	65 × 45 픽셀[Pixels]

(예 : 수검번호가 DIC–XXXX–000000인 경우 "dic_01_000000_이름.JPG"과 "dic_01_000000_이름.PSD"로 저장할 것)

(※ dic_01_000000_이름.JPG와 dic_01_000000_이름.PSD 파일 중 하나라도 누락시 "0점" 처리 됨)

문제 02　원본파일을 처리조건에 따라 결과파일로 완성하시오.　　　　　　　　(80점)

〈원본파일〉	〈결과파일〉

《 처리조건 》

▶ 다음과 같이 캔버스를 변경하시오.
- 캔버스 조정 ⇒ 캔버스 크기[Canvas Size] : 가로(650 픽셀[Pixels])×세로(350픽셀[Pixels])
　　　　　　　 캔버스 배경색(색상 : #ffc808)

▶ '사진2.jpg' 이미지를 불러와 기존 캔버스에 복사한 후 다음과 같이 처리하시오.
- 이미지 복사 ⇒ 자유 변형[Free Transform]으로 크기 변형, 레이어 이름 – '꿀벌'
　　　　　　　 레이어 마스크[Layer Mask] 설정, 가로 방향으로 흐릿하게
- "Life of bees" ⇒ 글꼴(Arial), 글꼴 스타일(Bold), 크기(70pt), 색상(#ffffff), 앤티 앨리어싱 : 선명하게[Sharp],
　　　　　　　 레이어 스타일 – 선/획[Stroke] (크기 : 2px, 색상 : #de00ff)
- "벌집 주의" ⇒ 글꼴(궁서체), 크기(48pt), 색상(#fedd00), 앤티 앨리어싱 : 선명하게[Sharp],
　　　　　　　 레이어 스타일 – 선/획[Stroke] (크기 : 3px, 색상 :#0048ff)

▶ '사진3.jpg'를 이용하여 새로운 레이어를 생성하시오.
- 이미지 복사 ⇒ 자유 변형[Free Transform]으로 크기 변형, 레이어 이름 – '벌집'
　　　　　　　 레이어 스타일 – 그림자 효과[Drop Shadow] (혼합모드[Blend Mode] : 곱하기[Multiply],
　　　　　　　　　　　　　　 각도[Angle] : 160°)
- '사진3.jpg'의 자유 변형[Free Transform] 후, 이미지의 형태는 결과파일과 동일할 것

▶ 지시사항이 없는 경우는 기본값을 적용하시오.

▶ 다음과 같은 규칙으로 JPG 파일과 PSD 파일을 각각 저장하시오.
- 저장위치 : 바탕화면 – KAIT – 제출파일 폴더

JPG	파일명	dic_02_수검번호(6자리)_이름.JPG	PSD	파일명	dic_02_수검번호(6자리)_이름.PSD
	이미지 크기	600 × 300 픽셀[Pixels]		이미지 크기	65 × 35 픽셀[Pixels]

(예 : 수검번호가 DIC-XXXX-000000인 경우 "dic_02_000000_이름.JPG"과 "dic_02_000000_이름.PSD"로 저장할 것)

(※ dic_02_000000_이름.JPG와 dic_02_000000_이름.PSD 파일 중 하나라도 누락시 "0점" 처리 됨)

※ Gom Mix for DIAT 프로그램을 활용하여 [문제 03]을 작업하시오.

문제 03　처리조건에 따라 출력형태와 같이 완성하시오.　(70점)

《 출력형태 》

《 처리조건 》

원본 파일	이미지1.jpg, 이미지2.jpg, 이미지3.jpg, 동영상.mp4, 음악.mp3

▶ 미디어 소스의 순서를 다음과 같이 지정하시오.
- 미디어 소스 순서 ⇒ 동영상.mp4 〉 이미지2.jpg 〉 이미지1.jpg 〉 이미지3.jpg

▶ 동영상 파일('동영상.mp4')을 다음과 같이 처리하시오.
- 배속 : 1.7x
- 자르기 : 시작 시간(0.00), 재생 시간(18.10)
- 이펙트 : 이미지 보정-모자이크(픽셀 크기 : 60)
- 텍스트 ⇒ 텍스트 입력 : 　알-애벌레-번데기-성충
  텍스트 서식(바탕, 88pt, #ff007c), 윤곽선 설정(없음),
  위치 설정(화면 정가운데 아래), 시작 시간(7.20), 클립 길이(10.00)
- 재생 속도 설정 후 자르기를 하여야 하며, 잘라진 뒷부분의 동영상 및 트랙의 모든 공백을 삭제할 것
- 원본 동영상에 포함된 오디오는 모두 음소거 할 것

▶ 이미지 파일을 다음과 같이 처리하시오.
- '이미지2.jpg' ⇒ 이미지 클립 길이 : 6.00, 오버레이 : 떠오르는(개수/양 : 60, 크기 : 10),
  클립 트랜지션 : 왼쪽으로 밀기(오버랩, 재생 시간 : 1.20)
- '이미지1.jpg' ⇒ 이미지 클립 길이 : 6.00, 오버레이 : 내려앉는(개수/양 : 60, 크기 : 10),
  클립 트랜지션 : 왼쪽으로 덮기(오버랩, 재생 시간 : 1.00)
- '이미지3.jpg' ⇒ 이미지 클립 길이 : 5.00, 오버레이 : 레터 박스 블라로이드(색상 : #fffe37, 불투명도 : 70),
  클립 트랜지션 : 문 닫기(앞으로 이동, 재생 시간 : 1.00)
- 지시사항이 없는 경우는 기본 값을 적용하시오.

▶ 다음 조건에 따라 동영상 시작 부분의 텍스트를 지정하시오.
- 텍스트 입력 : 　나비의 탄생 (Birth of Butterfly)

  텍스트 서식(맑은 고딕, 132pt, #f0e200), 윤곽선 설정(#2d7e22, 두께 : 30),
  나타나기(서서히 나타나기, 지속 시간 : 2.00), 시작 시간(0.00), 클립 길이(5.26)

▶ 다음 조건에 따라 동영상 전체에 음악 파일('음악.mp3')을 삽입하시오.
- 시작 시간 : 0.00, 재생 시간 : 30.00, 페이드 인 : 1.00

▶ 다음과 같은 규칙으로 GMEP 파일을 프로젝트 전체 저장하시오.
- 저장 위치 : 바탕화면 – KAIT – 제출파일 폴더

GMEP	파일명	dic_03_수검 번호(6자리)_이름.GMEP

(예 : 수검 번호가 DIC-XXXX-000000인 경우 'dic_03_000000_이름.GMEP'로 프로젝트 전체 저장할 것)

(※ dic_03_000000_이름.GMEP 파일 누락 / 프로젝트 전체 저장 이외의 기능을 이용하여 저장할 시 "0점" 처리됨)

제 06 회 디지털정보활용능력 출제예상 모의고사

◆ 시험과목 : 멀티미디어제작(포토샵, 곰믹스)
◆ 시험일자 : 20XX. XX. XX (토)
◆ 수검자 기재사항 및 감독위원 확인

수 검 번 호	DIC − XXXX −	감독위원 확인
성 명		

수검자 유의사항

1. 수검자는 신분증을 지참하여야 시험에 응시할 수 있으며, 시험이 종료될 때까지 신분증을 제시하지 못 할 경우 해당 시험은 0점 처리됩니다.

2. 시스템(PC 작동 여부, 네트워크 상태 등)의 이상 여부를 반드시 확인하여야 하며, 시스템 이상이 있을 시 감독위원에게 조치를 받으셔야 합니다.

3. 시험 중 부주의 또는 고의로 시스템을 파손한 경우는 수검자 부담으로 합니다.

4. 답안 전송 프로그램을 통해 다운로드 받은 파일을 이용하여 답안 파일을 작성하시기 바랍니다.

5. 작성한 답안 파일은 답안 전송 프로그램을 통하여 전송됩니다. 감독위원의 지시에 따라 주시기 바랍니다.

6. 다음 사항의 경우 실격(0점) 혹은 부정행위 처리됩니다.
   1) 답안 파일을 저장하지 않았거나, 저장한 파일이 손상되었을 경우
   2) 답안 파일을 지정한 폴더(바탕화면 − "KAIT" 폴더)에 저장하지 않았을 경우
   ※ 답안 전송 프로그램 로그인 시 바탕화면에 자동 생성됨
   3) 답안 파일을 다른 보조 기억장치(USB) 혹은 네트워크(메신저, 게시판 등)로 전송할 경우
   4) 휴대용 전화기 등 통신기기를 사용할 경우

7. 【 】안의 지시사항은 PhotoShop 영문 버전용 입니다.

8. 답안은 PhotoShop과 Gom Mix for DIAT를 활용하여 작성하십시오.
   ※ PhotoShop 답안 파일의 해상도는 72 Pixels/inch로 작성하십시오.
   ※ Gom Mix for DIAT 답안 파일은 반드시 프로젝트 전체 저장으로 저장하십시오(미준수 시 0점 처리).

9. 시험지에 제시된 글꼴이 응시 프로그램에 없는 경우, 반드시 감독위원에게 해당 내용을 통보한 뒤 조치를 받아야 합니다.

10. 시험의 완료는 작성이 완료된 답안을 저장하고, 답안 전송이 완료된 상태를 확인한 것으로 합니다. 답안 전송 확인 후 문제지는 감독위원에게 제출한 후 퇴실하여야 합니다.

11. 답안 전송이 완료된 경우에는 수정 또는 정정이 불가능합니다.

12. 시험 시행 후 문제 공개 및 합격자 발표는 홈페이지(www.ihd.or.kr)에서 확인하시기 바랍니다.
   1) 문제 및 정답 공개 : 20XX. XX. XX.
   2) 합격자 발표 : 20XX. XX. XX.

※ PhotoShop 프로그램을 활용하여 [문제 01], [문제 02]를 작업하시오.

문제 01 원본파일을 처리조건에 따라 결과파일로 완성하시오. (50점)

〈원본파일〉	〈결과파일〉

《 처리조건 》

▶ 다음과 같이 캔버스 크기를 변경하시오.
  • 캔버스 크기[Canvas Size] ⇒ 가로(650 픽셀[Pixels])×세로(450 픽셀[Pixels])

▶ '사진1.jpg' 이미지를 불러와 기존 캔버스에 복사한 후 다음과 같이 처리하시오.
  • ① ⇒ 복제 도장 도구[Clone Stamp Tool]를 이용하여 이미지 복사
  • ② ⇒ 색조/채도[Hue/Saturation]를 이용하여 빨간색 계열로 보정
  • ③ ⇒ 색상 균형[Color Balance]를 이용하여 보라색 계열로 보정
  • 밝기 조정 ⇒ 곡선[Curves]을 이용하여 이미지 조정 (입력[Input] : 80, 출력[Output] : 115)
  • 필터 효과 ⇒ 렌즈 플레어[Lens Flare]를 이용하여 필터 적용
           (렌즈 유형[Lens Type] : 105mm 프라임[105mm Prime], 명도[Brightness] : 100%)

▶ 지시사항이 없는 경우는 기본값을 적용하시오.

▶ 다음과 같은 규칙으로 JPG 파일과 PSD 파일을 각각 저장하시오.
  • 저장위치 : 바탕화면 – KAIT – 제출파일 폴더

JPG	파일명	dic_01_수검번호(6자리)_이름.JPG	PSD	파일명	dic_01_수검번호(6자리)_이름.PSD
	이미지 크기	600 × 400 픽셀[Pixels]		이미지 크기	65 × 45 픽셀[Pixels]

(예 : 수검번호가 DIC–XXXX–000000인 경우 "dic_01_000000_이름.JPG"과 "dic_01_000000_이름.PSD"로 저장할 것)

(※ dic_01_000000_이름.JPG와 dic_01_000000_이름.PSD 파일 중 하나라도 누락시 "0점" 처리 됨)

문제 02　　원본파일을 처리조건에 따라 결과파일로 완성하시오.　　　　　　　　(80점)

| 〈원본파일〉 | 〈결과파일〉 |

《 처리조건 》

▶ 다음과 같이 캔버스 크기를 변경하시오.
- 캔버스 크기[Canvas Size] ⇒ 가로(650 픽셀[Pixels])×세로(450픽셀[Pixels])

▶ '사진2.jpg' 이미지를 불러와 기존 캔버스에 복사한 후 다음과 같이 처리하시오.
- ① ⇒ 모양 도구[Shape Tool] 이용
　　　레이어 스타일 – 선/획[Stroke] (크기 : 3px, 색상 : #ffffff),
　　　　　　　　　그라디언트 오버레이[Gradient Overlay] (색상 : #dadada – #000000)
- "Fly in the sky" ⇒ 글꼴(Arial), 글꼴 스타일(Bold Italic), 크기(60pt), 색상(#ffff99), 앤티 앨리어싱 :
　　　　　　　선명하게[Sharp], 레이어 스타일 – 선/획[Stroke] (크기 : 2px, 색상 : #ff9900)
- "하늘을 날다" ⇒ 글꼴(궁서체), 크기(36pt), 색상(#0033cc), 앤티 앨리어싱 : 선명하게[Sharp],
　　　　　　　레이어 스타일 – 선/획[Stroke] (크기 : 2px, 색상 : #ffffff)

▶ 타원 도구[Ellipse Tool]와 '사진3.jpg'를 이용하여 새로운 레이어를 생성하시오.
- 원의 크기 ⇒ 100 px × 100 px (단, 클리핑 마스크 기능을 이용할 것)
　　　　　레이어 스타일 – 선/획[Stroke] (크기 : 5px, 색상 : #ffff99, 위치 : 안쪽[Inside]),
　　　　　그림자 효과[Drop Shadow] (혼합모드[Blend Mode] : 곱하기[Multiply], 각도(Angle) : 130°)

▶ 지시사항이 없는 경우는 기본값을 적용하시오.

▶ 다음과 같은 규칙으로 JPG 파일과 PSD 파일을 각각 저장하시오.
- 저장위치 : 바탕화면 – KAIT – 제출파일 폴더

JPG	파일명	dic_02_수검번호(6자리)_이름.JPG	PSD	파일명	dic_02_수검번호(6자리)_이름.PSD
	이미지 크기	600 × 400 픽셀[Pixels]		이미지 크기	65 × 45 픽셀[Pixels]

(예 : 수검번호가 DIC–XXXX–000000인 경우 "dic_02_000000_이름.JPG"과 "dic_02_000000_이름.PSD"로 저장할 것)

(※ dic_02_000000_이름.JPG와 dic_02_000000_이름.PSD 파일 중 하나라도 누락시 "0점" 처리 됨)

※ Gom Mix for DIAT 프로그램을 활용하여 [문제 03]을 작업하시오.

문제 03 ▶ 처리조건에 따라 출력형태와 같이 완성하시오.　(70점)

《 출력형태 》

동영상.mp4　이미지2.jpg　이미지1.jpg
이미지3.jpg

《 처리조건 》

원본 파일	이미지1.jpg, 이미지2.jpg, 이미지3.jpg, 동영상.mp4, 음악.mp3

▶ 미디어 소스의 순서를 다음과 같이 지정하시오.
- 미디어 소스 순서 ⇒ 동영상.mp4 〉 이미지2.jpg 〉 이미지1.jpg 〉 이미지3.jpg

▶ 동영상 파일('동영상.mp4')을 다음과 같이 처리하시오.
- 배속 : 1.6x
- 자르기 : 시작 시간(0.00), 재생 시간(20.20)
- 이펙트 : 알파/크롬/마스크−글로우(반경 : 30, 페더 : 20)
- 텍스트 ⇒ 텍스트 입력 : ┃ 푸른 초원의 여유 ┃
   텍스트 서식(함초롬바탕, 88pt, #144e5c), 윤곽선 설정(없음),
   위치 설정(화면 정가운데 아래), 시작 시간(7.00), 클립 길이(12.00)
- 재생 속도 설정 후 자르기를 하여야 하며, 잘라진 뒷부분의 동영상 및 트랙의 모든 공백을 삭제할 것
- 원본 동영상에 포함된 오디오는 모두 음소거 할 것

▶ 이미지 파일을 다음과 같이 처리하시오.
- '이미지2.jpg' ⇒ 이미지 클립 길이 : 5.00, 오버레이 : 색종이 조각(크기 : 8, 속도 : 3),
   클립 트랜지션 : 마름모 열기(뒤로 이동, 재생 시간 : 2.10)
- '이미지1.jpg' ⇒ 이미지 클립 길이 : 6.00, 오버레이 : 스페이스 01(속도 : 4. 색상 : #fd8a65),
   클립 트랜지션 : 왼쪽으로 연하게 닦아내기(앞으로 이동, 재생 시간 : 2.10)
- '이미지3.jpg' ⇒ 이미지 클립 길이 : 5.00, 오버레이 : 떠오르는 하트(간격 : 10),
   클립 트랜지션 : 마름모 닫기(앞으로 이동, 재생 시간 : 2.00)
- 지시사항이 없는 경우는 기본 값을 적용하시오.

▶ 다음 조건에 따라 동영상 시작 부분의 텍스트를 지정하시오.

- 텍스트 입력 : ┃ 양떼 목장
(Sheep Ranch) ┃

   텍스트 서식(궁서체, 132pt, #47d8ff), 윤곽선 설정(#434343, 두께 : 20),
   나타나기(오른쪽으로 펼치기, 지속 시간 : 2.00), 시작 시간(0.00), 클립 길이(6.25)

▶ 다음 조건에 따라 동영상 전체에 음악 파일('음악.mp3')을 삽입하시오.
- 시작 시간 : 0.00, 재생 시간 : 31.00, 페이드 아웃 : 3.00

▶ 다음과 같은 규칙으로 GMEP 파일을 프로젝트 전체 저장하시오.
- 저장 위치 : 바탕화면 − KAIT − 제출파일 폴더

GMEP	파일명	dic_03_수검 번호(6자리)_이름.GMEP

(예 : 수검 번호가 DIC−XXXX−000000인 경우 'dic_03_000000_이름.GMEP'로 프로젝트 전체 저장할 것)

(※ dic_03_000000_이름.GMEP 파일 누락 / 프로젝트 전체 저장 이외의 기능을 이용하여 저장할 시 "0점" 처리됨)

◆ **시험과목 : 멀티미디어제작(포토샵, 곰믹스)**
◆ **시험일자 : 20XX. XX. XX (토)**
◆ **수검자 기재사항 및 감독위원 확인**

수 검 번 호	DIC – XXXX –	감독위원 확인
성 명		

수검자 유의사항

1. 수검자는 신분증을 지참하여야 시험에 응시할 수 있으며, 시험이 종료될 때까지 신분증을 제시하지 못 할 경우 해당 시험은 0점 처리됩니다.

2. 시스템(PC 작동 여부, 네트워크 상태 등)의 이상 여부를 반드시 확인하여야 하며, 시스템 이상이 있을 시 감독위원에게 조치를 받으셔야 합니다.

3. 시험 중 부주의 또는 고의로 시스템을 파손한 경우는 수검자 부담으로 합니다.

4. 답안 전송 프로그램을 통해 다운로드 받은 파일을 이용하여 답안 파일을 작성하시기 바랍니다.

5. 작성한 답안 파일은 답안 전송 프로그램을 통하여 전송됩니다. 감독위원의 지시에 따라 주시기 바랍니다.

6. 다음 사항의 경우 실격(0점) 혹은 부정행위 처리됩니다.
   1) 답안 파일을 저장하지 않았거나, 저장한 파일이 손상되었을 경우
   2) 답안 파일을 지정한 폴더(바탕화면 – "KAIT" 폴더)에 저장하지 않았을 경우
   ※ 답안 전송 프로그램 로그인 시 바탕화면에 자동 생성됨
   3) 답안 파일을 다른 보조 기억장치(USB) 혹은 네트워크(메신저, 게시판 등)로 전송할 경우
   4) 휴대용 전화기 등 통신기기를 사용할 경우

7. 【 】안의 지시사항은 PhotoShop 영문 버전용 입니다.

8. 답안은 PhotoShop과 Gom Mix for DIAT를 활용하여 작성하십시오.
   ※ PhotoShop 답안 파일의 해상도는 72 Pixels/inch로 작성하십시오.
   ※ Gom Mix for DIAT 답안 파일은 반드시 프로젝트 전체 저장으로 저장하십시오(미준수 시 0점 처리).

9. 시험지에 제시된 글꼴이 응시 프로그램에 없는 경우, 반드시 감독위원에게 해당 내용을 통보한 뒤 조치를 받아야 합니다.

10. 시험의 완료는 작성이 완료된 답안을 저장하고, 답안 전송이 완료된 상태를 확인한 것으로 합니다. 답안 전송 확인 후 문제지는 감독위원에게 제출한 후 퇴실하여야 합니다.

11. 답안 전송이 완료된 경우에는 수정 또는 정정이 불가능합니다.

12. 시험 시행 후 문제 공개 및 합격자 발표는 홈페이지(www.ihd.or.kr)에서 확인하시기 바랍니다.
    1) 문제 및 정답 공개 : 20XX. XX. XX.
    2) 합격자 발표 : 20XX. XX. XX.

※ PhotoShop 프로그램을 활용하여 [문제 01], [문제 02]를 작업하시오.

문제 01 ▶ 원본파일을 처리조건에 따라 결과파일로 완성하시오. (50점)

| 〈원본파일〉 | 〈결과파일〉 |

《 처리조건 》

▶ 다음과 같이 캔버스 크기를 변경하시오.
• 캔버스 크기[Canvas Size] ⇒ 가로(650 픽셀[Pixels])×세로(450 픽셀[Pixels])

▶ '사진1.jpg' 이미지를 불러와 기존 캔버스에 복사한 후 다음과 같이 처리하시오.
• ① ⇒ 복제 도장 도구[Clone Stamp Tool]를 이용하여 이미지 복사
• ② ⇒ 색조/채도[Hue/Saturation]를 이용하여 파란색 계열로 보정
• ③ ⇒ 색상 균형[Color Balance]를 이용하여 보라색 계열로 보정
• 밝기 조정 ⇒ 곡선[Curves]을 이용하여 이미지 조정 (입력[Input] : 30, 출력[Output] : 50)
• 필터 효과 ⇒ 드라이 브러쉬[Dry Brush]를 이용하여 필터 적용
        (브러쉬 크기[Brush Size] : 0, 브러쉬 세부[Brush Detail] : 8, 텍스처[Texture]): 2)

▶ 지시사항이 없는 경우는 기본값을 적용하시오.

▶ 다음과 같은 규칙으로 JPG 파일과 PSD 파일을 각각 저장하시오.
• 저장위치 : 바탕화면 – KAIT – 제출파일 폴더

JPG	파일명	dic_01_수검번호(6자리)_이름.JPG	PSD	파일명	dic_01_수검번호(6자리)_이름.PSD
	이미지 크기	600 × 400 픽셀[Pixels]		이미지 크기	65 × 45 픽셀[Pixels]

(예 : 수검번호가 DIC-XXXX-000000인 경우 "dic_01_000000_이름.JPG"과 "dic_01_000000_이름.PSD"로 저장할 것)
(※ dic_01_000000_이름.JPG와 dic_01_000000_이름.PSD 파일 중 하나라도 누락시 "0점" 처리 됨)

| 문제 02 | 원본파일을 처리조건에 따라 결과파일로 완성하시오. | (80점) |

〈원본파일〉	〈결과파일〉
 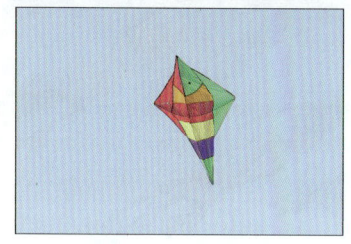	

《 처리조건 》

▶ 다음과 같이 캔버스를 변경하시오.
- 캔버스 조정 ⇒ 캔버스 크기[Canvas Size] : 가로(650 픽셀[Pixels])×세로(350픽셀[Pixels])
　　　　　　　　 캔버스 배경색(색상 : #ffff66)

▶ '사진2.jpg' 이미지를 불러와 기존 캔버스에 복사한 후 다음과 같이 처리하시오.
- 이미지 복사 ⇒ 자유 변형[Free Transform]으로 크기 변형, 레이어 이름 – '도심'
　　　　　　　 레이어 마스크[Layer Mask] 설정, 세로 방향으로 흐릿하게
- "kite-flying" ⇒ 글꼴(Arial), 글꼴 스타일(Bold Italic), 크기(60pt), 색상(#ff6600), 앤티 앨리어싱 :
　　　　　　　　 선명하게[Sharp], 레이어 스타일 – 선/획[Stroke] (크기 : 2px, 색상 : #ffffcc)
- "연 날리기" ⇒ 글꼴(맑은 고딕), 크기(50pt), 색상(#cc0000), 앤티 앨리어싱 : 선명하게[Sharp],
　　　　　　　 레이어 스타일 – 선/획[Stroke] (크기 : 2px, 색상 : #ffcc12)

▶ '사진3.jpg'를 이용하여 새로운 레이어를 생성하시오.
- 이미지 복사 ⇒ 자유 변형[Free Transform]으로 크기 변형, 레이어 이름 – '연'
　　　　　　　 레이어 스타일 – 그림자 효과[Drop Shadow] (혼합모드[Blend Mode] : 곱하기[Multiply],
　　　　　　　 각도[Angle] : 100°)
- '사진3.jpg'의 자유 변형[Free Transform] 후, 이미지의 형태는 결과파일과 동일할 것

▶ 지시사항이 없는 경우는 기본값을 적용하시오.

▶ 다음과 같은 규칙으로 JPG 파일과 PSD 파일을 각각 저장하시오.
- 저장위치 : 바탕화면 – KAIT – 제출파일 폴더

JPG	파일명	dic_02_수검번호(6자리)_이름.JPG	PSD	파일명	dic_02_수검번호(6자리)_이름.PSD
	이미지 크기	600 × 300 픽셀[Pixels]		이미지 크기	65 × 35 픽셀[Pixels]

(예 : 수검번호가 DIC-XXXX-000000인 경우 "dic_02_000000_이름.JPG"과 "dic_02_000000_이름.PSD"로 저장할 것)

(※ dic_02_000000_이름.JPG와 dic_02_000000_이름.PSD 파일 중 하나라도 누락시 "0점" 처리 됨)

※ Gom Mix for DIAT 프로그램을 활용하여 [문제 03]을 작업하시오.

문제 03　처리조건에 따라 출력형태와 같이 완성하시오.　(70점)

《 출력형태 》

《 처리조건 》

원본 파일	이미지1.jpg, 이미지2.jpg, 이미지3.jpg, 동영상.mp4, 음악.mp3

▶ 미디어 소스의 순서를 다음과 같이 지정하시오.
  • 미디어 소스 순서 ⇒ 동영상.mp4 〉이미지2.jpg 〉이미지1.jpg 〉이미지3.jpg

▶ 동영상 파일('동영상.mp4')을 다음과 같이 처리하시오.
  • 배속 : 1.5x
  • 자르기 : 시작 시간(0.00), 재생 시간(21.20)
  • 이펙트 : LUT 필터–옛날 사진–옛날 사진 09(노출 : 30, 감마 : 0.8)
  • 텍스트 ⇒ 텍스트 입력 : 　도시 여행의 즐거움　
      텍스트 서식(함초롬돋움, 88pt, #000dff), 윤곽선 설정(없음),
      위치 설정(화면 정가운데 아래), 시작 시간(5.20), 클립 길이(13.29)
  • 재생 속도 설정 후 자르기를 하여야 하며, 잘라진 뒷부분의 동영상 및 트랙의 모든 공백을 삭제할 것
  • 원본 동영상에 포함된 오디오는 모두 음소거 할 것

▶ 이미지 파일을 다음과 같이 처리하시오.
  • '이미지2.jpg' ⇒ 이미지 클립 길이 : 6.00, 오버레이 : 원형 비넷(반경 : 30, 페더 : 25),
      클립 트랜지션 : 세로 나누기(오버랩, 재생 시간 : 1.00)
  • '이미지1.jpg' ⇒ 이미지 클립 길이 : 6.00, 오버레이 : 집중선 01(선 굵기 : 8, 반경 : 40),
      클립 트랜지션 : 세로 펼치면서 열기(오버랩, 재생 시간 : 1.00)
  • '이미지3.jpg' ⇒ 이미지 클립 길이 : 6.00, 오버레이 : 수면 아래 01(강도 : 80, 속도 : 10),
      클립 트랜지션 : 오른쪽으로 닦아내기(앞으로 이동, 재생 시간 : 1.00)
  • 지시사항이 없는 경우는 기본 값을 적용하시오.

▶ 다음 조건에 따라 동영상 시작 부분의 텍스트를 지정하시오.
  • 텍스트 입력 : 　파리의 일상
      (Paris Daily)　

  텍스트 서식(굴림, 144pt, #d33bc2), 윤곽선 설정(#99e88f, 두께 : 30),
  나타나기(가운데에서 나타나기(← →), 지속 시간 : 2.20), 시작 시간(0.00), 클립 길이(4.29)

▶ 다음 조건에 따라 동영상 전체에 음악 파일('음악.mp3')을 삽입하시오.
  • 시작 시간 : 0.00, 재생 시간 : 34.00, 페이드 인 : 2.00

▶ 다음과 같은 규칙으로 GMEP 파일을 프로젝트 전체 저장하시오.
  • 저장 위치 : 바탕화면 – KAIT – 제출파일 폴더

GMEP	파일명	dic_03_수검 번호(6자리)_이름.GMEP

(예 : 수검 번호가 DIC–XXXX–000000인 경우 'dic_03_000000_이름.GMEP'로 프로젝트 전체 저장할 것)
(※ dic_03_000000_이름.GMEP 파일 누락 / 프로젝트 전체 저장 이외의 기능을 이용하여 저장할 시 "0점" 처리됨)

제 08 회 디지털정보활용능력 출제예상 모의고사

◆ **시험과목 : 멀티미디어제작(포토샵, 곰믹스)**
◆ **시험일자 : 20XX. XX. XX (토)**
◆ **수검자 기재사항 및 감독위원 확인**

수 검 번 호	DIC – XXXX –	감독위원 확인
성 명		

수검자 유의사항

1. 수검자는 신분증을 지참하여야 시험에 응시할 수 있으며, 시험이 종료될 때까지 신분증을 제시하지 못 할 경우 해당 시험은 0점 처리됩니다.

2. 시스템(PC 작동 여부, 네트워크 상태 등)의 이상 여부를 반드시 확인하여야 하며, 시스템 이상이 있을 시 감독위원에게 조치를 받으셔야 합니다.

3. 시험 중 부주의 또는 고의로 시스템을 파손한 경우는 수검자 부담으로 합니다.

4. 답안 전송 프로그램을 통해 다운로드 받은 파일을 이용하여 답안 파일을 작성하시기 바랍니다.

5. 작성한 답안 파일은 답안 전송 프로그램을 통하여 전송됩니다. 감독위원의 지시에 따라 주시기 바랍니다.

6. 다음 사항의 경우 실격(0점) 혹은 부정행위 처리됩니다.
    1) 답안 파일을 저장하지 않았거나, 저장한 파일이 손상되었을 경우
    2) 답안 파일을 지정한 폴더(바탕화면 – "KAIT" 폴더)에 저장하지 않았을 경우
    ※ 답안 전송 프로그램 로그인 시 바탕화면에 자동 생성됨
    3) 답안 파일을 다른 보조 기억장치(USB) 혹은 네트워크(메신저, 게시판 등)로 전송할 경우
    4) 휴대용 전화기 등 통신기기를 사용할 경우

7. 【 】안의 지시사항은 PhotoShop 영문 버전용 입니다.

8. 답안은 PhotoShop과 Gom Mix for DIAT를 활용하여 작성하십시오.
    ※ PhotoShop 답안 파일의 해상도는 72 Pixels/inch로 작성하십시오.
    ※ Gom Mix for DIAT 답안 파일은 반드시 프로젝트 전체 저장으로 저장하십시오(미준수 시 0점 처리).

9. 시험지에 제시된 글꼴이 응시 프로그램에 없는 경우, 반드시 감독위원에게 해당 내용을 통보한 뒤 조치를 받아야 합니다.

10. 시험의 완료는 작성이 완료된 답안을 저장하고, 답안 전송이 완료된 상태를 확인한 것으로 합니다. 답안 전송 확인 후 문제지는 감독위원에게 제출한 후 퇴실하여야 합니다.

11. 답안 전송이 완료된 경우에는 수정 또는 정정이 불가능합니다.

12. 시험 시행 후 문제 공개 및 합격자 발표는 홈페이지(www.ihd.or.kr)에서 확인하시기 바랍니다.
    1) 문제 및 정답 공개 : 20XX. XX. XX.
    2) 합격자 발표 : 20XX. XX. XX.

※ PhotoShop 프로그램을 활용하여 [문제 01], [문제 02]를 작업하시오.

문제 01 원본파일을 처리조건에 따라 결과파일로 완성하시오. (50점)

〈원본파일〉	〈결과파일〉

《 처리조건 》

▶ 다음과 같이 캔버스 크기를 변경하시오.
- 캔버스 크기[Canvas Size] ⇒ 가로(650 픽셀[Pixels])×세로(450 픽셀[Pixels])

▶ '사진1.jpg' 이미지를 불러와 기존 캔버스에 복사한 후 다음과 같이 처리하시오.
- ① ⇒ 복구 브러쉬 도구[Healing Brush Tool]를 이용하여 이미지 제거
- ② ⇒ 색조/채도[Hue/Saturation]를 이용하여 빨간색 계열로 보정
- ③ ⇒ 색조/채도[Hue/Saturation]를 이용하여 보라색 계열로 보정
- 밝기 조정 ⇒ 곡선[Curves]을 이용하여 이미지 조정 (입력[Input] : 80, 출력[Output] : 100)
- 필터 효과 ⇒ 그레인[Grain]을 이용하여 필터 적용 (그레인 유형[Grain Type] : 확대[Enlarged])

▶ 지시사항이 없는 경우는 기본값을 적용하시오.

▶ 다음과 같은 규칙으로 JPG 파일과 PSD 파일을 각각 저장하시오.
- 저장위치 : 바탕화면 – KAIT – 제출파일 폴더

JPG	파일명	dic_01_수검번호(6자리)_이름.JPG	PSD	파일명	dic_01_수검번호(6자리)_이름.PSD
	이미지 크기	600 × 400 픽셀[Pixels]		이미지 크기	65 × 45 픽셀[Pixels]

(예 : 수검번호가 DIC–XXXX–000000인 경우 "dic_01_000000_이름.JPG"과 "dic_01_000000_이름.PSD"로 저장할 것)

(※ dic_01_000000_이름.JPG와 dic_01_000000_이름.PSD 파일 중 하나라도 누락시 "0점" 처리 됨)

문제 02　원본파일을 처리조건에 따라 결과파일로 완성하시오.　　　　　　(80점)

〈원본파일〉	〈결과파일〉

《 처리조건 》

▶ 다음과 같이 캔버스 크기를 변경하시오.
- 캔버스 크기[Canvas Size] ⇒ 가로(650 픽셀[Pixels])×세로(450픽셀[Pixels])

▶ '사진2.jpg' 이미지를 불러와 기존 캔버스에 복사한 후 다음과 같이 처리하시오.
- ① ⇒ 모양 도구[Shape Tool] 이용
　　　레이어 스타일 – 선/획[Stroke] (크기 : 2px, 색상 : #ddd4d4),
　　　　　　　그라디언트 오버레이[Gradient Overlay] (색상 : #333333 – #cccc99)
- "Winter mountain" ⇒ 글꼴(Arial), 글꼴 스타일(Bold), 크기(60pt), 색상(#ffff99), 앤티 앨리어싱 :
　　　　　　선명하게[Sharp], 레이어 스타일 – 선/획[Stroke] (크기 : 3px, 색상 : #999999)
- "겨울산의 풍경" ⇒ 글꼴(궁서체), 크기(54pt), 색상(#354ba6), 앤티 앨리어싱 : 선명하게[Sharp],
　　　　　　레이어 스타일 – 선/획[Stroke] (크기 : 3px, 색상 : #999999)

▶ 타원 도구[Ellipse Tool]와 '사진3.jpg'를 이용하여 새로운 레이어를 생성하시오.
- 원의 크기 ⇒ 180 px × 180 px (단, 클리핑 마스크 기능을 이용할 것)
　　　　　　레이어 스타일 – 선/획[Stroke] (크기 : 5px, 색상 : #ffffcc, 위치 : 안쪽[Inside]),
　　　　　　그림자 효과[Drop Shadow] (혼합모드[Blend Mode] : 곱하기[Multiply], 각도(Angle) : 150°)

▶ 지시사항이 없는 경우는 기본값을 적용하시오.

▶ 다음과 같은 규칙으로 JPG 파일과 PSD 파일을 각각 저장하시오.
- 저장위치 : 바탕화면 – KAIT – 제출파일 폴더

JPG	파일명	dic_02_수검번호(6자리)_이름.JPG	PSD	파일명	dic_02_수검번호(6자리)_이름.PSD
	이미지 크기	600 × 400 픽셀[Pixels]		이미지 크기	65 × 45 픽셀[Pixels]

(예 : 수검번호가 DIC–XXXX–000000인 경우 "dic_02_000000_이름.JPG"과 "dic_02_000000_이름.PSD"로 저장할 것)

(※ dic_02_000000_이름.JPG와 dic_02_000000_이름.PSD 파일 중 하나라도 누락시 "0점" 처리 됨)

※ Gom Mix for DIAT 프로그램을 활용하여 [문제 03]을 작업하시오.

문제 03　처리조건에 따라 출력형태와 같이 완성하시오.　　　　　　　　(70점)

《 출력형태 》

《 처리조건 》

원본 파일	이미지1.jpg, 이미지2.jpg, 이미지3.jpg, 동영상.mp4, 음악.mp3

▶ 미디어 소스의 순서를 다음과 같이 지정하시오.
 • 미디어 소스 순서 ⇒ 동영상.mp4 〉이미지2.jpg 〉이미지1.jpg 〉이미지3.jpg

▶ 동영상 파일('동영상.mp4')을 다음과 같이 처리하시오.
 • 배속 : 1.5x　　　　　　　　　　• 자르기 : 시작 시간(0.00), 재생 시간(21.20)
 • 이펙트 : LUT 필터-맑은 햇살-맑은 햇살 08(노출 : 40, 감마 : 0.5)
 • 텍스트 ⇒ 텍스트 입력 :　[도심 속 휴식 공간]
　　　　　　　텍스트 서식(궁서, 88pt, #d33bc2), 윤곽선 설정(없음),
　　　　　　　위치 설정(화면 정가운데 아래), 시작 시간(5.20), 클립 길이(15.00)
 • 재생 속도 설정 후 자르기를 하여야 하며, 잘라진 뒷부분의 동영상 및 트랙의 모든 공백을 삭제할 것
 • 원본 동영상에 포함된 오디오는 모두 음소거 할 것

▶ 이미지 파일을 다음과 같이 처리하시오.
 • '이미지2.jpg' ⇒ 이미지 클립 길이 : 5.00, 오버레이 : 영롱한(크기 : 10, 속도 : 7),
　　　　　　　　　클립 트랜지션 : 줌 인(앞으로 이동, 재생 시간 : 1.00)
 • '이미지1.jpg' ⇒ 이미지 클립 길이 : 6.00, 오버레이 : 비누 방울(크기 : 10),
　　　　　　　　　클립 트랜지션 : 가로 순차 블라인드(앞으로 이동, 재생 시간 : 2.00)
 • '이미지3.jpg' ⇒ 이미지 클립 길이 : 5.00, 오버레이 : 후광(중심 위치 : X(55), Y(40)),
　　　　　　　　　클립 트랜지션 : 위로 스크롤(앞으로 이동, 재생 시간 : 1.00)
 • 지시사항이 없는 경우는 기본 값을 적용하시오.

▶ 다음 조건에 따라 동영상 시작 부분의 텍스트를 지정하시오.
 • 텍스트 입력 :　[동물원 이야기
　　　　　　　　　(Zoo Story)]

 텍스트 서식(돋움체, 132pt, #23778e), 윤곽선 설정(#00cfff, 두께 : 30),
 나타나기(서서히 나타나기, 지속 시간 : 2.00), 시작 시간(0.00), 클립 길이(4.20)

▶ 다음 조건에 따라 동영상 전체에 음악 파일('음악.mp3')을 삽입하시오.
 • 시작 시간 : 0.00, 재생 시간 : 32.00, 게인 : -20

▶ 다음과 같은 규칙으로 GMEP 파일을 프로젝트 전체 저장하시오.
 • 저장 위치 : 바탕화면 - KAIT - 제출파일 폴더

GMEP	파일명	dic_03_수검 번호(6자리)_이름.GMEP

(예 : 수검 번호가 DIC-XXXX-000000인 경우 'dic_03_000000_이름.GMEP'로 프로젝트 전체 저장할 것)
(※ dic_03_000000_이름.GMEP 파일 누락 / 프로젝트 전체 저장 이외의 기능을 이용하여 저장할 시 "0점" 처리됨)

제09회 디지털정보활용능력 출제예상 모의고사

◆ 시험과목 : 멀티미디어제작(포토샵, 곰믹스)
◆ 시험일자 : 20XX. XX. XX (토)
◆ 수검자 기재사항 및 감독위원 확인

수검번호	DIC - XXXX -	감독위원 확인
성 명		

수검자 유의사항

1. 수검자는 신분증을 지참하여야 시험에 응시할 수 있으며, 시험이 종료될 때까지 신분증을 제시하지 못 할 경우 해당 시험은 0점 처리됩니다.

2. 시스템(PC 작동 여부, 네트워크 상태 등)의 이상 여부를 반드시 확인하여야 하며, 시스템 이상이 있을 시 감독위원에게 조치를 받으셔야 합니다.

3. 시험 중 부주의 또는 고의로 시스템을 파손한 경우는 수검자 부담으로 합니다.

4. 답안 전송 프로그램을 통해 다운로드 받은 파일을 이용하여 답안 파일을 작성하시기 바랍니다.

5. 작성한 답안 파일은 답안 전송 프로그램을 통하여 전송됩니다. 감독위원의 지시에 따라 주시기 바랍니다.

6. 다음 사항의 경우 실격(0점) 혹은 부정행위 처리됩니다.
   1) 답안 파일을 저장하지 않았거나, 저장한 파일이 손상되었을 경우
   2) 답안 파일을 지정한 폴더(바탕화면 – "KAIT" 폴더)에 저장하지 않았을 경우
   ※ 답안 전송 프로그램 로그인 시 바탕화면에 자동 생성됨
   3) 답안 파일을 다른 보조 기억장치(USB) 혹은 네트워크(메신저, 게시판 등)로 전송할 경우
   4) 휴대용 전화기 등 통신기기를 사용할 경우

7. 【 】안의 지시사항은 PhotoShop 영문 버전용 입니다.

8. 답안은 PhotoShop과 Gom Mix for DIAT를 활용하여 작성하십시오.
   ※ PhotoShop 답안 파일의 해상도는 72 Pixels/inch로 작성하십시오.
   ※ Gom Mix for DIAT 답안 파일은 반드시 프로젝트 전체 저장으로 저장하십시오(미준수 시 0점 처리).

9. 시험지에 제시된 글꼴이 응시 프로그램에 없는 경우, 반드시 감독위원에게 해당 내용을 통보한 뒤 조치를 받아야 합니다.

10. 시험의 완료는 작성이 완료된 답안을 저장하고, 답안 전송이 완료된 상태를 확인한 것으로 합니다. 답안 전송 확인 후 문제지는 감독위원에게 제출한 후 퇴실하여야 합니다.

11. 답안 전송이 완료된 경우에는 수정 또는 정정이 불가능합니다.

12. 시험 시행 후 문제 공개 및 합격자 발표는 홈페이지(www.ihd.or.kr)에서 확인하시기 바랍니다.
    1) 문제 및 정답 공개 : 20XX. XX. XX.
    2) 합격자 발표 : 20XX. XX. XX.

※ PhotoShop 프로그램을 활용하여 [문제 01], [문제 02]를 작업하시오.

문제 01　　원본파일을 처리조건에 따라 결과파일로 완성하시오.　　　　　　　　(50점)

〈원본파일〉	〈결과파일〉

《 처리조건 》

▶ 다음과 같이 캔버스 크기를 변경하시오.
- 캔버스 크기[Canvas Size] ⇒ 가로(650 픽셀[Pixels])×세로(450 픽셀[Pixels])

▶ '사진1.jpg' 이미지를 불러와 기존 캔버스에 복사한 후 다음과 같이 처리하시오.
- ① ⇒ 복제 도장 도구[Clone Stamp Tool]를 이용하여 이미지 복사
- ② ⇒ 색조/채도[Hue/Saturation]를 이용하여 빨간색 계열로 보정
- ③ ⇒ 색상 균형[Color Balance]를 이용하여 보라색 계열로 보정
- 밝기 조정 ⇒ 곡선[Curves]을 이용하여 이미지 조정 (입력[Input] : 80, 출력[Output] : 100)
- 필터 효과 ⇒ 렌즈 플레어[Lens Flare]를 이용하여 필터 적용
　　　　　　　　(렌즈 유형[Lens Type] : 35mm 프라임[35mm Prime], 명도[Brightness] : 120%)
▶ 지시사항이 없는 경우는 기본값을 적용하시오.

▶ 다음과 같은 규칙으로 JPG 파일과 PSD 파일을 각각 저장하시오.
- 저장위치 : 바탕화면 – KAIT – 제출파일 폴더

JPG	파일명	dic_01_수검번호(6자리)_이름.JPG	PSD	파일명	dic_01_수검번호(6자리)_이름.PSD
	이미지 크기	600 × 400 픽셀[Pixels]		이미지 크기	65 × 45 픽셀[Pixels]

(예 : 수검번호가 DIC–XXXX–000000인 경우 "dic_01_000000_이름.JPG"과 "dic_01_000000_이름.PSD"로 저장할 것)

(※ dic_01_000000_이름.JPG와 dic_01_000000_이름.PSD 파일 중 하나라도 누락시 "0점" 처리 됨)

| 문제 02 | 원본파일을 처리조건에 따라 결과파일로 완성하시오. | (80점) |

〈원본파일〉	〈결과파일〉

《 처리조건 》

▶ 다음과 같이 캔버스를 변경하시오.
- 캔버스 조정 ⇒ 캔버스 크기[Canvas Size] : 가로(650 픽셀[Pixels])×세로(350픽셀[Pixels])
  캔버스 배경색(색상 : #00b04f)

▶ '사진2.jpg' 이미지를 불러와 기존 캔버스에 복사한 후 다음과 같이 처리하시오.
- 이미지 복사 ⇒ 자유 변형[Free Transform]으로 크기 변형, 레이어 이름 – '시계'
  레이어 마스크[Layer Mask] 설정, 세로 방향으로 흐릿하게
- "Time is money" ⇒ 글꼴(Arial), 글꼴 스타일(Bold), 크기(50pt), 색상(#ffff66), 앤티 앨리어싱 :
  선명하게[Sharp], 레이어 스타일 – 선/획[Stroke] (크기 : 2px, 색상 : #339900)
- "시간은 돈이다" ⇒ 글꼴(궁서체), 크기(36pt), 색상(#ccff66), 앤티 앨리어싱 : 선명하게[Sharp],
  레이어 스타일 – 선/획[Stroke] (크기: 2px, 색상 : #000000)

▶ '사진3.jpg'를 이용하여 새로운 레이어를 생성하시오.
- 이미지 복사 ⇒ 자유 변형[Free Transform]으로 크기 변형, 레이어 이름 – '돈'
  레이어 스타일 – 그림자 효과[Drop Shadow] (혼합모드[Blend Mode] : 곱하기[Multiply],
  각도[Angle] : 90°)
- '사진3.jpg'의 자유 변형[Free Transform] 후, 이미지의 형태는 결과파일과 동일할 것

▶ 지시사항이 없는 경우는 기본값을 적용하시오.

▶ 다음과 같은 규칙으로 JPG 파일과 PSD 파일을 각각 저장하시오.
- 저장위치 : 바탕화면 – KAIT – 제출파일 폴더

JPG	파일명	dic_02_수검번호(6자리)_이름.JPG	PSD	파일명	dic_02_수검번호(6자리)_이름.PSD
	이미지 크기	600 × 300 픽셀[Pixels]		이미지 크기	65 × 35 픽셀[Pixels]

(예 : 수검번호가 DIC–XXXX–000000인 경우 "dic_02_000000_이름.JPG"과 "dic_02_000000_이름.PSD"로 저장할 것)

(※ dic_02_000000_이름.JPG와 dic_02_000000_이름.PSD 파일 중 하나라도 누락시 "0점" 처리 됨)

※ Gom Mix for DIAT 프로그램을 활용하여 [문제 03]을 작업하시오.

문제 03　　처리조건에 따라 출력형태와 같이 완성하시오.　　　　(70점)

《 출력형태 》

《 처리조건 》

원본 파일	이미지1.jpg, 이미지2.jpg, 이미지3.jpg, 동영상.mp4, 음악.mp3

▶ 미디어 소스의 순서를 다음과 같이 지정하시오.
- 미디어 소스 순서 ⇒ 동영상.mp4 〉 이미지2.jpg 〉 이미지1.jpg 〉 이미지3.jpg

▶ 동영상 파일('동영상.mp4')을 다음과 같이 처리하시오.
- 배속 : 1.5x
- 이펙트 : 변환-팬 & 줌(위치 : X(12.5), Y(12.5))
- 텍스트 ⇒ 텍스트 입력 : ｜　자연의 아름다움　｜
　　　　　　　텍스트 서식(굴림, 88pt, #1f5617), 윤곽선 설정(없음),
　　　　　　　위치 설정(화면 정가운데 아래), 시작 시간(4.10), 클립 길이(13.20)
- 자르기 : 시작 시간(0.00), 재생 시간(21.29)
- 재생 속도 설정 후 자르기를 하여야 하며, 잘라진 뒷부분의 동영상 및 트랙의 모든 공백을 삭제할 것
- 원본 동영상에 포함된 오디오는 모두 음소거 할 것

▶ 이미지 파일을 다음과 같이 처리하시오.
- '이미지2.jpg' ⇒ 이미지 클립 길이 : 5.00, 오버레이 : 떨림(개수/양 : 80, 속도 : 8),
　　　　　　　　 클립 트랜지션 : 흰색 페이드(앞으로 이동, 재생 시간 : 1.00)
- '이미지1.jpg' ⇒ 이미지 클립 길이 : 5.00, 오버레이 : 수면 아래 01(강도 30, 속도 : 10),
　　　　　　　　 클립 트랜지션 : 가로 나누기(앞으로 이동, 재생 시간 : 1.00)
- '이미지3.jpg' ⇒ 이미지 클립 길이 : 6.00, 오버레이 : 레이얼 라이트(노출 : -50, 감마 : 0.3),
　　　　　　　　 클립 트랜지션 : 타원 닫기(앞으로 이동, 재생 시간 : 1.00)
- 지시사항이 없는 경우는 기본 값을 적용하시오.

▶ 다음 조건에 따라 동영상 시작 부분의 텍스트를 지정하시오.
- 텍스트 입력 : ｜　무지개　(Rainbow)　｜

　텍스트 서식(돋움, 132pt, #fbe31e), 윤곽선 설정(#434343, 두께 : 30),
　나타나기(클립 아래에서 나타나기, 지속 시간 : 2.00), 시작 시간(0.00), 클립 길이(4.00)

▶ 다음 조건에 따라 동영상 전체에 음악 파일('음악.mp3')을 삽입하시오.
- 시작 시간 : 0.00, 재생 시간 : 33.00, 페이드 아웃 : 3.00

▶ 다음과 같은 규칙으로 GMEP 파일을 프로젝트 전체 저장하시오.
- 저장 위치 : 바탕화면 – KAIT – 제출파일 폴더

GMEP	파일명	dic_03_수검 번호(6자리)_이름.GMEP

(예 : 수검 번호가 DIC-XXXX-000000인 경우 'dic_03_000000_이름.GMEP'로 **프로젝트 전체 저장**할 것)

(※ dic_03_000000_이름.GMEP 파일 누락 / 프로젝트 전체 저장 이외의 기능을 이용하여 저장할 시 "0점" 처리됨)

제10회 디지털정보활용능력 출제예상 모의고사

◆ 시험과목 : 멀티미디어제작(포토샵, 곰믹스)
◆ 시험일자 : 20XX. XX. XX (토)
◆ 수검자 기재사항 및 감독위원 확인

수 검 번 호	DIC – XXXX –	감독위원 확인
성 명		

수검자 유의사항

1. 수검자는 신분증을 지참하여야 시험에 응시할 수 있으며, 시험이 종료될 때까지 신분증을 제시하지 못 할 경우 해당 시험은 0점 처리됩니다.

2. 시스템(PC 작동 여부, 네트워크 상태 등)의 이상 여부를 반드시 확인하여야 하며, 시스템 이상이 있을 시 감독위원에게 조치를 받으셔야 합니다.

3. 시험 중 부주의 또는 고의로 시스템을 파손한 경우는 수검자 부담으로 합니다.

4. 답안 전송 프로그램을 통해 다운로드 받은 파일을 이용하여 답안 파일을 작성하시기 바랍니다.

5. 작성한 답안 파일은 답안 전송 프로그램을 통하여 전송됩니다. 감독위원의 지시에 따라 주시기 바랍니다.

6. 다음 사항의 경우 실격(0점) 혹은 부정행위 처리됩니다.

    1) 답안 파일을 저장하지 않았거나, 저장한 파일이 손상되었을 경우

    2) 답안 파일을 지정한 폴더(바탕화면 – "KAIT" 폴더)에 저장하지 않았을 경우

    ※ 답안 전송 프로그램 로그인 시 바탕화면에 자동 생성됨

    3) 답안 파일을 다른 보조 기억장치(USB) 혹은 네트워크(메신저, 게시판 등)로 전송할 경우

    4) 휴대용 전화기 등 통신기기를 사용할 경우

7. 【 】안의 지시사항은 PhotoShop 영문 버전용 입니다.

8. 답안은 PhotoShop과 Gom Mix for DIAT를 활용하여 작성하십시오.

    ※ PhotoShop 답안 파일의 해상도는 72 Pixels/inch로 작성하십시오.

    ※ Gom Mix for DIAT 답안 파일은 반드시 프로젝트 전체 저장으로 저장하십시오(미준수 시 0점 처리).

9. 시험지에 제시된 글꼴이 응시 프로그램에 없는 경우, 반드시 감독위원에게 해당 내용을 통보한 뒤 조치를 받아야 합니다.

10. 시험의 완료는 작성이 완료된 답안을 저장하고, 답안 전송이 완료된 상태를 확인한 것으로 합니다. 답안 전송 확인 후 문제지는 감독위원에게 제출한 후 퇴실하여야 합니다.

11. 답안 전송이 완료된 경우에는 수정 또는 정정이 불가능합니다.

12. 시험 시행 후 문제 공개 및 합격자 발표는 홈페이지(www.ihd.or.kr)에서 확인하시기 바랍니다.

    1) 문제 및 정답 공개 : 20XX. XX. XX.

    2) 합격자 발표 : 20XX. XX. XX.

※ PhotoShop 프로그램을 활용하여 [문제 01], [문제 02]를 작업하시오.

문제 01　　원본파일을 처리조건에 따라 결과파일로 완성하시오.　　　　　　　　(50점)

〈원본파일〉	〈결과파일〉

《 처리조건 》

▶ 다음과 같이 캔버스 크기를 변경하시오.
　• 캔버스 크기[Canvas Size] ⇒ 가로(650 픽셀[Pixels])×세로(450 픽셀[Pixels])

▶ '사진1.jpg' 이미지를 불러와 기존 캔버스에 복사한 후 다음과 같이 처리하시오.
　• ① ⇒ 복제 도장 도구[Clone Stamp Tool]를 이용하여 이미지 복사
　• ② ⇒ 색조/채도[Hue/Saturation]를 이용하여 보라색 계열로 보정
　• ③ ⇒ 색조/채도[Hue/Saturation]를 이용하여 빨간색 계열로 보정
　• 밝기 조정 ⇒ 곡선[Curves]을 이용하여 이미지 조정 (입력[Input] : 60, 출력[Output] : 100)
　• 필터 효과 ⇒ 수채화 효과[Watercolor]를 이용하여 필터 적용
　　　　　　　(브러쉬 세부[Brush Detail] : 10, 음영 강도[Shadow Intensity] : 0, 텍스처[Texture] : 1)

▶ 지시사항이 없는 경우는 기본값을 적용하시오.

▶ 다음과 같은 규칙으로 JPG 파일과 PSD 파일을 각각 저장하시오.
　• 저장위치 : 바탕화면 – KAIT – 제출파일 폴더

JPG	파일명	dic_01_수검번호(6자리)_이름.JPG	PSD	파일명	dic_01_수검번호(6자리)_이름.PSD
	이미지 크기	600 × 400 픽셀[Pixels]		이미지 크기	65 × 45 픽셀[Pixels]

(예 : 수검번호가 DIC–XXXX–000000인 경우 "dic_01_000000_이름.JPG"과 "dic_01_000000_이름.PSD"로 저장할 것)
(※ dic_01_000000_이름.JPG와 dic_01_000000_이름.PSD 파일 중 하나라도 누락시 "0점" 처리 됨)

문제 02　　원본파일을 처리조건에 따라 결과파일로 완성하시오.　　　　　　　(80점)

〈원본파일〉	〈결과파일〉

《 처리조건 》

▶ 다음과 같이 캔버스 크기를 변경하시오.
- 캔버스 크기[Canvas Size] ⇒ 가로(650 픽셀[Pixels])×세로(450픽셀[Pixels])

▶ '사진2.jpg' 이미지를 불러와 기존 캔버스에 복사한 후 다음과 같이 처리하시오.
- ① ⇒ 모양 도구[Shape Tool] 이용
　　　레이어 스타일 – 선/획[Stroke] (크기 : 2px, 색상 : #0033ff),
　　　　　　　　　그라디언트 오버레이[Gradient Overlay] (색상 : #0033ff – #ffcc55)
- "BEER Factory" ⇒ 글꼴(Arial), 글꼴 스타일(Bold Italic), 크기(72pt), 색상(#ffffff), 앤티 앨리어싱 :
　　　　　　　선명하게[Sharp], 레이어 스타일 – 선/획[Stroke] (크기 : 3px, 색상 : #0033ff)
- "맥주공장 견학" ⇒ 글꼴(궁서체), 크기(40pt), 색상(#ffcc00), 앤티 앨리어싱 : 선명하게[Sharp],
　　　　　　　레이어 스타일 – 선/획[Stroke] (크기: 2px, 색상 : #0033ff)

▶ 타원 도구[Ellipse Tool]와 '사진3.jpg'를 이용하여 새로운 레이어를 생성하시오.
- 원의 크기 ⇒ 200 px × 200 px (단, 클리핑 마스크 기능을 이용할 것)
　　　　　레이어 스타일 – 선/획[Stroke] (크기 : 5px, 색상 : #ffffff, 위치 : 안쪽[Inside]),
　　　　　그림자 효과[Drop Shadow] (혼합모드[Blend Mode] : 곱하기[Multiply], 각도(Angle) : 100°)

▶ 지시사항이 없는 경우는 기본값을 적용하시오.

▶ 다음과 같은 규칙으로 JPG 파일과 PSD 파일을 각각 저장하시오.
- 저장위치 : 바탕화면 – KAIT – 제출파일 폴더

JPG	파일명	dic_02_수검번호(6자리)_이름.JPG	PSD	파일명	dic_02_수검번호(6자리)_이름.PSD
	이미지 크기	600 × 400 픽셀[Pixels]		이미지 크기	65 × 45 픽셀[Pixels]

(예 : 수검번호가 DIC-XXXX-000000인 경우 "dic_02_000000_이름.JPG"과 "dic_02_000000_이름.PSD"로 저장할 것)

(※ dic_02_000000_이름.JPG와 dic_02_000000_이름.PSD 파일 중 하나라도 누락시 "0점" 처리 됨)

※ Gom Mix for DIAT 프로그램을 활용하여 [문제 03]을 작업하시오.

문제 03　처리조건에 따라 출력형태와 같이 완성하시오.　　　　　　(70점)

《 출력형태 》

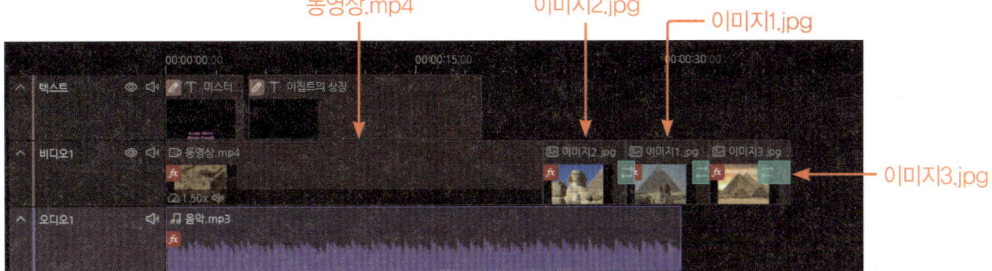

《 처리조건 》

원본 파일	이미지1.jpg, 이미지2.jpg, 이미지3.jpg, 동영상.mp4, 음악.mp3

▶ 미디어 소스의 순서를 다음과 같이 지정하시오.
- 미디어 소스 순서 ⇒ 동영상.mp4 〉 이미지2.jpg 〉 이미지1.jpg 〉 이미지3.jpg

▶ 동영상 파일('동영상.mp4')을 다음과 같이 처리하시오.
- 배속 : 1.5x
- 이펙트 : 이미지 보정–부드럽게(강도 : 10)
- 자르기 : 시작 시간(0.00), 재생 시간(22.20)
- 텍스트 ⇒ 텍스트 입력 : [이집트의 상징]
  텍스트 서식(한초롬돋움, 100pt, #0100ff), 윤곽선 설정(없음),
  위치 설정(화면 정가운데 아래), 시작 시간(5.00), 클립 길이(14.00)
- 재생 속도 설정 후 자르기를 하여야 하며, 잘라진 뒷부분의 동영상 및 트랙의 모든 공백을 삭제할 것
- 원본 동영상에 포함된 오디오는 모두 음소거 할 것

▶ 이미지 파일을 다음과 같이 처리하시오.
- '이미지2.jpg' ⇒ 이미지 클립 길이 : 5.00, 오버레이 : 원형 비넷(반경 : 40, 페더 : 40),
  클립 트랜지션 : 왼쪽으로 닦아내기(오버랩, 재생 시간 : 1.00)
- '이미지1.jpg' ⇒ 이미지 클립 길이 : 5.00, 오버레이 : 집중선 01(속도 : 10),
  클립 트랜지션 : 왼쪽으로 연하게 닦아내기(앞으로 이동, 재생 시간 : 1.00)
- '이미지3.jpg' ⇒ 이미지 클립 길이 : 5.00, 오버레이 : 난기류(밝기 강도 : 70, 속도 : 60),
  클립 트랜지션 : 가운데 초점 줌 아웃(앞으로 이동, 재생 시간 : 2.00)
- 지시사항이 없는 경우는 기본 값을 적용하시오.

▶ 다음 조건에 따라 동영상 시작 부분의 텍스트를 지정하시오.
- 텍스트 입력 : [미스터리 피라미드 (Mystery Pyramid)]

  텍스트 서식(한초롬바탕, 120pt, #ed5dd9), 윤곽선 설정(#d33bc2, 두께 : 20),
  나타나기(작아지며 나타나기, 지속 시간 : 1.00), 시작 시간(0.00), 클립 길이(4.20)

▶ 다음 조건에 따라 동영상 전체에 음악 파일('음악.mp3')을 삽입하시오.
- 시작 시간 : 0.00, 재생 시간 : 31.00, 페이드 아웃 : 2.00

▶ 다음과 같은 규칙으로 GMEP 파일을 프로젝트 전체 저장하시오.
- 저장 위치 : 바탕화면 – KAIT – 제출파일 폴더

GMEP	파일명	dic_03_수검 번호(6자리)_이름.GMEP

(예 : 수검 번호가 DIC–XXXX–000000인 경우 'dic_03_000000_이름.GMEP'로 프로젝트 전체 저장할 것)
(※ dic_03_000000_이름.GMEP 파일 누락 / 프로젝트 전체 저장 이외의 기능을 이용하여 저장할 시 "0점" 처리됨)

제11회 디지털정보활용능력 출제예상 모의고사

- ◆ 시험과목 : 멀티미디어제작(포토샵, 곰믹스)
- ◆ 시험일자 : 20XX. XX. XX (토)
- ◆ 수검자 기재사항 및 감독위원 확인

수 검 번 호	DIC – XXXX –	감독위원 확인
성 명		

수검자 유의사항

1. 수검자는 신분증을 지참하여야 시험에 응시할 수 있으며, 시험이 종료될 때까지 신분증을 제시하지 못 할 경우 해당 시험은 0점 처리됩니다.
2. 시스템(PC 작동 여부, 네트워크 상태 등)의 이상 여부를 반드시 확인하여야 하며, 시스템 이상이 있을 시 감독위원에게 조치를 받으셔야 합니다.
3. 시험 중 부주의 또는 고의로 시스템을 파손한 경우는 수검자 부담으로 합니다.
4. 답안 전송 프로그램을 통해 다운로드 받은 파일을 이용하여 답안 파일을 작성하시기 바랍니다.
5. 작성한 답안 파일은 답안 전송 프로그램을 통하여 전송됩니다. 감독위원의 지시에 따라 주시기 바랍니다.
6. 다음 사항의 경우 실격(0점) 혹은 부정행위 처리됩니다.
   1) 답안 파일을 저장하지 않았거나, 저장한 파일이 손상되었을 경우
   2) 답안 파일을 지정한 폴더(바탕화면 – "KAIT" 폴더)에 저장하지 않았을 경우
   ※ 답안 전송 프로그램 로그인 시 바탕화면에 자동 생성됨
   3) 답안 파일을 다른 보조 기억장치(USB) 혹은 네트워크(메신저, 게시판 등)로 전송할 경우
   4) 휴대용 전화기 등 통신기기를 사용할 경우
7. 【 】안의 지시사항은 PhotoShop 영문 버전용 입니다.
8. 답안은 PhotoShop과 Gom Mix for DIAT를 활용하여 작성하십시오.
   ※ PhotoShop 답안 파일의 해상도는 72 Pixels/inch로 작성하십시오.
   ※ Gom Mix for DIAT 답안 파일은 반드시 프로젝트 전체 저장으로 저장하십시오(미준수 시 0점 처리).
9. 시험지에 제시된 글꼴이 응시 프로그램에 없는 경우, 반드시 감독위원에게 해당 내용을 통보한 뒤 조치를 받아야 합니다.
10. 시험의 완료는 작성이 완료된 답안을 저장하고, 답안 전송이 완료된 상태를 확인한 것으로 합니다. 답안 전송 확인 후 문제지는 감독위원에게 제출한 후 퇴실하여야 합니다.
11. 답안 전송이 완료된 경우에는 수정 또는 정정이 불가능합니다.
12. 시험 시행 후 문제 공개 및 합격자 발표는 홈페이지(www.ihd.or.kr)에서 확인하시기 바랍니다.
    1) 문제 및 정답 공개 : 20XX. XX. XX.
    2) 합격자 발표 : 20XX. XX. XX.

※ PhotoShop 프로그램을 활용하여 [문제 01], [문제 02]를 작업하시오.

문제 01   원본파일을 처리조건에 따라 결과파일로 완성하시오.   (50점)

〈원본파일〉	〈결과파일〉

《 처리조건 》

▶ 다음과 같이 캔버스 크기를 변경하시오.
- 캔버스 크기[Canvas Size] ⇒ 가로(650 픽셀[Pixels])×세로(450 픽셀[Pixels])

▶ '사진1.jpg' 이미지를 불러와 기존 캔버스에 복사한 후 다음과 같이 처리하시오.
- ① ⇒ 복제 도장 도구[Clone Stamp Tool]를 이용하여 이미지 복사
- ② ⇒ 색조/채도[Hue/Saturation]를 이용하여 빨간색 계열로 보정
- ③ ⇒ 색상 균형[Color Balance]를 이용하여 보라색 계열로 보정
- 밝기 조정 ⇒ 곡선[Curves]을 이용하여 이미지 조정 (입력[Input] : 80, 출력[Output] : 100)
- 필터 효과 ⇒ 그물눈[Crosshatch]을 이용하여 필터 적용
    (선 길이[Stroke Length] : 5, 선명도[Sharpness] : 10, 강도[Strength] : 1)

▶ 지시사항이 없는 경우는 기본값을 적용하시오.

▶ 다음과 같은 규칙으로 JPG 파일과 PSD 파일을 각각 저장하시오.
- 저장위치 : 바탕화면 – KAIT – 제출파일 폴더

JPG	파일명	dic_01_수검번호(6자리)_이름.JPG	PSD	파일명	dic_01_수검번호(6자리)_이름.PSD
	이미지 크기	600 × 400 픽셀[Pixels]		이미지 크기	65 × 45 픽셀[Pixels]

(예 : 수검번호가 DIC–XXXX–000000인 경우 "dic_01_000000_이름.JPG"과 "dic_01_000000_이름.PSD"로 저장할 것)

(※ dic_01_000000_이름.JPG와 dic_01_000000_이름.PSD 파일 중 하나라도 누락시 "0점" 처리 됨)

문제 02 ▶ 원본파일을 처리조건에 따라 결과파일로 완성하시오.　　　(80점)

〈원본파일〉	〈결과파일〉

《 처리조건 》

▶ 다음과 같이 캔버스를 변경하시오.
  • 캔버스 조정 ⇒ 캔버스 크기[Canvas Size] : 가로(600 픽셀[Pixels])×세로(350픽셀[Pixels])
    　　　　　　　　캔버스 배경색(색상 : #e1e1e1)

▶ '사진2.jpg' 이미지를 불러와 기존 캔버스에 복사한 후 다음과 같이 처리하시오.
  • 이미지 복사 ⇒ 자유 변형[Free Transform]으로 크기 변형, 레이어 이름 – '성화'
    　　　　　　　레이어 마스크[Layer Mask] 설정, 가로 방향으로 흐릿하게
  • "Faster, Higher, Stronger" ⇒ 글꼴(Arial), 글꼴 스타일(Bold Italic), 크기(50pt), 색상(#ffffff), 앤티 앨리어싱 :
    　　　　　　　　선명하게[Sharp], 레이어 스타일 – 선/획[Stroke] (크기 : 4px, 색상 : #0072ff)
  • "더 빠르게, 더 높게, 더 강하게" ⇒ 글꼴(휴먼옛체), 크기(36pt), 색상(#ff0000), 앤티 앨리어싱 : 선명하게[Sharp],
    　　　　　　　　레이어 스타일 – 선/획[Stroke] (크기 : 2px, 색상 : #ffffff)

▶ '사진3.jpg'를 이용하여 새로운 레이어를 생성하시오.
  • 이미지 복사 ⇒ 자유 변형[Free Transform]으로 크기 변형, 레이어 이름 – '메달'
    　　　　　　　레이어 스타일 – 그림자 효과[Drop Shadow] (혼합모드[Blend Mode] : 곱하기[Multiply],
    　　　　　　　각도[Angle] : 90°)
  • '사진3.jpg'의 자유 변형[Free Transform] 후, 이미지의 형태는 결과파일과 동일할 것

▶ 지시사항이 없는 경우는 기본값을 적용하시오.

▶ 다음과 같은 규칙으로 JPG 파일과 PSD 파일을 각각 저장하시오.
  • 저장위치 : 바탕화면 – KAIT – 제출파일 폴더

JPG	파일명	dic_02_수검번호(6자리)_이름.JPG	PSD	파일명	dic_02_수검번호(6자리)_이름.PSD
	이미지 크기	580 × 320 픽셀[Pixels]		이미지 크기	60 × 35 픽셀[Pixels]

(예 : 수검번호가 DIC–XXXX–000000인 경우 "dic_02_000000_이름.JPG"과 "dic_02_000000_이름.PSD"로 저장할 것)

(※ dic_02_000000_이름.JPG와 dic_02_000000_이름.PSD 파일 중 하나라도 누락시 "0점" 처리 됨)

※ Gom Mix for DIAT 프로그램을 활용하여 [문제 03]을 작업하시오.

문제 03　　처리조건에 따라 출력형태와 같이 완성하시오.　　　　　　(70점)

《 출력형태 》

《 처리조건 》

원본 파일	이미지1.jpg, 이미지2.jpg, 이미지3.jpg, 동영상.mp4, 음악.mp3

▶ 미디어 소스의 순서를 다음과 같이 지정하시오.
- 미디어 소스 순서 ⇒ 동영상.mp4 〉 이미지2.jpg 〉 이미지1.jpg 〉 이미지3.jpg

▶ 동영상 파일('동영상.mp4')을 다음과 같이 처리하시오.
- 배속 : 1.5x
- 이펙트 : 색상 보정-세피아-프리셋 04(U값 : 65, V값 : 160)
- 자르기 : 시작 시간(0.00), 재생 시간(21.10)
- 텍스트 ⇒ 텍스트 입력 :　| 최초의 근대 올림픽 |
　　　　　　텍스트 서식(맑은 고딕, 88pt, #000000), 윤곽선 설정(없음),
　　　　　　위치 설정(화면 정가운데 아래), 시작 시간(5.00), 클립 길이(13.20)
- 재생 속도 설정 후 자르기를 하여야 하며, 잘라진 뒷부분의 동영상 및 트랙의 모든 공백을 삭제할 것
- 원본 동영상에 포함된 오디오는 모두 음소거 할 것

▶ 이미지 파일을 다음과 같이 처리하시오.
- '이미지2.jpg' ⇒ 이미지 클립 길이 : 6.00, 오버레이 : 가랜드(색상 시프트 속도 : 20),
　　　　　　　　　클립 트랜지션 : 문 열기(앞으로 이동, 재생 시간 : 1.00)
- '이미지1.jpg' ⇒ 이미지 클립 길이 : 6.00, 오버레이 : 불꽃 스파크(크기 : 10),
　　　　　　　　　클립 트랜지션 : 십자형 나누기(앞으로 이동, 재생 시간 : 2.00)
- '이미지3.jpg' ⇒ 이미지 클립 길이 : 5.00, 오버레이 : 떠오르는 하트(크기 : 3, 간격 : 15),
　　　　　　　　　클립 트랜지션 : 줌 아웃(앞으로 이동, 재생 시간 : 1.00)
- 지시사항이 없는 경우는 기본 값을 적용하시오.

▶ 다음 조건에 따라 동영상 시작 부분의 텍스트를 지정하시오.
- 텍스트 입력 :　| 1896 올림픽
(1896 Olympic) |

　텍스트 서식(한초롬바탕, 132pt, #d0f29c), 윤곽선 설정(#4caec5, 두께 : 30),
　나타나기(작아지며 나타나기(회전), 지속 시간 : 1.00), 시작 시간(0.00), 클립 길이(4.20)

▶ 다음 조건에 따라 동영상 전체에 음악 파일('음악.mp3')을 삽입하시오.
- 시작 시간 : 0.00, 재생 시간 : 38.10, 페이드 인 : 2.00

▶ 다음과 같은 규칙으로 GMEP 파일을 프로젝트 전체 저장하시오.
- 저장 위치 : 바탕화면 – KAIT – 제출파일 폴더

GMEP	파일명	dic_03_수검 번호(6자리)_이름.GMEP

(예 : 수검 번호가 DIC-XXXX-000000인 경우 'dic_03_000000_이름.GMEP'로 프로젝트 전체 저장할 것)

(※ dic_03_000000_이름.GMEP 파일 누락 / 프로젝트 전체 저장 이외의 기능을 이용하여 저장할 시 "0점" 처리됨)

◆ **시험과목 : 멀티미디어제작(포토샵, 곰믹스)**
◆ **시험일자 : 20XX. XX. XX (토)**
◆ **수검자 기재사항 및 감독위원 확인**

수검번호	DIC – XXXX –	감독위원 확인
성 명		

수검자 유의사항

1. 수검자는 신분증을 지참하여야 시험에 응시할 수 있으며, 시험이 종료될 때까지 신분증을 제시하지 못 할 경우 해당 시험은 0점 처리됩니다.

2. 시스템(PC 작동 여부, 네트워크 상태 등)의 이상 여부를 반드시 확인하여야 하며, 시스템 이상이 있을 시 감독위원에게 조치를 받으셔야 합니다.

3. 시험 중 부주의 또는 고의로 시스템을 파손한 경우는 수검자 부담으로 합니다.

4. 답안 전송 프로그램을 통해 다운로드 받은 파일을 이용하여 답안 파일을 작성하시기 바랍니다.

5. 작성한 답안 파일은 답안 전송 프로그램을 통하여 전송됩니다. 감독위원의 지시에 따라 주시기 바랍니다.

6. 다음 사항의 경우 실격(0점) 혹은 부정행위 처리됩니다.

   1) 답안 파일을 저장하지 않았거나, 저장한 파일이 손상되었을 경우

   2) 답안 파일을 지정한 폴더(바탕화면 – "KAIT" 폴더)에 저장하지 않았을 경우

   ※ 답안 전송 프로그램 로그인 시 바탕화면에 자동 생성됨

   3) 답안 파일을 다른 보조 기억장치(USB) 혹은 네트워크(메신저, 게시판 등)로 전송할 경우

   4) 휴대용 전화기 등 통신기기를 사용할 경우

7. 【 】안의 지시사항은 PhotoShop 영문 버전용 입니다.

8. 답안은 PhotoShop과 Gom Mix for DIAT를 활용하여 작성하십시오.

   ※ PhotoShop 답안 파일의 해상도는 72 Pixels/inch로 작성하십시오.

   ※ Gom Mix for DIAT 답안 파일은 반드시 프로젝트 전체 저장으로 저장하십시오(미준수 시 0점 처리).

9. 시험지에 제시된 글꼴이 응시 프로그램에 없는 경우, 반드시 감독위원에게 해당 내용을 통보한 뒤 조치를 받아야 합니다.

10. 시험의 완료는 작성이 완료된 답안을 저장하고, 답안 전송이 완료된 상태를 확인한 것으로 합니다. 답안 전송 확인 후 문제지는 감독위원에게 제출한 후 퇴실하여야 합니다.

11. 답안 전송이 완료된 경우에는 수정 또는 정정이 불가능합니다.

12. 시험 시행 후 문제 공개 및 합격자 발표는 홈페이지(www.ihd.or.kr)에서 확인하시기 바랍니다.

    1) 문제 및 정답 공개 : 20XX. XX. XX.

    2) 합격자 발표 : 20XX. XX. XX.

※ PhotoShop 프로그램을 활용하여 [문제 01], [문제 02]를 작업하시오.

문제 01　　　원본파일을 처리조건에 따라 결과파일로 완성하시오.　　　(50점)

〈원본파일〉	〈결과파일〉

《 처리조건 》

▶ 다음과 같이 캔버스 크기를 변경하시오.
  • 캔버스 크기[Canvas Size] ⇒ 가로(650 픽셀[Pixels])×세로(450 픽셀[Pixels])

▶ '사진1.jpg' 이미지를 불러와 기존 캔버스에 복사한 후 다음과 같이 처리하시오.
  • ① ⇒ 복구 브러쉬 도구[Healing Brush Tool]를 이용하여 이미지 제거
  • ② ⇒ 색상 균형[Color Balance]를 이용하여 초록색 계열로 보정
  • ③ ⇒ 색조/채도[Hue/Saturation]를 이용하여 파란색 계열로 보정
  • 밝기 조정 ⇒ 곡선[Curves]을 이용하여 이미지 조정 (입력[Input] : 70, 출력[Output] : 120)
  • 필터 효과 ⇒ 물 종이[Water Paper]를 이용하여 필터 적용
　　　　　　 (섬유 길이[Fiber Length] : 5 , 명도[Brightness] : 70, 대비[Contrast] : 80)

▶ 지시사항이 없는 경우는 기본값을 적용하시오.

▶ 다음과 같은 규칙으로 JPG 파일과 PSD 파일을 각각 저장하시오.
  • 저장위치 : 바탕화면 – KAIT – 제출파일 폴더

JPG	파일명	dic_01_수검번호(6자리)_이름.JPG	PSD	파일명	dic_01_수검번호(6자리)_이름.PSD
	이미지 크기	600 × 400 픽셀[Pixels]		이미지 크기	65 × 45 픽셀[Pixels]

(예 : 수검번호가 DIC−XXXX−000000인 경우 "dic_01_000000_이름.JPG"과 "dic_01_000000_이름.PSD"로 저장할 것)
(※ dic_01_000000_이름.JPG와 dic_01_000000_이름.PSD 파일 중 하나라도 누락시 "0점" 처리 됨)

| 문제 02 | 원본파일을 처리조건에 따라 결과파일로 완성하시오. | (80점) |

〈원본파일〉	〈결과파일〉

《 처리조건 》

▶ 다음과 같이 캔버스 크기를 변경하시오.
- 캔버스 크기[Canvas Size] ⇒ 가로(650 픽셀[Pixels])×세로(450픽셀[Pixels])

▶ '사진2.jpg' 이미지를 불러와 기존 캔버스에 복사한 후 다음과 같이 처리하시오.
- ① ⇒ 모양 도구[Shape Tool] 이용
  레이어 스타일 – 선/획[Stroke] (크기 : 2px, 색상 : #003399),
  　　　　그라디언트 오버레이[Gradient Overlay] (색상 : #003399 – #ffffff)
- "Happy Holidays" ⇒ 글꼴(Arial), 글꼴 스타일(Bold Italic), 크기(50pt), 색상(#0066ff), 앤티 앨리어싱 :
  　　　　선명하게[Sharp], 레이어 스타일 – 선/획[Stroke] (크기 : 2px, 색상 : #ffffff)
- "행복한 휴일" ⇒ 글꼴(휴먼옛체), 크기(48pt), 색상(#99ccff), 앤티 앨리어싱 : 선명하게[Sharp],
  　　　　레이어 스타일 – 선/획[Stroke] (크기 : 2 px, 색상 : #ffffff)

▶ 타원 도구[Ellipse Tool]와 '사진3.jpg'를 이용하여 새로운 레이어를 생성하시오.
- 원의 크기 ⇒ 180 px × 180 px (단, 클리핑 마스크 기능을 이용할 것)
  　　　　레이어 스타일 – 선/획[Stroke] (크기 : 5px, 색상 : #ffff00, 위치 : 안쪽[Inside]),
  　　　　그림자 효과[Drop Shadow] (혼합모드[Blend Mode] : 곱하기[Multiply], 각도(Angle) : 145°)

▶ 지시사항이 없는 경우는 기본값을 적용하시오.

▶ 다음과 같은 규칙으로 JPG 파일과 PSD 파일을 각각 저장하시오.
- 저장위치 : 바탕화면 – KAIT – 제출파일 폴더

JPG	파일명	dic_02_수검번호(6자리)_이름.JPG	PSD	파일명	dic_02_수검번호(6자리)_이름.PSD
	이미지 크기	600 × 400 픽셀[Pixels]		이미지 크기	65 × 45 픽셀[Pixels]

(예 : 수검번호가 DIC–XXXX–000000인 경우 "dic_02_000000_이름.JPG"과 "dic_02_000000_이름.PSD"로 저장할 것)

(※ dic_02_000000_이름.JPG와 dic_02_000000_이름.PSD 파일 중 하나라도 누락시 "0점" 처리 됨)

※ Gom Mix for DIAT 프로그램을 활용하여 [문제 03]을 작업하시오.

문제 03　　처리조건에 따라 출력형태와 같이 완성하시오.　　　　　　　　　　(70점)

《 출력형태 》

《 처리조건 》

원본 파일	이미지1.jpg, 이미지2.jpg, 이미지3.jpg, 동영상.mp4, 음악.mp3

▶ 미디어 소스의 순서를 다음과 같이 지정하시오.
  • 미디어 소스 순서 ⇒ 동영상.mp4 〉이미지2.jpg 〉이미지1.jpg 〉이미지3.jpg

▶ 동영상 파일('동영상.mp4')을 다음과 같이 처리하시오.
  • 배속 : 1.5x　　　　　　　　　　　　　• 자르기 : 시작 시간(0.00), 재생 시간(20.20)
  • 이펙트 : 이미지 보정–엠보스 01–블랙드 모드 Average Color(강도 : 40, 밝기 강도 : 60)
  • 텍스트 ⇒ 텍스트 입력 : ▭ 인간을 닮은 로봇 ▭
　　　　　　　텍스트 서식(굴림체, 105pt, #0007ff), 윤곽선 설정(없음),
　　　　　　　위치 설정(화면 정가운데 아래), 시작 시간(6.20), 클립 길이(12.00)
  • 재생 속도 설정 후 자르기를 하여야 하며, 잘라진 뒷부분의 동영상 및 트랙의 모든 공백을 삭제할 것
  • 원본 동영상에 포함된 오디오는 모두 음소거 할 것

▶ 이미지 파일을 다음과 같이 처리하시오.
  • '이미지2.jpg' ⇒ 이미지 클립 길이 : 6.00, 오버레이 : 흩날림(개수/양 : 40),
　　　　　　　　　클립 트랜지션 : 오른쪽으로 밀기(오버랩, 재생 시간 : 1.00)
  • '이미지1.jpg' ⇒ 이미지 클립 길이 : 6.00, 오버레이 : 가우스(색상 1 : # 3bff79, 강도 : 70),
　　　　　　　　　클립 트랜지션 : 왼쪽으로 밀기(오버랩, 재생 시간 : 1.00)
  • '이미지3.jpg' ⇒ 이미지 클립 길이 : 6.00, 오버레이 : 지나가는 01(색상 1 : #24d6a8, 비넷 : 50),
　　　　　　　　　클립 트랜지션 : 왼쪽으로 덮기(앞으로 이동, 재생 시간 : 1.00)
  • 지시사항이 없는 경우는 기본 값을 적용하시오.

▶ 다음 조건에 따라 동영상 시작 부분의 텍스트를 지정하시오.

  • 텍스트 입력 : ▭ 휴머노이드 (Humanoid) ▭

　　텍스트 서식(바탕, 132pt, #ffffff), 윤곽선 설정(#10ff00, 두께 : 20),
　　나타나기(위로 당기기, 지속 시간 : 2.00), 시작 시간(0.00), 클립 길이(6.10)

▶ 다음 조건에 따라 동영상 전체에 음악 파일('음악.mp3')을 삽입하시오.
  • 시작 시간 : 0.00, 재생 시간 : 38.20, 페이드 아웃 : 2.00

▶ 다음과 같은 규칙으로 GMEP 파일을 프로젝트 전체 저장하시오.
  • 저장 위치 : 바탕화면 – KAIT – 제출파일 폴더

GMEP	파일명	dic_03_수검 번호(6자리)_이름.GMEP

(예 : 수검 번호가 DIC-XXXX-000000인 경우 'dic_03_000000_이름.GMEP'로 프로젝트 전체 저장할 것)

(※ dic_03_000000_이름.GMEP 파일 누락 / 프로젝트 전체 저장 이외의 기능을 이용하여 저장할 시 "0점" 처리됨)

제13회 디지털정보활용능력 출제예상 모의고사

◆ **시험과목 : 멀티미디어제작(포토샵, 곰믹스)**
◆ **시험일자 : 20XX. XX. XX (토)**
◆ **수검자 기재사항 및 감독위원 확인**

수 검 번 호	DIC - XXXX -	감독위원 확인
성 명		

수검자 유의사항

1. 수검자는 신분증을 지참하여야 시험에 응시할 수 있으며, 시험이 종료될 때까지 신분증을 제시하지 못 할 경우 해당 시험은 0점 처리됩니다.

2. 시스템(PC 작동 여부, 네트워크 상태 등)의 이상 여부를 반드시 확인하여야 하며, 시스템 이상이 있을 시 감독위원에게 조치를 받으셔야 합니다.

3. 시험 중 부주의 또는 고의로 시스템을 파손한 경우는 수검자 부담으로 합니다.

4. 답안 전송 프로그램을 통해 다운로드 받은 파일을 이용하여 답안 파일을 작성하시기 바랍니다.

5. 작성한 답안 파일은 답안 전송 프로그램을 통하여 전송됩니다. 감독위원의 지시에 따라 주시기 바랍니다.

6. 다음 사항의 경우 실격(0점) 혹은 부정행위 처리됩니다.

   1) 답안 파일을 저장하지 않았거나, 저장한 파일이 손상되었을 경우
   2) 답안 파일을 지정한 폴더(바탕화면 – "KAIT" 폴더)에 저장하지 않았을 경우
   ※ 답안 전송 프로그램 로그인 시 바탕화면에 자동 생성됨
   3) 답안 파일을 다른 보조 기억장치(USB) 혹은 네트워크(메신저, 게시판 등)로 전송할 경우
   4) 휴대용 전화기 등 통신기기를 사용할 경우

7. 【 】안의 지시사항은 PhotoShop 영문 버전용 입니다.

8. 답안은 PhotoShop과 Gom Mix for DIAT를 활용하여 작성하십시오.

   ※ PhotoShop 답안 파일의 해상도는 72 Pixels/inch로 작성하십시오.
   ※ Gom Mix for DIAT 답안 파일은 반드시 프로젝트 전체 저장으로 저장하십시오(미준수 시 0점 처리).

9. 시험지에 제시된 글꼴이 응시 프로그램에 없는 경우, 반드시 감독위원에게 해당 내용을 통보한 뒤 조치를 받아야 합니다.

10. 시험의 완료는 작성이 완료된 답안을 저장하고, 답안 전송이 완료된 상태를 확인한 것으로 합니다. 답안 전송 확인 후 문제지는 감독위원에게 제출한 후 퇴실하여야 합니다.

11. 답안 전송이 완료된 경우에는 수정 또는 정정이 불가능합니다.

12. 시험 시행 후 문제 공개 및 합격자 발표는 홈페이지(www.ihd.or.kr)에서 확인하시기 바랍니다.

   1) 문제 및 정답 공개 : 20XX. XX. XX.
   2) 합격자 발표 : 20XX. XX. XX.

※ PhotoShop 프로그램을 활용하여 [문제 01], [문제 02]를 작업하시오.

문제 01　　원본파일을 처리조건에 따라 결과파일로 완성하시오.　　　　　　　　(50점)

〈원본파일〉	〈결과파일〉

《 처리조건 》

▶ 다음과 같이 캔버스 크기를 변경하시오.
- 캔버스 크기[Canvas Size] ⇒ 가로(650 픽셀[Pixels])×세로(450 픽셀[Pixels])

▶ '사진1.jpg' 이미지를 불러와 기존 캔버스에 복사한 후 다음과 같이 처리하시오.
- ① ⇒ 복구 브러쉬 도구[Healing Brush Tool]를 이용하여 이미지 제거
- ② ⇒ 색상 균형[Color Balance]를 이용하여 보라색 계열로 보정
- ③ ⇒ 색조/채도[Hue/Saturation]를 이용하여 빨간색 계열로 보정
- 밝기 조정 ⇒ 곡선[Curves]을 이용하여 이미지 조정 (입력[Input] : 70, 출력[Output] : 100)
- 필터 효과 ⇒ 거친 파스텔 효과[Rough Pastels]를 이용하여 필터 적용 (텍스처[Texture] : 캔버스[Canvas])

▶ 지시사항이 없는 경우는 기본값을 적용하시오.

▶ 다음과 같은 규칙으로 JPG 파일과 PSD 파일을 각각 저장하시오.
- 저장위치 : 바탕화면 − KAIT − 제출파일 폴더

JPG	파일명	dic_01_수검번호(6자리)_이름.JPG	PSD	파일명	dic_01_수검번호(6자리)_이름.PSD
	이미지 크기	600 × 400 픽셀[Pixels]		이미지 크기	65 × 45 픽셀[Pixels]

(예 : 수검번호가 DIC−XXXX−000000인 경우 "dic_01_000000_이름.JPG"과 "dic_01_000000_이름.PSD"로 저장할 것)

(※ dic_01_000000_이름.JPG와 dic_01_000000_이름.PSD 파일 중 하나라도 누락시 "0점" 처리 됨)

문제 02　원본파일을 처리조건에 따라 결과파일로 완성하시오.　　　　　　　(80점)

〈원본파일〉	〈결과파일〉

《 처리조건 》

▶ 다음과 같이 캔버스를 변경하시오.
- 캔버스 조정 ⇒ 캔버스 크기[Canvas Size] : 가로(650 픽셀[Pixels])×세로(350픽셀[Pixels])
　　　　　　　캔버스 배경색(색상 : #41a9fa)

▶ '사진2.jpg' 이미지를 불러와 기존 캔버스에 복사한 후 다음과 같이 처리하시오.
- 이미지 복사 ⇒ 자유 변형[Free Transform]으로 크기 변형, 레이어 이름 – '정상'
　　　　　　레이어 마스크[Layer Mask] 설정, 가로 방향으로 흐릿하게
- "Mountain Climbing" ⇒ 글꼴(Arial), 글꼴 스타일(Bold), 크기(36pt), 색상(#00ccff,) 앤티 앨리어싱 :
　　　　　　선명하게[Sharp], 레이어 스타일 – 선/획[Stroke] (크기 : 2px, 색상 : #0030ff)
- "등산의 즐거움" ⇒ 글꼴(궁서체), 크기(40pt), 색상(#ffffff), 앤티 앨리어싱 : 선명하게[Sharp],
　　　　　　레이어 스타일 – 선/획[Stroke] (크기 : 2px, 색상 : #ff00ff)

▶ '사진3.jpg'를 이용하여 새로운 레이어를 생성하시오.
- 이미지 복사 ⇒ 자유 변형[Free Transform]으로 크기 변형, 레이어 이름 – '팔각정'
　　　　　　레이어 스타일 – 그림자 효과[Drop Shadow] (혼합모드[Blend Mode] : 곱하기[Multiply],
　　　　　　각도[Angle] : 45°)
- '사진3.jpg'의 자유 변형[Free Transform] 후, 이미지의 형태는 결과파일과 동일할 것

▶ 지시사항이 없는 경우는 기본값을 적용하시오.

▶ 다음과 같은 규칙으로 JPG 파일과 PSD 파일을 각각 저장하시오.
- 저장위치 : 바탕화면 – KAIT – 제출파일 폴더

JPG	파일명	dic_02_수검번호(6자리)_이름.JPG	PSD	파일명	dic_02_수검번호(6자리)_이름.PSD
	이미지 크기	600 × 300 픽셀[Pixels]		이미지 크기	65 × 35 픽셀[Pixels]

(예 : 수검번호가 DIC-XXXX-000000인 경우 "dic_02_000000_이름.JPG"과 "dic_02_000000_이름.PSD"로 저장할 것)

(※ dic_02_000000_이름.JPG와 dic_02_000000_이름.PSD 파일 중 하나라도 누락시 "0점" 처리 됨)

※ Gom Mix for DIAT 프로그램을 활용하여 [문제 03]을 작업하시오.

문제 03　　처리조건에 따라 출력형태와 같이 완성하시오.　　　　　　　　　　　　　　(70점)

《 출력형태 》

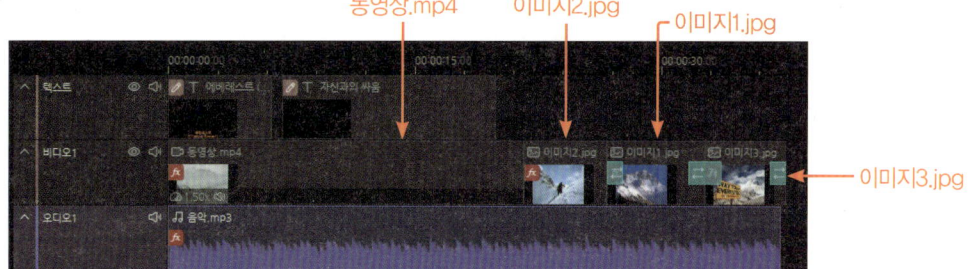

《 처리조건 》

원본 파일	이미지1.jpg, 이미지2.jpg, 이미지3.jpg, 동영상.mp4, 음악.mp3

▶ 미디어 소스의 순서를 다음과 같이 지정하시오.
- 미디어 소스 순서 ⇒ 동영상.mp4 〉 이미지2.jpg 〉 이미지1.jpg 〉 이미지3.jpg

▶ 동영상 파일('동영상.mp4')을 다음과 같이 처리하시오.
- 배속 : 1.5x
- 자르기 : 시작 시간(0.00), 재생 시간(21.20)
- 이펙트 : 변환–페인트 인(색상 : #f63e3e, 나타나는 : 3.0)
- 텍스트 ⇒ 텍스트 입력 : | 자신과의 싸움 |
　　　　텍스트 서식(궁서, 90pt, #990000), 윤곽선 설정(없음),
　　　　위치 설정(화면 정가운데 아래), 시작 시간(6.29), 클립 길이(13.00)
- 재생 속도 설정 후 자르기를 하여야 하며, 잘라진 뒷부분의 동영상 및 트랙의 모든 공백을 삭제할 것
- 원본 동영상에 포함된 오디오는 모두 음소거 할 것

▶ 이미지 파일을 다음과 같이 처리하시오.
- '이미지2.jpg' ⇒ 이미지 클립 길이 : 5.00, 오버레이 : 내려앉는(속도 : 8),
　　　　　　　　　클립 트랜지션 : 문 열기(뒤로 이동, 재생 시간 : 1.00)
- '이미지1.jpg' ⇒ 이미지 클립 길이 : 6.00, 오버레이 : 떠오르는(색상 1 : #ffffff, 색상 2 : #ffffff),
　　　　　　　　　클립 트랜지션 : 가로 나누기(오버랩, 재생 시간 : 2.00)
- '이미지3.jpg' ⇒ 이미지 클립 길이 : 5.00, 오버레이 : 수면아래 01(색상 2 : #ffffff),
　　　　　　　　　클립 트랜지션 : 문 닫기(앞으로 이동, 재생 시간 : 1.00)
- 지시사항이 없는 경우는 기본 값을 적용하시오.

▶ 다음 조건에 따라 동영상 시작 부분의 텍스트를 지정하시오.
- 텍스트 입력 : | 에베레스트
(Climbing Everest) |

　텍스트 서식(돋움체, 132pt, #9a4400), 윤곽선 설정(#f77200, 두께 : 30),
　나타나기(왼쪽으로 펼치기, 지속 시간 : 2.00), 시작 시간(0.00), 클립 길이(6.10)

▶ 다음 조건에 따라 동영상 전체에 음악 파일('음악.mp3')을 삽입하시오.
- 시작 시간 : 0.00, 재생 시간 : 37.10, 페이드 아웃 : 3.00

▶ 다음과 같은 규칙으로 GMEP 파일을 프로젝트 전체 저장하시오.
- 저장 위치 : 바탕화면 – KAIT – 제출파일 폴더

GMEP	파일명	dic_03_수검 번호(6자리)_이름.GMEP

(예 : 수검 번호가 DIC–XXXX–000000인 경우 'dic_03_000000_이름.GMEP'로 프로젝트 전체 저장할 것)

(※ dic_03_000000_이름.GMEP 파일 누락 / 프로젝트 전체 저장 이외의 기능을 이용하여 저장할 시 "0점" 처리됨)

제14회 디지털정보활용능력 출제예상 모의고사

◆ **시험과목 : 멀티미디어제작(포토샵, 곰믹스)**
◆ **시험일자 : 20XX. XX. XX (토)**
◆ **수검자 기재사항 및 감독위원 확인**

수 검 번 호	DIC - XXXX -	감독위원 확인
성 명		

수검자 유의사항

1. 수검자는 신분증을 지참하여야 시험에 응시할 수 있으며, 시험이 종료될 때까지 신분증을 제시하지 못 할 경우 해당 시험은 0점 처리됩니다.

2. 시스템(PC 작동 여부, 네트워크 상태 등)의 이상 여부를 반드시 확인하여야 하며, 시스템 이상이 있을 시 감독위원에게 조치를 받으셔야 합니다.

3. 시험 중 부주의 또는 고의로 시스템을 파손한 경우는 수검자 부담으로 합니다.

4. 답안 전송 프로그램을 통해 다운로드 받은 파일을 이용하여 답안 파일을 작성하시기 바랍니다.

5. 작성한 답안 파일은 답안 전송 프로그램을 통하여 전송됩니다. 감독위원의 지시에 따라 주시기 바랍니다.

6. 다음 사항의 경우 실격(0점) 혹은 부정행위 처리됩니다.
    1) 답안 파일을 저장하지 않았거나, 저장한 파일이 손상되었을 경우
    2) 답안 파일을 지정한 폴더(바탕화면 – "KAIT" 폴더)에 저장하지 않았을 경우
    ※ 답안 전송 프로그램 로그인 시 바탕화면에 자동 생성됨
    3) 답안 파일을 다른 보조 기억장치(USB) 혹은 네트워크(메신저, 게시판 등)로 전송할 경우
    4) 휴대용 전화기 등 통신기기를 사용할 경우

7. 【 】안의 지시사항은 PhotoShop 영문 버전용 입니다.

8. 답안은 PhotoShop과 Gom Mix for DIAT를 활용하여 작성하십시오.
    ※ PhotoShop 답안 파일의 해상도는 72 Pixels/inch로 작성하십시오.
    ※ Gom Mix for DIAT 답안 파일은 반드시 프로젝트 전체 저장으로 저장하십시오(미준수 시 0점 처리).

9. 시험지에 제시된 글꼴이 응시 프로그램에 없는 경우, 반드시 감독위원에게 해당 내용을 통보한 뒤 조치를 받아야 합니다.

10. 시험의 완료는 작성이 완료된 답안을 저장하고, 답안 전송이 완료된 상태를 확인한 것으로 합니다. 답안 전송 확인 후 문제지는 감독위원에게 제출한 후 퇴실하여야 합니다.

11. 답안 전송이 완료된 경우에는 수정 또는 정정이 불가능합니다.

12. 시험 시행 후 문제 공개 및 합격자 발표는 홈페이지(www.ihd.or.kr)에서 확인하시기 바랍니다.
    1) 문제 및 정답 공개 : 20XX. XX. XX.
    2) 합격자 발표 : 20XX. XX. XX.

※ PhotoShop 프로그램을 활용하여 [문제 01], [문제 02]를 작업하시오.

문제 01   원본파일을 처리조건에 따라 결과파일로 완성하시오.   (50점)

| 〈원본파일〉 | 〈결과파일〉 |

《 처리조건 》

▶ 다음과 같이 캔버스 크기를 변경하시오.
- 캔버스 크기[Canvas Size] ⇒ 가로(650 픽셀[Pixels])×세로(450 픽셀[Pixels])

▶ '사진1.jpg' 이미지를 불러와 기존 캔버스에 복사한 후 다음과 같이 처리하시오.
- ① ⇒ 복제 도장 도구[Clone Stamp Tool]를 이용하여 이미지 복사
- ② ⇒ 색상 균형[Color Balance]를 이용하여 보라색 계열로 보정
- ③ ⇒ 색조/채도[Hue/Saturation]를 이용하여 파란색 계열로 보정
- 밝기 조정 ⇒ 곡선[Curves]을 이용하여 이미지 조정 (입력[Input] : 80, 출력[Output] : 115)
- 필터 효과 ⇒ 렌즈 플레어[Lens Flare]를 이용하여 필터 적용
  (렌즈 유형[Lens Type] : 35mm 프라임[35mm Prime], 명도[Brightness] : 110%)

▶ 지시사항이 없는 경우는 기본값을 적용하시오.

▶ 다음과 같은 규칙으로 JPG 파일과 PSD 파일을 각각 저장하시오.
- 저장위치 : 바탕화면 – KAIT – 제출파일 폴더

JPG	파일명	dic_01_수검번호(6자리)_이름.JPG	PSD	파일명	dic_01_수검번호(6자리)_이름.PSD
	이미지 크기	600 × 400 픽셀[Pixels]		이미지 크기	65 × 45 픽셀[Pixels]

(예 : 수검번호가 DIC-XXXX-000000인 경우 "dic_01_000000_이름.JPG"과 "dic_01_000000_이름.PSD"로 저장할 것)
(※ dic_01_000000_이름.JPG와 dic_01_000000_이름.PSD 파일 중 하나라도 누락시 "0점" 처리 됨)

문제 02　　원본파일을 처리조건에 따라 결과파일로 완성하시오.　　　　　　(80점)

〈원본파일〉	〈결과파일〉

《 처리조건 》

▶ 다음과 같이 캔버스 크기를 변경하시오.
- 캔버스 크기[Canvas Size] ⇒ 가로(650 픽셀[Pixels])×세로(450픽셀[Pixels])

▶ '사진2.jpg' 이미지를 불러와 기존 캔버스에 복사한 후 다음과 같이 처리하시오.
- ① ⇒ 모양 도구[Shape Tool] 이용
　　레이어 스타일 – 선/획[Stroke] (크기 : 3px, 색상 : #ffffff),
　　　　　그라디언트 오버레이[Gradient Overlay] (색상 : #00ff00 – #ffff66)
- "Giant leap for Mankind" ⇒ 글꼴(Arial), 글꼴 스타일(Bold), 크기(48pt), 색상(#ffffcc), 앤티 앨리어싱 :
　　　　　선명하게[Sharp], 레이어 스타일 – 선/획[Stroke] (크기 : 2px, 색상 : #ff0a0a)
- "진실 혹은 거짓" ⇒ 글꼴(궁서체), 크기(50pt), 색상(#000000), 앤티 앨리어싱 : 선명하게[Sharp],
　　　　　레이어 스타일 – 선/획[Stroke] (크기 : 4px, 색상 : #ffddff)

▶ 타원 도구[Ellipse Tool]와 '사진3.jpg'를 이용하여 새로운 레이어를 생성하시오.
- 원의 크기 ⇒ 130 px × 130 px (단, 클리핑 마스크 기능을 이용할 것)
　　　　　레이어 스타일 – 선/획[Stroke] (크기 : 5px, 색상 : #ccffff, 위치 : 안쪽[Inside]),
　　　　　그림자 효과[Drop Shadow] (혼합모드[Blend Mode] : 곱하기[Multiply], 각도(Angle) : 90°)

▶ 지시사항이 없는 경우는 기본값을 적용하시오.

▶ 다음과 같은 규칙으로 JPG 파일과 PSD 파일을 각각 저장하시오.
- 저장위치 : 바탕화면 – KAIT – 제출파일 폴더

JPG	파일명	dic_02_수검번호(6자리)_이름.JPG	PSD	파일명	dic_02_수검번호(6자리)_이름.PSD
	이미지 크기	600 × 400 픽셀[Pixels]		이미지 크기	65 × 45 픽셀[Pixels]

(예 : 수검번호가 DIC-XXXX-000000인 경우 "dic_02_000000_이름.JPG"과 "dic_02_000000_이름.PSD"로 저장할 것)

(※ dic_02_000000_이름.JPG와 dic_02_000000_이름.PSD 파일 중 하나라도 누락시 "0점" 처리 됨)

※ Gom Mix for DIAT 프로그램을 활용하여 [문제 03]을 작업하시오.

문제 03　처리조건에 따라 출력형태와 같이 완성하시오.　(70점)

《 출력형태 》

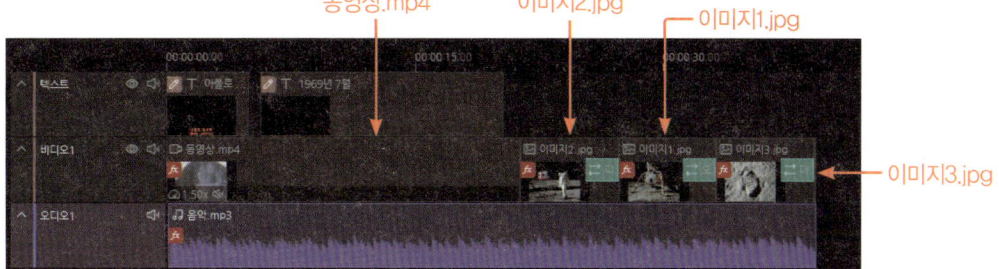

《 처리조건 》

원본 파일	이미지1.jpg, 이미지2.jpg, 이미지3.jpg, 동영상.mp4, 음악.mp3

▶ 미디어 소스의 순서를 다음과 같이 지정하시오.
 • 미디어 소스 순서 ⇒ 동영상.mp4 〉 이미지2.jpg 〉 이미지1.jpg 〉 이미지3.jpg

▶ 동영상 파일('동영상.mp4')을 다음과 같이 처리하시오.
 • 배속 : 1.5x　　　　　　　　　　　• 자르기 : 시작 시간(0.00), 재생 시간(21.10)
 • 이펙트 : 변환–노이즈 페이드(나타나는 : 2.0, 사라지는 : 3.0)
 • 텍스트 ⇒ 텍스트 입력 : [　　1969년 7월　　]
 　　　　　　텍스트 서식(궁서체, 88pt, #89d9ea), 윤곽선 설정(없음),
 　　　　　　위치 설정(화면 정가운데 아래), 시작 시간(5.20), 클립 길이(14.20)
 • 재생 속도 설정 후 자르기를 하여야 하며, 잘라진 뒷부분의 동영상 및 트랙의 모든 공백을 삭제할 것
 • 원본 동영상에 포함된 오디오는 모두 음소거 할 것

▶ 이미지 파일을 다음과 같이 처리하시오.
 • '이미지2.jpg' ⇒ 이미지 클립 길이 : 6.00, 오버레이 : 비누 방울(개수/양 : 6, 방울 속성 01 : 10),
 　　　　　　　　　　클립 트랜지션 : 디졸브(앞으로 이동, 재생 시간 : 2.00)
 • '이미지1.jpg' ⇒ 이미지 클립 길이 : 6.00, 오버레이 : 불꽃 스파크(크기 : 8, 기울기 : 20),
 　　　　　　　　　　클립 트랜지션 : 오른쪽으로 밀기(앞으로 이동, 재생 시간 : 2.00)
 • '이미지3.jpg' ⇒ 이미지 클립 길이 : 6.00, 오버레이 : 레이얼 라이트(크기 : 80),
 　　　　　　　　　　클립 트랜지션 : 마름모 닫기(앞으로 이동, 재생 시간 : 2.00)
 • 지시사항이 없는 경우는 기본 값을 적용하시오.

▶ 다음 조건에 따라 동영상 시작 부분의 텍스트를 지정하시오.
 • 텍스트 입력 : [　아폴로 달착륙　(Moon Landing)　]

 　텍스트 서식(굴림체, 132pt, #e65c5b), 윤곽선 설정(#f50000, 두께 : 20),
 　나타나기(클립 위에서 나타나기, 지속 시간 : 2.00), 시작 시간(0.00), 클립 길이(5.00)

▶ 다음 조건에 따라 동영상 전체에 음악 파일('음악.mp3')을 삽입하시오.
 • 시작 시간 : 0.00, 재생 시간 : 39.10, 페이드 인 : 1.30

▶ 다음과 같은 규칙으로 GMEP 파일을 프로젝트 전체 저장하시오.
 • 저장 위치 : 바탕화면 – KAIT – 제출파일 폴더

GMEP	파일명	dic_03_수검 번호(6자리)_이름.GMEP

(예 : 수검 번호가 DIC–XXXX–000000인 경우 'dic_03_000000_이름.GMEP'로 프로젝트 전체 저장할 것)
(※ dic_03_000000_이름.GMEP 파일 누락 / 프로젝트 전체 저장 이외의 기능을 이용하여 저장할 시 "0점" 처리됨)

제15회 디지털정보활용능력 출제예상 모의고사

◆ 시험과목 : 멀티미디어제작(포토샵, 곰믹스)
◆ 시험일자 : 20XX. XX. XX (토)
◆ 수검자 기재사항 및 감독위원 확인

수 검 번 호	DIC – XXXX –	감독위원 확인
성 명		

수검자 유의사항

1. 수검자는 신분증을 지참하여야 시험에 응시할 수 있으며, 시험이 종료될 때까지 신분증을 제시하지 못 할 경우 해당 시험은 0점 처리됩니다.

2. 시스템(PC 작동 여부, 네트워크 상태 등)의 이상 여부를 반드시 확인하여야 하며, 시스템 이상이 있을 시 감독위원에게 조치를 받으셔야 합니다.

3. 시험 중 부주의 또는 고의로 시스템을 파손한 경우는 수검자 부담으로 합니다.

4. 답안 전송 프로그램을 통해 다운로드 받은 파일을 이용하여 답안 파일을 작성하시기 바랍니다.

5. 작성한 답안 파일은 답안 전송 프로그램을 통하여 전송됩니다. 감독위원의 지시에 따라 주시기 바랍니다.

6. 다음 사항의 경우 실격(0점) 혹은 부정행위 처리됩니다.
   1) 답안 파일을 저장하지 않았거나, 저장한 파일이 손상되었을 경우
   2) 답안 파일을 지정한 폴더(바탕화면 – "KAIT" 폴더)에 저장하지 않았을 경우
   ※ 답안 전송 프로그램 로그인 시 바탕화면에 자동 생성됨
   3) 답안 파일을 다른 보조 기억장치(USB) 혹은 네트워크(메신저, 게시판 등)로 전송할 경우
   4) 휴대용 전화기 등 통신기기를 사용할 경우

7. 【   】안의 지시사항은 PhotoShop 영문 버전용 입니다.

8. 답안은 PhotoShop과 Gom Mix for DIAT를 활용하여 작성하십시오.
   ※ PhotoShop 답안 파일의 해상도는 72 Pixels/inch로 작성하십시오.
   ※ Gom Mix for DIAT 답안 파일은 반드시 프로젝트 전체 저장으로 저장하십시오(미준수 시 0점 처리).

9. 시험지에 제시된 글꼴이 응시 프로그램에 없는 경우, 반드시 감독위원에게 해당 내용을 통보한 뒤 조치를 받아야 합니다.

10. 시험의 완료는 작성이 완료된 답안을 저장하고, 답안 전송이 완료된 상태를 확인한 것으로 합니다. 답안 전송 확인 후 문제지는 감독위원에게 제출한 후 퇴실하여야 합니다.

11. 답안 전송이 완료된 경우에는 수정 또는 정정이 불가능합니다.

12. 시험 시행 후 문제 공개 및 합격자 발표는 홈페이지(www.ihd.or.kr)에서 확인하시기 바랍니다.
   1) 문제 및 정답 공개 : 20XX. XX. XX.
   2) 합격자 발표 : 20XX. XX. XX.

※ PhotoShop 프로그램을 활용하여 [문제 01], [문제 02]를 작업하시오.

문제 01　　원본파일을 처리조건에 따라 결과파일로 완성하시오.　　　　　　　(50점)

〈원본파일〉	〈결과파일〉

《 처리조건 》

▶ 다음과 같이 캔버스 크기를 변경하시오.
  • 캔버스 크기[Canvas Size] ⇒ 가로(650 픽셀[Pixels])×세로(450 픽셀[Pixels])

▶ '사진1.jpg' 이미지를 불러와 기존 캔버스에 복사한 후 다음과 같이 처리하시오.
  • ① ⇒ 복제 도장 도구[Clone Stamp Tool]를 이용하여 이미지 복사
  • ② ⇒ 색조/채도[Hue/Saturation]를 이용하여 보라색 계열로 보정
  • ③ ⇒ 색조/채도[Hue/Saturation]를 이용하여 빨간색 계열로 보정
  • 밝기 조정 ⇒ 곡선[Curves]을 이용하여 이미지 조정 (입력[Input] : 90, 출력[Output] : 100)
  • 필터 효과 ⇒ 그물눈[Crosshatch]을 이용하여 필터 적용
  　　　　　　　(선 길이[Stroke Length] : 10, 선명도[Sharpness] : 8, 강도[Strength] : 1)

▶ 지시사항이 없는 경우는 기본값을 적용하시오.

▶ 다음과 같은 규칙으로 JPG 파일과 PSD 파일을 각각 저장하시오.
  • 저장위치 : 바탕화면 – KAIT – 제출파일 폴더

JPG	파일명	dic_01_수검번호(6자리)_이름.JPG	PSD	파일명	dic_01_수검번호(6자리)_이름.PSD
	이미지 크기	600 × 400 픽셀[Pixels]		이미지 크기	65 × 45 픽셀[Pixels]

(예 : 수검번호가 DIC-XXXX-000000인 경우 "dic_01_000000_이름.JPG"과 "dic_01_000000_이름.PSD"로 저장할 것)

(※ dic_01_000000_이름.JPG와 dic_01_000000_이름.PSD 파일 중 하나라도 누락시 "0점" 처리 됨)

문제 02 ▶ 원본파일을 처리조건에 따라 결과파일로 완성하시오.　　　　　　　　　　(80점)

〈원본파일〉	〈결과파일〉

《 처리조건 》

▶ 다음과 같이 캔버스를 변경하시오.
- 캔버스 조정 ⇒ 캔버스 크기[Canvas Size] : 가로(650 픽셀[Pixels])×세로(350픽셀[Pixels])
  캔버스 배경색(색상 : #e3e3e3)

▶ '사진2.jpg' 이미지를 불러와 기존 캔버스에 복사한 후 다음과 같이 처리하시오.
- 이미지 복사 ⇒ 자유 변형[Free Transform]으로 크기 변형, 레이어 이름 – '성'
  레이어 마스크[Layer Mask] 설정, 가로 방향으로 흐릿하게
- "Old Castle" ⇒ 글꼴(Arial), 글꼴 스타일(Bold Italic), 크기(60pt), 색상(#cc6600), 앤티 앨리어싱 :
  선명하게[Sharp], 레이어 스타일 – 선/획[Stroke] (크기 : 3px, 색상 : #ffffff)
- "고성" ⇒ 글꼴(궁서체), 크기(50pt), 색상(#ff6600), 앤티 앨리어싱 : 선명하게[Sharp],
  레이어 스타일 – 선/획[Stroke] (크기 : 2px, 색상 : #ffffff)

▶ '사진3.jpg'를 이용하여 새로운 레이어를 생성하시오.
- 이미지 복사 ⇒ 자유 변형[Free Transform]으로 크기 변형, 레이어 이름 – '흔적'
  레이어 스타일 – 그림자 효과[Drop Shadow] (혼합모드[Blend Mode] : 곱하기[Multiply],
  각도[Angle] : 100°)
- '사진3.jpg'의 자유 변형[Free Transform] 후, 이미지의 형태는 결과파일과 동일할 것

▶ 지시사항이 없는 경우는 기본값을 적용하시오.

▶ 다음과 같은 규칙으로 JPG 파일과 PSD 파일을 각각 저장하시오.
- 저장위치 : 바탕화면 – KAIT – 제출파일 폴더

JPG	파일명	dic_02_수검번호(6자리)_이름.JPG	PSD	파일명	dic_02_수검번호(6자리)_이름.PSD
	이미지 크기	600 × 300 픽셀[Pixels]		이미지 크기	65 × 35 픽셀[Pixels]

(예 : 수검번호가 DIC-XXXX-000000인 경우 "dic_02_000000_이름.JPG"과 "dic_02_000000_이름.PSD"로 저장할 것)

(※ dic_02_000000_이름.JPG와 dic_02_000000_이름.PSD 파일 중 하나라도 누락시 "0점" 처리 됨)

※ Gom Mix for DIAT 프로그램을 활용하여 [문제 03]을 작업하시오.

문제 03　처리조건에 따라 출력형태와 같이 완성하시오.　　　　　　(70점)

《 출력형태 》

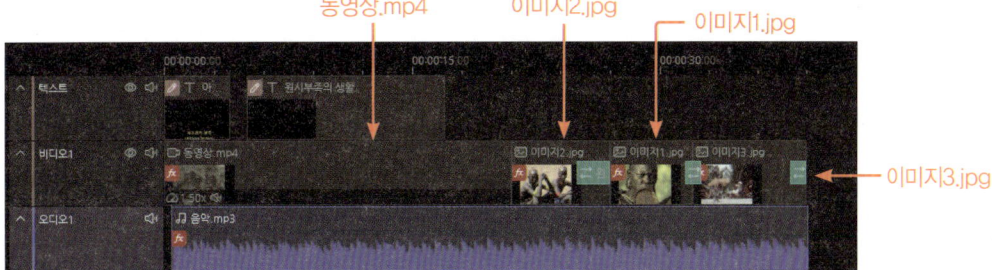

《 처리조건 》

원본 파일	이미지1.jpg, 이미지2.jpg, 이미지3.jpg, 동영상.mp4, 음악.mp3

▶ 미디어 소스의 순서를 다음과 같이 지정하시오.
- 미디어 소스 순서 ⇒ 동영상.mp4 〉 이미지2.jpg 〉 이미지1.jpg 〉 이미지3.jpg

▶ 동영상 파일('동영상.mp4')을 다음과 같이 처리하시오.
- 배속 : 1.5x
- 자르기 : 시작 시간(0.00), 재생 시간(21.00)
- 이펙트 : LUT 필터-파스텔-파스텔 02(노출 : 10, 감마 : 0.5)
- 텍스트 ⇒ 텍스트 입력 : [　원시부족의 생활　]
  텍스트 서식(바탕체, 88pt, #000000), 윤곽선 설정(없음),
  위치 설정(화면 정가운데 아래), 시작 시간(5.00), 클립 길이(12.00)
- 재생 속도 설정 후 자르기를 하여야 하며, 잘라진 뒷부분의 동영상 및 트랙의 모든 공백을 삭제할 것
- 원본 동영상에 포함된 오디오는 모두 음소거 할 것

▶ 이미지 파일을 다음과 같이 처리하시오.
- '이미지2.jpg' ⇒ 이미지 클립 길이 : 6.00, 오버레이 : 영롱한(크기 : 10),
  클립 트랜지션 : 왼쪽으로 스크롤(앞으로 이동, 재생 시간 : 2.00)
- '이미지1.jpg' ⇒ 이미지 클립 길이 : 5.00, 오버레이 : 원형 비넷(반경 : 70),
  클립 트랜지션 : 문 열기(오버랩, 재생 시간 : 1.00)
- '이미지3.jpg' ⇒ 이미지 클립 길이 : 7.00, 오버레이 : 비누 방울(속도 : 8),
  클립 트랜지션 : 위로 덮기(앞으로 이동, 재생 시간 : 1.00)
- 지시사항이 없는 경우는 기본 값을 적용하시오.

▶ 다음 조건에 따라 동영상 시작 부분의 텍스트를 지정하시오.
- 텍스트 입력 : [　아프리카 부족
　　　　　　　(African Native)　]

  텍스트 서식(맑은 고딕, 150pt, #fff400), 윤곽선 설정(#000000, 두께 : 20),
  나타나기(왼쪽으로 닦아내기, 지속 시간 : 2.00), 시작 시간(0.00), 클립 길이(4.00)

▶ 다음 조건에 따라 동영상 전체에 음악 파일('음악.mp3')을 삽입하시오.
- 시작 시간 : 0.00, 재생 시간 : 38.20, 페이드 인 : 1.20

▶ 다음과 같은 규칙으로 GMEP 파일을 프로젝트 전체 저장하시오.
- 저장 위치 : 바탕화면 − KAIT − 제출파일 폴더

GMEP	파일명	dic_03_수검 번호(6자리)_이름.GMEP

(예 : 수검 번호가 DIC-XXXX-000000인 경우 'dic_03_000000_이름.GMEP'로 프로젝트 전체 저장할 것)
(※ dic_03_000000_이름.GMEP 파일 누락 / 프로젝트 전체 저장 이외의 기능을 이용하여 저장할 시 "0점" 처리됨)

DIAT

MEMO

PART 06

최신유형
기출문제

제01회 디지털정보활용능력 최신유형 기출문제

◆ **시험과목 : 멀티미디어제작(포토샵, 곰믹스)**
◆ **시험일자 : 20XX. XX. XX (토)**
◆ **수검자 기재사항 및 감독위원 확인**

수 검 번 호	DIC - XXXX -	감독위원 확인
성 명		

수검자 유의사항

1. 수검자는 신분증을 지참하여야 시험에 응시할 수 있으며, 시험이 종료될 때까지 신분증을 제시하지 못 할 경우 해당 시험은 0점 처리됩니다.

2. 시스템(PC 작동 여부, 네트워크 상태 등)의 이상 여부를 반드시 확인하여야 하며, 시스템 이상이 있을 시 감독위원에게 조치를 받으셔야 합니다.

3. 시험 중 부주의 또는 고의로 시스템을 파손한 경우는 수검자 부담으로 합니다.

4. 답안 전송 프로그램을 통해 다운로드 받은 파일을 이용하여 답안 파일을 작성하시기 바랍니다.

5. 작성한 답안 파일은 답안 전송 프로그램을 통하여 전송됩니다. 감독위원의 지시에 따라 주시기 바랍니다.

6. 다음 사항의 경우 실격(0점) 혹은 부정행위 처리됩니다.

    1) 답안 파일을 저장하지 않았거나, 저장한 파일이 손상되었을 경우
    2) 답안 파일을 지정한 폴더(바탕화면 – "KAIT" 폴더)에 저장하지 않았을 경우
    ※ 답안 전송 프로그램 로그인 시 바탕화면에 자동 생성됨
    3) 답안 파일을 다른 보조 기억장치(USB) 혹은 네트워크(메신저, 게시판 등)로 전송할 경우
    4) 휴대용 전화기 등 통신기기를 사용할 경우

7. 【 】안의 지시사항은 PhotoShop 영문 버전용 입니다.

8. 답안은 PhotoShop과 Gom Mix for DIAT를 활용하여 작성하십시오.

    ※ PhotoShop 답안 파일의 해상도는 72 Pixels/inch로 작성하십시오.
    ※ Gom Mix for DIAT 답안 파일은 반드시 프로젝트 전체 저장으로 저장하십시오(미준수 시 0점 처리).

9. 시험지에 제시된 글꼴이 응시 프로그램에 없는 경우, 반드시 감독위원에게 해당 내용을 통보한 뒤 조치를 받아야 합니다.

10. 시험의 완료는 작성이 완료된 답안을 저장하고, 답안 전송이 완료된 상태를 확인한 것으로 합니다. 답안 전송 확인 후 문제지는 감독위원에게 제출한 후 퇴실하여야 합니다.

11. 답안 전송이 완료된 경우에는 수정 또는 정정이 불가능합니다.

12. 시험 시행 후 문제 공개 및 합격자 발표는 홈페이지(www.ihd.or.kr)에서 확인하시기 바랍니다.

    1) 문제 및 정답 공개 : 20XX. XX. XX.
    2) 합격자 발표 : 20XX. XX. XX.

※ PhotoShop 프로그램을 활용하여 [문제 1], [문제 2]를 작업하시오.

문제 01   원본파일을 처리조건에 따라 결과파일로 완성하시오.   (50점)

| 〈원본파일〉 | 〈결과파일〉 |

《 처리조건 》

▶ 다음과 같이 캔버스 크기를 변경하시오.
  • 캔버스 크기[Canvas Size] ⇒ 가로(650 픽셀[Pixels])×세로(450 픽셀[Pixels])

▶ '사진1.jpg' 이미지를 불러와 기존 캔버스에 복사한 후 다음과 같이 처리하시오.
  • ① ⇒ 복구 브러쉬 도구[Healing Brush Tool]를 이용하여 이미지 제거
  • ② ⇒ 색조/채도[Hue/Saturation]를 이용하여 파란색 계열로 보정
  • ③ ⇒ 색상 균형[Color Balance]을 이용하여 빨간색 계열로 보정
  • 밝기 조정 ⇒ 곡선[Curves]을 이용하여 이미지 조정 (입력[Input] : 80, 출력[Output] : 110)
  • 필터 효과 ⇒ 텍스처화[Texturizer]를 이용하여 필터 적용
                      (텍스처[Texture] : 캔버스[Canvas], 비율[Scaling] : 120%, 부조[Relief] : 5, 조명[Light] : 위[Top])

▶ 지시사항이 없는 경우는 기본 값을 적용하시오.

▶ 다음과 같은 규칙으로 JPG 파일과 PSD 파일을 각각 저장하시오.
  • 저장위치 : 바탕화면 – KAIT – 제출파일 폴더

JPG	파일명	dic_01_수검번호(6자리)_이름.JPG	PSD	파일명	dic_01_수검번호(6자리)_이름.PSD
	이미지 크기	600×400 픽셀[Pixels]		이미지 크기	65×45 픽셀[Pixels]

(예 : 수검번호가 DIC-1908-000000인 경우 "dic_01_000000_이름.JPG"과 "dic_01_000000_이름.PSD"로 저장할 것)

(※ dic_01_000000_이름.JPG와 dic_01_000000_이름.PSD 파일 중 하나라도 누락시 "0점" 처리 됨)

문제 02	원본파일을 처리조건에 따라 결과파일로 완성하시오.	(80점)

〈원본파일〉	〈결과파일〉

《 처리조건 》

▶ 다음과 같이 캔버스 크기를 변경하시오.
- 캔버스 조정 ⇒ 캔버스 크기[Canvas Size] ⇒ 가로(650 픽셀[Pixels]) × 세로(450 픽셀[Pixels])

▶ '사진2.jpg' 이미지를 불러와 기존 캔버스에 복사한 후 다음과 같이 처리하시오.
- ① ⇒ 모양 도구[Shape Tool] 이용
    레이어 스타일 – 선/획[Stroke] (크기 : 2px, 색상 : #ff9000),
    그라디언트 오버레이[Gradient Overlay] (색상 : #fff000 – #009411)
- "Wonderful topiary" ⇒ 글꼴(Arial), 글꼴 스타일(Bold Italic), 크기(48pt), 색상(#fffd64), 앤티 앨리어싱 :
    선명하게[Sharp], 레이어 스타일 – 선/획[Stroke] (크기 : 5px, 색상 : #da3a3a)
- "신기한 토피어리" ⇒ 글꼴(궁서체), 크기(36pt), 색상(#00f0ff), 앤티 앨리어싱 : 선명하게[Sharp],
    레이어 스타일 – 선/획[Stroke] (크기 : 2px, 색상 : #000000)

▶ 타원 도구[Ellipse Tool]와 '사진3.jpg'를 이용하여 새로운 레이어를 생성하시오.
- 원의 크기 ⇒ 180 px × 180 px (단, 클리핑 마스크 기능을 이용할 것)
    레이어 스타일 – 선/획[Stroke] (크기 : 5px, 색상 : #00a8ff, 위치 : 안쪽[Inside]),
    그림자 효과[Drop Shadow] (혼합모드[Blend Mode] : 곱하기[Multiply], 각도[Angle] : 120°)

▶ 지시사항이 없는 경우는 기본 값을 적용하시오.

▶ 다음과 같은 규칙으로 JPG 파일과 PSD 파일을 각각 저장하시오.
- 저장위치 : 바탕화면 – KAIT – 제출파일 폴더

JPG	파일명	dic_02_수검번호(6자리)_이름.JPG	PSD	파일명	dic_02_수검번호(6자리)_이름.PSD
	이미지 크기	600×400 픽셀[Pixels]		이미지 크기	65×45 픽셀[Pixels]

(예 : 수검번호가 DIC-1908-000000인 경우 "dic_02_000000_이름.JPG"과 "dic_02_000000_이름.PSD"로 저장할 것)

(※ dic_02_000000_이름.JPG와 dic_02_000000_이름.PSD 파일 중 하나라도 누락시 "0점" 처리 됨)

※ Gom Mix for DIAT 프로그램을 활용하여 [문제 03]을 작업하시오.

문제 03   처리조건에 따라 출력형태와 같이 완성하시오.   (70점)

《 출력형태 》

《 처리조건 》

원본 파일	이미지1.jpg, 이미지2.jpg, 이미지3.jpg, 동영상.mp4, 음악.mp3

▶ 미디어 소스의 순서를 다음과 같이 지정하시오.
  • 미디어 소스 순서 ⇒ 동영상.mp4 〉 이미지1.jpg 〉 이미지3.jpg 〉 이미지2.jpg

▶ 동영상 파일('동영상.mp4')을 다음과 같이 처리하시오.
  • 배속 : 1.5x   • 자르기 : 시작 시간(0.00), 재생 시간(12.00)
  • 이펙트 : 이미지 보정-화사하게 01(가로 : 80, 세로 : 60)
  • 텍스트 ⇒ 텍스트 입력 : | 멋진 녹색 곰 가족 |
                    텍스트 서식(바탕체, 108pt, #ff8e24), 윤곽선 설정(없음),
                    위치 설정(화면 정가운데 아래), 시작 시간(6.10), 클립 길이(5.00)
  • 재생 속도 설정 후 자르기를 하여야 하며, 잘라진 뒷부분의 동영상 및 트랙의 모든 공백을 삭제할 것
  • 원본 동영상에 포함된 오디오는 모두 음소거 할 것

▶ 이미지 파일을 다음과 같이 처리하시오.
  • '이미지1.jpg' ⇒ 이미지 클립 길이 : 6.00, 오버레이 : 난기류(크기 : 300, 속도 : 60),
                         클립 트랜지션 : 검정색 페이드(오버랩, 재생 시간 : 1.00)
  • '이미지3.jpg' ⇒ 이미지 클립 길이 : 6.00, 오버레이 : 가우스(강도 : 80, 속도 : 7),
                         클립 트랜지션 : 위로 밀기(앞으로 이동, 재생 시간 : 2.00)
  • '이미지2.jpg' ⇒ 이미지 클립 길이 : 5.00, 오버레이 : 지나가는 01(기울기 : 60),
                         클립 트랜지션 : 아래로 밀기(앞으로 이동, 재생 시간 : 1.00)
  • 지시사항이 없는 경우는 기본 값을 적용하시오.

▶ 다음 조건에 따라 동영상 시작 부분의 텍스트를 지정하시오.
  • 텍스트 입력 : | 토피어리로 만든 캐릭터 (Topiary art) |

      텍스트 서식(굴림체, 144pt, #ffff02), 윤곽선 설정(#000000, 두께 : 30),
      나타나기(깜빡이며 나타나기, 지속 시간 : 2.00), 시작 시간(0.00), 클립 길이(4.00)

▶ 다음 조건에 따라 동영상 전체에 음악 파일('음악.mp3')을 삽입하시오.
  • 시작 시간 : 0.00, 재생 시간 : 29.00, 페이드 아웃: 3.00

▶ 다음과 같은 규칙으로 GMEP 파일을 프로젝트 전체 저장하시오.
  • 저장 위치 : 바탕화면 – KAIT – 제출파일 폴더

GMEP	파일명	dic_03_수검 번호(6자리)_이름.GMEP

(예 : 수검 번호가 DIC-XXXX-000000인 경우 'dic_03_000000_이름.GMEP'로 프로젝트 전체 저장할 것)

(※ dic_03_000000_이름.GMEP 파일 누락 / 프로젝트 전체 저장 이외의 기능을 이용하여 저장할 시 "0점" 처리됨)

제 02 회 디지털정보활용능력 최신유형 기출문제

◆ **시험과목 : 멀티미디어제작(포토샵, 곰믹스)**
◆ **시험일자 : 20XX. XX. XX (토)**
◆ **수검자 기재사항 및 감독위원 확인**

수검번호	DIC – XXXX –	감독위원 확인
성 명		

수검자 유의사항

1. 수검자는 신분증을 지참하여야 시험에 응시할 수 있으며, 시험이 종료될 때까지 신분증을 제시하지 못 할 경우 해당 시험은 0점 처리됩니다.

2. 시스템(PC 작동 여부, 네트워크 상태 등)의 이상 여부를 반드시 확인하여야 하며, 시스템 이상이 있을 시 감독위원에게 조치를 받으셔야 합니다.

3. 시험 중 부주의 또는 고의로 시스템을 파손한 경우는 수검자 부담으로 합니다.

4. 답안 전송 프로그램을 통해 다운로드 받은 파일을 이용하여 답안 파일을 작성하시기 바랍니다.

5. 작성한 답안 파일은 답안 전송 프로그램을 통하여 전송됩니다. 감독위원의 지시에 따라 주시기 바랍니다.

6. 다음 사항의 경우 실격(0점) 혹은 부정행위 처리됩니다.

    1) 답안 파일을 저장하지 않았거나, 저장한 파일이 손상되었을 경우
    2) 답안 파일을 지정한 폴더(바탕화면 – "KAIT" 폴더)에 저장하지 않았을 경우
    ※ 답안 전송 프로그램 로그인 시 바탕화면에 자동 생성됨
    3) 답안 파일을 다른 보조 기억장치(USB) 혹은 네트워크(메신저, 게시판 등)로 전송할 경우
    4) 휴대용 전화기 등 통신기기를 사용할 경우

7. 【 】안의 지시사항은 PhotoShop 영문 버전용 입니다.

8. 답안은 PhotoShop과 Gom Mix for DIAT를 활용하여 작성하십시오.

    ※ PhotoShop 답안 파일의 해상도는 72 Pixels/inch로 작성하십시오.
    ※ Gom Mix for DIAT 답안 파일은 반드시 프로젝트 전체 저장으로 저장하십시오(미준수 시 0점 처리).

9. 시험지에 제시된 글꼴이 응시 프로그램에 없는 경우, 반드시 감독위원에게 해당 내용을 통보한 뒤 조치를 받아야 합니다.

10. 시험의 완료는 작성이 완료된 답안을 저장하고, 답안 전송이 완료된 상태를 확인한 것으로 합니다. 답안 전송 확인 후 문제지는 감독위원에게 제출한 후 퇴실하여야 합니다.

11. 답안 전송이 완료된 경우에는 수정 또는 정정이 불가능합니다.

12. 시험 시행 후 문제 공개 및 합격자 발표는 홈페이지(www.ihd.or.kr)에서 확인하시기 바랍니다.

    1) 문제 및 정답 공개 : 20XX. XX. XX.
    2) 합격자 발표 : 20XX. XX. XX.

※ PhotoShop 프로그램을 활용하여 [문제 01], [문제 02]를 작업하시오.

문제 01　　원본파일을 처리조건에 따라 결과파일로 완성하시오.　　　　　　　(50점)

〈원본파일〉	〈결과파일〉

《 처리조건 》

▶ 다음과 같이 캔버스 크기를 변경하시오.
- 캔버스 크기[Canvas Size] ⇒ 가로(650 픽셀[Pixels])×세로(450 픽셀[Pixels])

▶ '사진1.jpg' 이미지를 불러와 기존 캔버스에 복사한 후 다음과 같이 처리하시오.
- ① ⇒ 복구 브러쉬 도구[Healing Brush Tool]를 이용하여 이미지 제거
- ② ⇒ 색조/채도[Hue/Saturation]를 이용하여 보라색 계열로 보정
- ③ ⇒ 색상 균형[Color Balance]을 이용하여 초록색 계열로 보정
- 밝기 조정 ⇒ 곡선[Curves]을 이용하여 이미지 조정 (입력[Input] : 80, 출력[Output] : 110)
- 필터 효과 ⇒ 텍스처화[Texturizer]를 이용하여 필터 적용
　　　　　　　 (텍스처[Texture] : 캔버스[Canvas], 비율[Scaling] : 110%, 부조[Relief] : 5, 조명[Light] : 위[Top])

▶ 지시사항이 없는 경우는 기본 값을 적용하시오.

▶ 다음과 같은 규칙으로 JPG 파일과 PSD 파일을 각각 저장하시오.
- 저장위치 : 바탕화면 – KAIT – 제출파일 폴더

JPG	파일명	dic_01_수검번호(6자리)_이름.JPG	PSD	파일명	dic_01_수검번호(6자리)_이름.PSD
	이미지 크기	600×400 픽셀[Pixels]		이미지 크기	65×45 픽셀[Pixels]

(예 : 수검번호가 DIC–1908–000000인 경우 "dic_01_000000_이름.JPG"과 "dic_01_000000_이름.PSD"로 저장할 것)

(※ dic_01_000000_이름.JPG와 dic_01_000000_이름.PSD 파일 중 하나라도 누락시 "0점" 처리 됨)

문제 02　　원본파일을 처리조건에 따라 결과파일로 완성하시오.　　　　(80점)

〈원본파일〉	〈결과파일〉

《 처리조건 》

▶ 다음과 같이 캔버스 크기를 변경하시오.
- 캔버스 조정 ⇒ 캔버스 크기[Canvas Size] ⇒ 가로(650 픽셀[Pixels])×세로(450 픽셀[Pixels])

▶ '사진2.jpg' 이미지를 불러와 기존 캔버스에 복사한 후 다음과 같이 처리하시오.
- ① ⇒ 모양 도구[Shape Tool] 이용
　　레이어 스타일 – 선/획[Stroke] (크기 : 2px, 색상 : #f6ff00),
　　그라디언트 오버레이[Gradient Overlay] (색상 : #0e9500 – #ffc600)
- "Fairy tale village" ⇒ 글꼴(Arial), 글꼴 스타일(Bold Italic), 크기(48pt), 색상(#69e5ff), 앤티 앨리어싱 :
　　　　선명하게[Sharp], 레이어 스타일 – 선/획[Stroke] (크기 : 5px, 색상 : #003668)
- "이야기가 있는 동네" ⇒ 글꼴(궁서체), 크기(30pt), 색상(#fffc00), 앤티 앨리어싱 : 선명하게[Sharp],
　　　　레이어 스타일 – 선/획[Stroke] (크기 : 2px, 색상 : #000000)

▶ 타원 도구[Ellipse Tool]와 '사진3.jpg'를 이용하여 새로운 레이어를 생성하시오.
- 원의 크기 ⇒ 180 px × 180 px (단, 클리핑 마스크 기능을 이용할 것)
　　　　레이어 스타일 – 선/획[Stroke] (크기 : 5px, 색상 : #fec500, 위치 : 안쪽[Inside]),
　　　　그림자 효과[Drop Shadow] (혼합모드[Blend Mode] : 곱하기[Multiply], 각도[Angle] : 120°)

▶ 지시사항이 없는 경우는 기본 값을 적용하시오.

▶ 다음과 같은 규칙으로 JPG 파일과 PSD 파일을 각각 저장하시오.
- 저장위치 : 바탕화면 – KAIT – 제출파일 폴더

JPG	파일명	dic_02_수검번호(6자리)_이름.JPG	PSD	파일명	dic_02_수검번호(6자리)_이름.PSD
	이미지 크기	600×400 픽셀[Pixels]		이미지 크기	65×45 픽셀[Pixels]

(예 : 수검번호가 DIC–1908–000000인 경우 "dic_02_000000_이름.JPG"과 "dic_02_000000_이름.PSD"로 저장할 것)

(※ dic_02_000000_이름.JPG와 dic_02_000000_이름.PSD 파일 중 하나라도 누락시 "0점" 처리 됨)

※ Gom Mix for DIAT 프로그램을 활용하여 [문제 03]을 작업하시오.

문제 03　처리조건에 따라 출력형태와 같이 완성하시오.　　　　　　　　(70점)

《 출력형태 》

《 처리조건 》

원본 파일	이미지1.jpg, 이미지2.jpg, 이미지3.jpg, 동영상.mp4, 음악.mp3

▶ 미디어 소스의 순서를 다음과 같이 지정하시오.
 • 미디어 소스 순서 ⇒ 동영상.mp4 〉 이미지3.jpg 〉 이미지1.jpg 〉 이미지2.jpg

▶ 동영상 파일('동영상.mp4')을 다음과 같이 처리하시오.
 • 배속 : 1.3x
 • 자르기 : 시작 시간(0.00), 재생 시간(12.20)
 • 이펙트 : 이미지 보정–그런지 스템프(강도 : 10, 경곗값 : 30)
 • 텍스트 ⇒ 텍스트 입력 : ☐ 재미있는 캐릭터 ☐
　　　　　　텍스트 서식(돋움체, 96pt, #ff8e24), 윤곽선 설정(없음),
　　　　　　위치 설정(화면 정가운데 아래), 시작 시간(5.00), 클립 길이(5.29)
 • 재생 속도 설정 후 자르기를 하여야 하며, 잘라진 뒷부분의 동영상 및 트랙의 모든 공백을 삭제할 것
 • 원본 동영상에 포함된 오디오는 모두 음소거 할 것

▶ 이미지 파일을 다음과 같이 처리하시오.
 • '이미지3.jpg' ⇒ 이미지 클립 길이 : 5.00, 오버레이 : 색종이 조각(크기 : 8),
　　　　　　　　　클립 트랜지션 : 세로 나누기(오버랩, 재생 시간 : 1.00)
 • '이미지1.jpg' ⇒ 이미지 클립 길이 : 5.00, 오버레이 : 좋아요(개수/양 : 80),
　　　　　　　　　클립 트랜지션 : 가로 나누기(오버랩, 재생 시간 : 2.00)
 • '이미지2.jpg' ⇒ 이미지 클립 길이 : 6.00, 오버레이 : 영롱한(밝기 강도 : 80),
　　　　　　　　　클립 트랜지션 : 십자형 나누기(앞으로 이동, 재생 시간 : 1.00)
 • 지시사항이 없는 경우는 기본 값을 적용하시오.

▶ 다음 조건에 따라 동영상 시작 부분의 텍스트를 지정하시오.
 • 텍스트 입력 : ☐ 토피어리로 만든 캐릭터 ☐
　　　　　　　　(Topiary art)

　텍스트 서식(굴림체, 144pt, #ffff02), 윤곽선 설정(#000000, 두께 : 20),
　나타나기(오른쪽으로 닦아내기, 지속 시간 : 2.00), 시작 시간(0.00), 클립 길이(4.00)

▶ 다음 조건에 따라 동영상 전체에 음악 파일('음악.mp3')을 삽입하시오.
 • 시작 시간 : 0.00, 재생 시간 : 27.20, 페이드 아웃 : 1.00

▶ 다음과 같은 규칙으로 GMEP 파일을 프로젝트 전체 저장하시오.
 • 저장 위치 : 바탕화면 – KAIT – 제출파일 폴더

GMEP	파일명	dic_03_수검 번호(6자리)_이름.GMEP

(예 : 수검 번호가 DIC–XXXX–000000인 경우 'dic_03_000000_이름.GMEP'로 프로젝트 전체 저장할 것)

(※ dic_03_000000_이름.GMEP 파일 누락 / 프로젝트 전체 저장 이외의 기능을 이용하여 저장할 시 "0점" 처리됨)

♦ **시험과목 : 멀티미디어제작(포토샵, 곰믹스)**
♦ **시험일자 : 20XX. XX. XX (토)**
♦ **수검자 기재사항 및 감독위원 확인**

수검번호	DIC – XXXX –	감독위원 확인
성　　명		

수검자 유의사항

1. 수검자는 신분증을 지참하여야 시험에 응시할 수 있으며, 시험이 종료될 때까지 신분증을 제시하지 못 할 경우 해당 시험은 0점 처리됩니다.

2. 시스템(PC 작동 여부, 네트워크 상태 등)의 이상 여부를 반드시 확인하여야 하며, 시스템 이상이 있을 시 감독위원에게 조치를 받으셔야 합니다.

3. 시험 중 부주의 또는 고의로 시스템을 파손한 경우는 수검자 부담으로 합니다.

4. 답안 전송 프로그램을 통해 다운로드 받은 파일을 이용하여 답안 파일을 작성하시기 바랍니다.

5. 작성한 답안 파일은 답안 전송 프로그램을 통하여 전송됩니다. 감독위원의 지시에 따라 주시기 바랍니다.

6. 다음 사항의 경우 실격(0점) 혹은 부정행위 처리됩니다.

   1) 답안 파일을 저장하지 않았거나, 저장한 파일이 손상되었을 경우
   2) 답안 파일을 지정한 폴더(바탕화면 – "KAIT" 폴더)에 저장하지 않았을 경우
   ※ 답안 전송 프로그램 로그인 시 바탕화면에 자동 생성됨
   3) 답안 파일을 다른 보조 기억장치(USB) 혹은 네트워크(메신저, 게시판 등)로 전송할 경우
   4) 휴대용 전화기 등 통신기기를 사용할 경우

7. 【 】안의 지시사항은 PhotoShop 영문 버전용 입니다.

8. 답안은 PhotoShop과 Gom Mix for DIAT를 활용하여 작성하십시오.

   ※ PhotoShop 답안 파일의 해상도는 72 Pixels/inch로 작성하십시오.
   ※ Gom Mix for DIAT 답안 파일은 반드시 프로젝트 전체 저장으로 저장하십시오(미준수 시 0점 처리).

9. 시험지에 제시된 글꼴이 응시 프로그램에 없는 경우, 반드시 감독위원에게 해당 내용을 통보한 뒤 조치를 받아야 합니다.

10. 시험의 완료는 작성이 완료된 답안을 저장하고, 답안 전송이 완료된 상태를 확인한 것으로 합니다. 답안 전송 확인 후 문제지는 감독위원에게 제출한 후 퇴실하여야 합니다.

11. 답안 전송이 완료된 경우에는 수정 또는 정정이 불가능합니다.

12. 시험 시행 후 문제 공개 및 합격자 발표는 홈페이지(www.ihd.or.kr)에서 확인하시기 바랍니다.

    1) 문제 및 정답 공개 : 20XX. XX. XX.
    2) 합격자 발표 : 20XX. XX. XX.

※ PhotoShop 프로그램을 활용하여 [문제 01], [문제 02]를 작업하시오.

문제 01　　원본파일을 처리조건에 따라 결과파일로 완성하시오.　　　　　　　(50점)

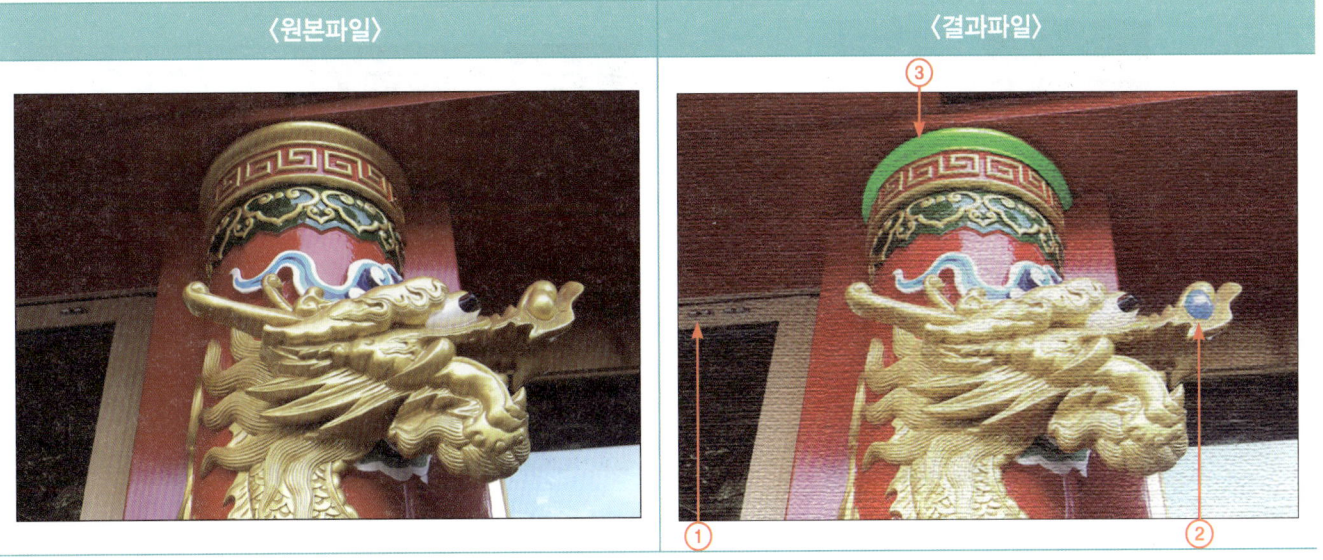

| 〈원본파일〉 | 〈결과파일〉 |

《 처리조건 》

▶ 다음과 같이 캔버스 크기를 변경하시오.
- 캔버스 크기[Canvas Size] ⇒ 가로(650 픽셀[Pixels])×세로(450 픽셀[Pixels])

▶ '사진1.jpg' 이미지를 불러와 기존 캔버스에 복사한 후 다음과 같이 처리하시오.
- ① ⇒ 복제 도장 도구[Clone Stamp Tool]를 이용하여 이미지 복사
- ② ⇒ 색상 균형[Color Balance]을 이용하여 파란색 계열로 보정
- ③ ⇒ 색조/채도[Hue/Saturation]를 이용하여 초록색 계열로 보정
- 밝기 조정 ⇒ 곡선[Curves]을 이용하여 이미지 조정 (입력[Input] : 80, 출력[Output]: 120)
- 필터 효과 ⇒ 텍스처화[Texturizer]를 이용하여 필터 적용
  　　　　　　　　(텍스처[Texture] : 캔버스[Canvas], 비율[Scaling] : 120%, 부조[Relief] : 4, 조명[Light] : 위[Top])

▶ 지시사항이 없는 경우는 기본 값을 적용하시오.

▶ 다음과 같은 규칙으로 JPG 파일과 PSD 파일을 각각 저장하시오.
- 저장위치 : 바탕화면 – KAIT – 제출파일 폴더

JPG	파일명	dic_01_수검번호(6자리)_이름.JPG	PSD	파일명	dic_01_수검번호(6자리)_이름.PSD
	이미지 크기	600×400 픽셀[Pixels]		이미지 크기	65×45 픽셀[Pixels]

(예 : 수검번호가 DIC–1908–000000인 경우 "dic_01_000000_이름.JPG"과 "dic_01_000000_이름.PSD"로 저장할 것)

(※ dic_01_000000_이름.JPG와 dic_01_000000_이름.PSD 파일 중 하나라도 누락시 "0점" 처리 됨)

문제 02　원본파일을 처리조건에 따라 결과파일로 완성하시오.　　　　(80점)

〈원본파일〉	〈결과파일〉

《 처리조건 》

▶ 다음과 같이 캔버스 크기를 변경하시오.
   • 캔버스 조정 ⇒ 캔버스 크기[Canvas Size] ⇒ 가로(650 픽셀[Pixels])×세로(450 픽셀[Pixels])

▶ '사진2.jpg' 이미지를 불러와 기존 캔버스에 복사한 후 다음과 같이 처리하시오.
   • ① ⇒ 모양 도구[Shape Tool] 이용
         레이어 스타일 – 선/획[Stroke] (크기 : 2px, 색상 : #0059be),
         그라디언트 오버레이[Gradient Overlay] (색상 : #ffd800 – #4eff00)
   • "Chinatown" ⇒ 글꼴(Arial), 글꼴 스타일(Bold Italic), 크기(48pt), 색상(#13417f), 앤티 앨리어싱 :
         선명하게[Sharp], 레이어 스타일 – 선/획[Stroke] (크기 : 5px, 색상 : #b0e6ff)
   • "차이나타운" ⇒ 글꼴(궁서체), 크기(36pt), 색상(#ff6c39), 앤티 앨리어싱 : 선명하게[Sharp],
         레이어 스타일 – 선/획[Stroke] (크기 : 2px, 색상 : #000000)

▶ 타원 도구[Ellipse Tool]와 '사진3.jpg'를 이용하여 새로운 레이어를 생성하시오.
   • 원의 크기 ⇒ 180 px × 180 px (단, 클리핑 마스크 기능을 이용할 것)
         레이어 스타일 – 선/획[Stroke] (크기 : 5px, 색상 : #0eca00, 위치 : 안쪽[Inside]),
         그림자 효과[Drop Shadow] (혼합모드[Blend Mode] : 곱하기[Multiply], 각도[Angle] : 120°)

▶ 지시사항이 없는 경우는 기본 값을 적용하시오.

▶ 다음과 같은 규칙으로 JPG 파일과 PSD 파일을 각각 저장하시오.
   • 저장위치 : 바탕화면 – KAIT – 제출파일 폴더

JPG	파일명	dic_02_수검번호(6자리)_이름.JPG	PSD	파일명	dic_02_수검번호(6자리)_이름.PSD
	이미지 크기	600×400 픽셀[Pixels]		이미지 크기	65×45 픽셀[Pixels]

(예 : 수검번호가 DIC-1908-000000인 경우 "dic_02_000000_이름.JPG"과 "dic_02_000000_이름.PSD"로 저장할 것)

(※ dic_02_000000_이름.JPG와 dic_02_000000_이름.PSD 파일 중 하나라도 누락시 "0점" 처리 됨)

※ Gom Mix for DIAT 프로그램을 활용하여 [문제 03]을 작업하시오.

문제 03　　처리조건에 따라 출력형태와 같이 완성하시오.　　　　　　　　(70점)

《 출력형태 》

《 처리조건 》

원본 파일	이미지1.jpg, 이미지2.jpg, 이미지3.jpg, 동영상.mp4, 음악.mp3

▶ 미디어 소스의 순서를 다음과 같이 지정하시오.
　• 미디어 소스 순서 ⇒ 동영상.mp4 〉 이미지3.jpg 〉 이미지2.jpg 〉 이미지1.jpg

▶ 동영상 파일('동영상.mp4')을 다음과 같이 처리하시오.
　• 배속 : 1.3x
　• 자르기 : 시작 시간(0.00), 재생 시간(18.00)
　• 이펙트 : LUT 필터–맑은 햇살–맑은 햇살 03(노출 : 5, 감마 : 0.5)
　• 텍스트 ⇒ 텍스트 입력 : ▢ 용이 새겨진 기둥 ▢
　　　　　　텍스트 서식(돋움체, 96pt, #f8994c), 윤곽선 설정(없음),
　　　　　　위치 설정(화면 정가운데 아래), 시작 시간(5.00), 클립 길이(5.00)
　• 재생 속도 설정 후 자르기를 하여야 하며, 잘라진 뒷부분의 동영상 및 트랙의 모든 공백을 삭제할 것
　• 원본 동영상에 포함된 오디오는 모두 음소거 할 것

▶ 이미지 파일을 다음과 같이 처리하시오.
　• '이미지3.jpg' ⇒ 이미지 클립 길이 : 7.00, 오버레이 : 스페이스 01(속도 : 7),
　　　　　　　　　클립 트랜지션 : 문 열기(앞으로 이동, 재생 시간 : 2.00)
　• '이미지2.jpg' ⇒ 이미지 클립 길이 : 6.00, 오버레이 : 레디얼 라이트(노출 : –50),
　　　　　　　　　클립 트랜지션 : 마름모 열기(오버랩, 재생 시간 : 1.00)
　• '이미지1.jpg' ⇒ 이미지 클립 길이 : 5.00, 오버레이 : 비누 방울(개수/양 : 5, 크기 : 8),
　　　　　　　　　클립 트랜지션 : 문 닫기(앞으로 이동, 재생 시간 : 1.00)
　• 지시사항이 없는 경우는 기본 값을 적용하시오.

▶ 다음 조건에 따라 동영상 시작 부분의 텍스트를 지정하시오.
　• 텍스트 입력 : ▢ 차이나타운 거리 (Chinatown Street) ▢

　　텍스트 서식(궁서, 144pt, #fccff8), 윤곽선 설정(#990000, 두께 : 20),
　　나타나기(클립 왼쪽으로 나타나기, 지속 시간 : 2.00), 시작 시간(0.00), 클립 길이(4.00)

▶ 다음 조건에 따라 동영상 전체에 음악 파일('음악.mp3')을 삽입하시오.
　• 시작 시간 : 0.00, 재생 시간 : 36.00, 페이드 아웃 : 2.00

▶ 다음과 같은 규칙으로 GMEP 파일을 프로젝트 전체 저장하시오.
　• 저장 위치 : 바탕화면 – KAIT – 제출파일 폴더

GMEP	파일명	dic_03_수검 번호(6자리)_이름.GMEP

(예 : 수검 번호가 DIC-XXXX-000000인 경우 'dic_03_000000_이름.GMEP'로 프로젝트 전체 저장할 것)
(※ dic_03_000000_이름.GMEP 파일 누락 / 프로젝트 전체 저장 이외의 기능을 이용하여 저장할 시 "0점" 처리됨)

◆ **시험과목 : 멀티미디어제작(포토샵, 곰믹스)**
◆ **시험일자 : 20XX. XX. XX (토)**
◆ **수검자 기재사항 및 감독위원 확인**

수 검 번 호	DIC - XXXX -	감독위원 확인
성 명		

수검자 유의사항

1. 수검자는 신분증을 지참하여야 시험에 응시할 수 있으며, 시험이 종료될 때까지 신분증을 제시하지 못 할 경우 해당 시험은 0점 처리됩니다.

2. 시스템(PC 작동 여부, 네트워크 상태 등)의 이상 여부를 반드시 확인하여야 하며, 시스템 이상이 있을 시 감독위원에게 조치를 받으셔야 합니다.

3. 시험 중 부주의 또는 고의로 시스템을 파손한 경우는 수검자 부담으로 합니다.

4. 답안 전송 프로그램을 통해 다운로드 받은 파일을 이용하여 답안 파일을 작성하시기 바랍니다.

5. 작성한 답안 파일은 답안 전송 프로그램을 통하여 전송됩니다. 감독위원의 지시에 따라 주시기 바랍니다.

6. 다음 사항의 경우 실격(0점) 혹은 부정행위 처리됩니다.

   1) 답안 파일을 저장하지 않았거나, 저장한 파일이 손상되었을 경우

   2) 답안 파일을 지정한 폴더(바탕화면 - "KAIT" 폴더)에 저장하지 않았을 경우

   ※ 답안 전송 프로그램 로그인 시 바탕화면에 자동 생성됨

   3) 답안 파일을 다른 보조 기억장치(USB) 혹은 네트워크(메신저, 게시판 등)로 전송할 경우

   4) 휴대용 전화기 등 통신기기를 사용할 경우

7. 【 】안의 지시사항은 PhotoShop 영문 버전용 입니다.

8. 답안은 PhotoShop과 Gom Mix for DIAT를 활용하여 작성하십시오.

   ※ PhotoShop 답안 파일의 해상도는 72 Pixels/inch로 작성하십시오.

   ※ Gom Mix for DIAT 답안 파일은 반드시 프로젝트 전체 저장으로 저장하십시오(미준수 시 0점 처리).

9. 시험지에 제시된 글꼴이 응시 프로그램에 없는 경우, 반드시 감독위원에게 해당 내용을 통보한 뒤 조치를 받아야 합니다.

10. 시험의 완료는 작성이 완료된 답안을 저장하고, 답안 전송이 완료된 상태를 확인한 것으로 합니다. 답안 전송 확인 후 문제지는 감독위원에게 제출한 후 퇴실하여야 합니다.

11. 답안 전송이 완료된 경우에는 수정 또는 정정이 불가능합니다.

12. 시험 시행 후 문제 공개 및 합격자 발표는 홈페이지(www.ihd.or.kr)에서 확인하시기 바랍니다.

   1) 문제 및 정답 공개 : 20XX. XX. XX.

   2) 합격자 발표 : 20XX. XX. XX.

※ PhotoShop 프로그램을 활용하여 [문제 01], [문제 02]를 작업하시오.

문제 01　　원본파일을 처리조건에 따라 결과파일로 완성하시오.　　　　　(50점)

〈원본파일〉	〈결과파일〉

《 처리조건 》

▶ 다음과 같이 캔버스 크기를 변경하시오.
  • 캔버스 크기[Canvas Size] ⇒ 가로(650 픽셀[Pixels])×세로(450 픽셀[Pixels])

▶ '사진1.jpg' 이미지를 불러와 기존 캔버스에 복사한 후 다음과 같이 처리하시오.
  • ① ⇒ 복구 브러시 도구[Healing Brush Tool]를 이용하여 이미지 제거
  • ② ⇒ 색상 균형[Color Balance]을 이용하여 빨간색 계열로 보정
  • ③ ⇒ 색조/채도[Hue/Saturation]를 이용하여 보라색 계열로 보정
  • 밝기 조정 ⇒ 곡선[Curves]을 이용하여 이미지 조정 (입력[Input] : 90, 출력[Output]: 120)
  • 필터 효과 ⇒ 그물눈[Crosshatch]을 이용하여 필터 적용
　　　　　　　　(선/획 길이[Stroke Length] : 5, 선명도[Sharpness] : 3, 강도[Strength] : 1)

▶ 지시사항이 없는 경우는 기본 값을 적용하시오.

▶ 다음과 같은 규칙으로 JPG 파일과 PSD 파일을 각각 저장하시오.
  • 저장위치 : 바탕화면 − KAIT − 제출파일 폴더

JPG	파일명	dic_01_수검번호(6자리)_이름.JPG	PSD	파일명	dic_01_수검번호(6자리)_이름.PSD
	이미지 크기	600×400 픽셀[Pixels]		이미지 크기	65×45 픽셀[Pixels]

(예 : 수검번호가 DIC−1908−000000인 경우 "dic_01_000000_이름.JPG"과 "dic_01_000000_이름.PSD"로 저장할 것)

(※ dic_01_000000_이름.JPG와 dic_01_000000_이름.PSD 파일 중 하나라도 누락시 "0점" 처리 됨)

문제 02　　원본파일을 처리조건에 따라 결과파일로 완성하시오.　　(80점)

〈원본파일〉	〈결과파일〉

《 처리조건 》

▶ 다음과 같이 캔버스 크기를 변경하시오.
  • 캔버스 조정 ⇒ 캔버스 크기[Canvas Size] ⇒ 가로(650 픽셀[Pixels])×세로(450 픽셀[Pixels])

▶ '사진2.jpg' 이미지를 불러와 기존 캔버스에 복사한 후 다음과 같이 처리하시오.
  • ① ⇒ 모양 도구[Shape Tool] 이용
       레이어 스타일 – 선/획[Stroke] (크기 : 2px, 색상 : #005919),
       그라디언트 오버레이[Gradient Overlay] (색상 : #008490 – #f28112)
  • "Lock of Love" ⇒ 글꼴(Arial), 글꼴 스타일(Bold Italic), 크기(48pt), 색상(#ae05b4), 앤티 앨리어싱 :
       선명하게[Sharp], 레이어 스타일 – 선/획[Stroke] (크기 : 5px, 색상 : #e4c7ff)
  • "사랑의 자물쇠" ⇒ 글꼴(휴먼옛체), 크기(36pt), 색상(#0053c4), 앤티 앨리어싱 : 선명하게[Sharp],
       레이어 스타일 – 선/획[Stroke] (크기 : 2px, 색상 : #ffffff)

▶ 타원 도구[Ellipse Tool]와 '사진3.jpg'를 이용하여 새로운 레이어를 생성하시오.
  • 원의 크기 ⇒ 180 px × 180 px (단, 클리핑 마스크 기능을 이용할 것)
       레이어 스타일 – 선/획[Stroke] (크기 : 5px, 색상 : #64caff, 위치 : 안쪽[Inside]),
       그림자 효과[Drop Shadow] (혼합모드[Blend Mode] : 곱하기[Multiply], 각도[Angle] : 120°)

▶ 지시사항이 없는 경우는 기본 값을 적용하시오.

▶ 다음과 같은 규칙으로 JPG 파일과 PSD 파일을 각각 저장하시오.
  • 저장위치 : 바탕화면 – KAIT – 제출파일 폴더

JPG	파일명	dic_02_수검번호(6자리)_이름.JPG	PSD	파일명	dic_02_수검번호(6자리)_이름.PSD
	이미지 크기	600×400 픽셀[Pixels]		이미지 크기	65×45 픽셀[Pixels]

(예 : 수검번호가 DIC–1908–000000인 경우 "dic_02_000000_이름.JPG"과 "dic_02_000000_이름.PSD"로 저장할 것)

(※ dic_02_000000_이름.JPG와 dic_02_000000_이름.PSD 파일 중 하나라도 누락시 "0점" 처리 됨)

※ Gom Mix for DIAT 프로그램을 활용하여 [문제 03]을 작업하시오.

문제 03　　처리조건에 따라 출력형태와 같이 완성하시오.　　　　　　　　(70점)

《 출력형태 》

《 처리조건 》

원본 파일	이미지1.jpg, 이미지2.jpg, 이미지3.jpg, 동영상.mp4, 음악.mp3

▶ 미디어 소스의 순서를 다음과 같이 지정하시오.
- 미디어 소스 순서 ⇒ 동영상.mp4 〉이미지1.jpg 〉이미지3.jpg 〉이미지2.jpg

▶ 동영상 파일('동영상.mp4')을 다음과 같이 처리하시오.
- 배속 : 1.5x
- 자르기 : 시작 시간(0.00), 재생 시간(16.20)
- 이펙트 : LUT 필터–파스텔–파스텔 08(노출 : 3, 감마 : 1.5)
- 텍스트 ⇒ 텍스트 입력 :　　수많은 자물쇠들
　　　　텍스트 서식(돋움, 88pt, #680000), 윤곽선 설정(없음),
　　　　위치 설정(화면 정가운데 아래), 시작 시간(4.10), 클립 길이(8.00)
- 재생 속도 설정 후 자르기를 하여야 하며, 잘라진 뒷부분의 동영상 및 트랙의 모든 공백을 삭제할 것
- 원본 동영상에 포함된 오디오는 모두 음소거 할 것

▶ 이미지 파일을 다음과 같이 처리하시오.
- '이미지1.jpg' ⇒ 이미지 클립 길이 : 6.00, 오버레이 : 가랜드(줄 색상 : #3b3dff),
　　　　　　　　클립 트랜지션 : 흰색 페이드(뒤로 이동, 재생 시간 : 1.00)
- '이미지3.jpg' ⇒ 이미지 클립 길이 : 6.00, 오버레이 : 떨림(개수/양 : 70, 속도 : 8),
　　　　　　　　클립 트랜지션 : 검정색 페이드(오버랩, 재생 시간 : 2.00)
- '이미지2.jpg' ⇒ 이미지 클립 길이 : 5.00, 오버레이 : 원형 비닛(반경 : 70, 페더 : 60),
　　　　　　　　클립 트랜지션 : 아래로 덮기(앞으로 이동, 재생 시간 : 2.00)
- 지시사항이 없는 경우는 기본 값을 적용하시오.

▶ 다음 조건에 따라 동영상 시작 부분의 텍스트를 지정하시오.
- 텍스트 입력 :　　자물쇠 마을
　　　　　　　　(Lock Vilage)

　텍스트 서식(궁서체, 144pt, #1f5617), 윤곽선 설정(#43b335, 두께 : 30),
　나타나기(클립 오른쪽에서 나타나기, 지속 시간 : 2.00), 시작 시간(0.00), 클립 길이(4.00)

▶ 다음 조건에 따라 동영상 전체에 음악 파일('음악.mp3')을 삽입하시오.
- 시작 시간 : 0.00, 재생 시간 : 33.20, 페이드 인 : 2.00

▶ 다음과 같은 규칙으로 GMEP 파일을 프로젝트 전체 저장하시오.
- 저장 위치 : 바탕화면 – KAIT – 제출파일 폴더

GMEP	파일명	dic_03_수검 번호(6자리)_이름.GMEP

(예 : 수검 번호가 DIC–XXXX–000000인 경우 'dic_03_000000_이름.GMEP'로 프로젝트 전체 저장할 것)

(※ dic_03_000000_이름.GMEP 파일 누락 / 프로젝트 전체 저장 이외의 기능을 이용하여 저장할 시 "0점" 처리됨)

제05회 디지털정보활용능력 최신유형 기출문제

◆ 시험과목 : 멀티미디어제작(포토샵, 곰믹스)
◆ 시험일자 : 20XX. XX. XX (토)
◆ 수검자 기재사항 및 감독위원 확인

수 검 번 호	DIC - XXXX -	감독위원 확인
성 명		

수검자 유의사항

1. 수검자는 신분증을 지참하여야 시험에 응시할 수 있으며, 시험이 종료될 때까지 신분증을 제시하지 못 할 경우 해당 시험은 0점 처리됩니다.

2. 시스템(PC 작동 여부, 네트워크 상태 등)의 이상 여부를 반드시 확인하여야 하며, 시스템 이상이 있을 시 감독위원에게 조치를 받으셔야 합니다.

3. 시험 중 부주의 또는 고의로 시스템을 파손한 경우는 수검자 부담으로 합니다.

4. 답안 전송 프로그램을 통해 다운로드 받은 파일을 이용하여 답안 파일을 작성하시기 바랍니다.

5. 작성한 답안 파일은 답안 전송 프로그램을 통하여 전송됩니다. 감독위원의 지시에 따라 주시기 바랍니다.

6. 다음 사항의 경우 실격(0점) 혹은 부정행위 처리됩니다.
   1) 답안 파일을 저장하지 않았거나, 저장한 파일이 손상되었을 경우
   2) 답안 파일을 지정한 폴더(바탕화면 – "KAIT" 폴더)에 저장하지 않았을 경우
   ※ 답안 전송 프로그램 로그인 시 바탕화면에 자동 생성됨
   3) 답안 파일을 다른 보조 기억장치(USB) 혹은 네트워크(메신저, 게시판 등)로 전송할 경우
   4) 휴대용 전화기 등 통신기기를 사용할 경우

7. 【 】안의 지시사항은 PhotoShop 영문 버전용 입니다.

8. 답안은 PhotoShop과 Gom Mix for DIAT를 활용하여 작성하십시오.
   ※ PhotoShop 답안 파일의 해상도는 72 Pixels/inch로 작성하십시오.
   ※ Gom Mix for DIAT 답안 파일은 반드시 프로젝트 전체 저장으로 저장하십시오(미준수 시 0점 처리).

9. 시험지에 제시된 글꼴이 응시 프로그램에 없는 경우, 반드시 감독위원에게 해당 내용을 통보한 뒤 조치를 받아야 합니다.

10. 시험의 완료는 작성이 완료된 답안을 저장하고, 답안 전송이 완료된 상태를 확인한 것으로 합니다. 답안 전송 확인 후 문제지는 감독위원에게 제출한 후 퇴실하여야 합니다.

11. 답안 전송이 완료된 경우에는 수정 또는 정정이 불가능합니다.

12. 시험 시행 후 문제 공개 및 합격자 발표는 홈페이지(www.ihd.or.kr)에서 확인하시기 바랍니다.
   1) 문제 및 정답 공개 : 20XX. XX. XX.
   2) 합격자 발표 : 20XX. XX. XX.

※ PhotoShop 프로그램을 활용하여 [문제 01], [문제 02]를 작업하시오.

문제 01　　원본파일을 처리조건에 따라 결과파일로 완성하시오. 　　　　　　(50점)

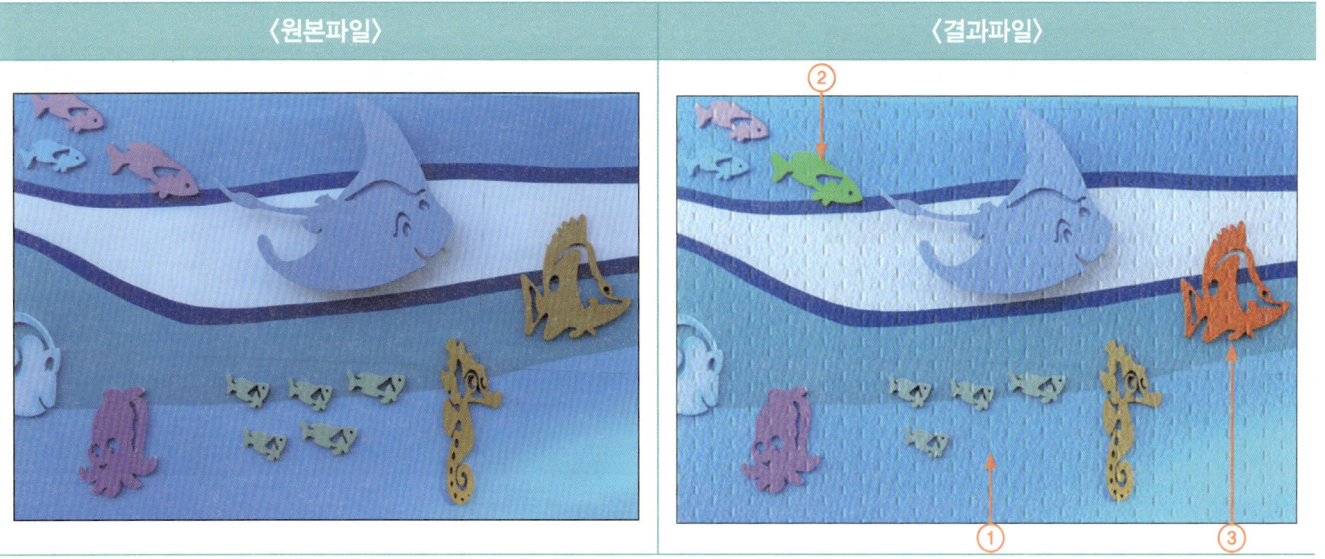

〈원본파일〉	〈결과파일〉

《 처리조건 》

▶ 다음과 같이 캔버스 크기를 변경하시오.
　• 캔버스 크기[Canvas Size] ⇒ 가로(650 픽셀[Pixels])×세로(450 픽셀[Pixels])

▶ '사진1.jpg' 이미지를 불러와 기존 캔버스에 복사한 후 다음과 같이 처리하시오.
　• ① ⇒ 복구 브러시 도구[Healing Brush Tool]를 이용하여 이미지 제거
　• ② ⇒ 색상 균형[Color Balance]을 이용하여 초록색 계열로 보정
　• ③ ⇒ 색조/채도[Hue/Saturation]를 이용하여 빨간색 계열로 보정
　• 밝기 조정 ⇒ 곡선[Curves]을 이용하여 이미지 조정 (입력[Input] : 90, 출력[Output]: 120)
　• 필터 효과 ⇒ 텍스처화[Texturizer]를 이용하여 필터 적용
　　　　　　　　(텍스처[Texture] : 벽돌[Brick], 비율[Scaling] : 120%, 부조[Relief] : 3, 조명[Light] : 왼쪽[Left])

▶ 지시사항이 없는 경우는 기본 값을 적용하시오.

▶ 다음과 같은 규칙으로 JPG 파일과 PSD 파일을 각각 저장하시오.
　• 저장위치 : 바탕화면 – KAIT – 제출파일 폴더

JPG	파일명	dic_01_수검번호(6자리)_이름.JPG	PSD	파일명	dic_01_수검번호(6자리)_이름.PSD
	이미지 크기	600×400 픽셀[Pixels]		이미지 크기	65×45 픽셀[Pixels]

(예 : 수검번호가 DIC-1908-000000인 경우 "dic_01_000000_이름.JPG"과 "dic_01_000000_이름.PSD"로 저장할 것)

(※ dic_01_000000_이름.JPG와 dic_01_000000_이름.PSD 파일 중 하나라도 누락시 "0점" 처리 됨)

문제 02　　원본파일을 처리조건에 따라 결과파일로 완성하시오.　　　　　　(80점)

〈원본파일〉	〈결과파일〉

《 처리조건 》

▶ 다음과 같이 캔버스 크기를 변경하시오.
- 캔버스 조정 ⇒ 캔버스 크기[Canvas Size] ⇒ 가로(650 픽셀[Pixels])×세로(450 픽셀[Pixels])

▶ '사진2.jpg' 이미지를 불러와 기존 캔버스에 복사한 후 다음과 같이 처리하시오.
- ① ⇒ 모양 도구[Shape Tool] 이용
  레이어 스타일 – 선/획[Stroke] (크기 : 2px, 색상 : #ffc664),
  그라디언트 오버레이[Gradient Overlay] (색상 : #009a45 – #6131ff)
- "Sea Story" ⇒ 글꼴(Arial), 글꼴 스타일(Bold Italic), 크기(48pt), 색상(#3a26ce), 앤티 앨리어싱 : 선명하게[Sharp],
  레이어 스타일 – 선/획[Stroke] (크기 : 5px, 색상 : #c6f6ff)
- "바다 이야기" ⇒ 글꼴(궁서체), 크기(36pt), 색상(#a3eaff), 앤티 앨리어싱 : 선명하게[Sharp],
  레이어 스타일 – 선/획[Stroke] (크기 : 2px, 색상 : #003b83)

▶ 타원 도구[Ellipse Tool]와 '사진3.jpg'를 이용하여 새로운 레이어를 생성하시오.
- 원의 크기 ⇒ 180 px × 180 px (단, 클리핑 마스크 기능을 이용할 것)
  레이어 스타일 – 선/획[Stroke] (크기 : 5px, 색상 : #fff000, 위치 : 안쪽[Inside]),
  그림자 효과[Drop Shadow] (혼합모드[Blend Mode] : 곱하기[Multiply], 각도[Angle] : 120°)

▶ 지시사항이 없는 경우는 기본 값을 적용하시오.

▶ 다음과 같은 규칙으로 JPG 파일과 PSD 파일을 각각 저장하시오.
- 저장위치 : 바탕화면 – KAIT – 제출파일 폴더

JPG	파일명	dic_02_수검번호(6자리)_이름.JPG	PSD	파일명	dic_02_수검번호(6자리)_이름.PSD
	이미지 크기	600×400 픽셀[Pixels]		이미지 크기	65×45 픽셀[Pixels]

(예 : 수검번호가 DIC–1908–000000인 경우 "dic_02_000000_이름.JPG"과 "dic_02_000000_이름.PSD"로 저장할 것)

(※ dic_02_000000_이름.JPG와 dic_02_000000_이름.PSD 파일 중 하나라도 누락시 "0점" 처리 됨)

※ Gom Mix for DIAT 프로그램을 활용하여 [문제 03]을 작업하시오.

문제 03　처리조건에 따라 출력형태와 같이 완성하시오.　(70점)

《 출력형태 》

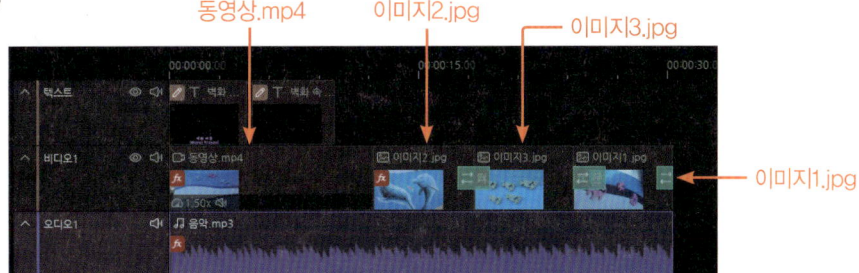

《 처리조건 》

원본 파일	이미지1.jpg, 이미지2.jpg, 이미지3.jpg, 동영상.mp4, 음악.mp3

▶ 미디어 소스의 순서를 다음과 같이 지정하시오.
- 미디어 소스 순서 ⇒ 동영상.mp4 〉 이미지2.jpg 〉 이미지3.jpg 〉 이미지1.jpg

▶ 동영상 파일('동영상.mp4')을 다음과 같이 처리하시오.
- 배속 : 1.5x
- 이펙트 : LUT 필터–카메라 필름–카메라 필름 07(노출 : 5, 감마 : 0.5)
- 자르기 : 시작 시간(0.00), 재생 시간(12.10)
- 텍스트 ⇒ 텍스트 입력 :　│ 벽화 속 바다생물 │
　　　　텍스트 서식(바탕체, 88pt, #000000), 윤곽선 설정(없음),
　　　　위치 설정(화면 정가운데 아래), 시작 시간(5.00), 클립 길이(5.00)
- 재생 속도 설정 후 자르기를 하여야 하며, 잘라진 뒷부분의 동영상 및 트랙의 모든 공백을 삭제할 것
- 원본 동영상에 포함된 오디오는 모두 음소거 할 것

▶ 이미지 파일을 다음과 같이 처리하시오.
- '이미지2.jpg' ⇒ 이미지 클립 길이 : 6.00, 오버레이 : 내려앉는(속도 : 8),
　　　　　클립 트랜지션 : 디졸브(오버랩, 재생 시간 : 2.00)
- '이미지3.jpg' ⇒ 이미지 클립 길이 : 6.00, 오버레이 : 영롱한(크기 : 6),
　　　　　클립 트랜지션 : 문 열기(뒤로 이동, 재생 시간 : 2.00)
- '이미지1.jpg' ⇒ 이미지 클립 길이 : 6.00, 오버레이 : 사각 비넷(페더 : 60),
　　　　　클립 트랜지션 : 문 닫기(앞으로 이동, 재생 시간 : 1.00)
- 지시사항이 없는 경우는 기본 값을 적용하시오.

▶ 다음 조건에 따라 동영상 시작 부분의 텍스트를 지정하시오.
- 텍스트 입력 :　│ 벽화 마을
(Mural Vilage) │

　텍스트 서식(궁서, 144pt, #e9cffe), 윤곽선 설정(#6900af, 두께 : 20),
　나타나기(커지면서 나타나기, 지속 시간 : 3.00), 시작 시간(0.00), 클립 길이(4.20)

▶ 다음 조건에 따라 동영상 전체에 음악 파일('음악.mp3')을 삽입하시오.
- 시작 시간 : 0.00, 재생 시간 : 30.10, 페이드 인 : 3.00

▶ 다음과 같은 규칙으로 GMEP 파일을 프로젝트 전체 저장하시오.
- 저장 위치 : 바탕화면 – KAIT – 제출파일 폴더

GMEP	파일명	dic_03_수검 번호(6자리)_이름.GMEP

(예 : 수검 번호가 DIC–XXXX–000000인 경우 'dic_03_000000_이름.GMEP'로 프로젝트 전체 저장할 것)

(※ dic_03_000000_이름.GMEP 파일 누락 / 프로젝트 전체 저장 이외의 기능을 이용하여 저장할 시 "0점" 처리됨)

◆ 시험과목 : 멀티미디어제작(포토샵, 곰믹스)
◆ 시험일자 : 20XX. XX. XX (토)
◆ 수검자 기재사항 및 감독위원 확인

수 검 번 호	DIC - XXXX -	감독위원 확인
성 명		

수검자 유의사항

1. 수검자는 신분증을 지참하여야 시험에 응시할 수 있으며, 시험이 종료될 때까지 신분증을 제시하지 못 할 경우 해당 시험은 0점 처리됩니다.

2. 시스템(PC 작동 여부, 네트워크 상태 등)의 이상 여부를 반드시 확인하여야 하며, 시스템 이상이 있을 시 감독위원에게 조치를 받으셔야 합니다.

3. 시험 중 부주의 또는 고의로 시스템을 파손한 경우는 수검자 부담으로 합니다.

4. 답안 전송 프로그램을 통해 다운로드 받은 파일을 이용하여 답안 파일을 작성하시기 바랍니다.

5. 작성한 답안 파일은 답안 전송 프로그램을 통하여 전송됩니다. 감독위원의 지시에 따라 주시기 바랍니다.

6. 다음 사항의 경우 실격(0점) 혹은 부정행위 처리됩니다.
   1) 답안 파일을 저장하지 않았거나, 저장한 파일이 손상되었을 경우
   2) 답안 파일을 지정한 폴더(바탕화면 – "KAIT" 폴더)에 저장하지 않았을 경우
   ※ 답안 전송 프로그램 로그인 시 바탕화면에 자동 생성됨
   3) 답안 파일을 다른 보조 기억장치(USB) 혹은 네트워크(메신저, 게시판 등)로 전송할 경우
   4) 휴대용 전화기 등 통신기기를 사용할 경우

7. 【 】안의 지시사항은 PhotoShop 영문 버전용 입니다.

8. 답안은 PhotoShop과 Gom Mix for DIAT를 활용하여 작성하십시오.
   ※ PhotoShop 답안 파일의 해상도는 72 Pixels/inch로 작성하십시오.
   ※ Gom Mix for DIAT 답안 파일은 반드시 프로젝트 전체 저장으로 저장하십시오(미준수 시 0점 처리).

9. 시험지에 제시된 글꼴이 응시 프로그램에 없는 경우, 반드시 감독위원에게 해당 내용을 통보한 뒤 조치를 받아야 합니다.

10. 시험의 완료는 작성이 완료된 답안을 저장하고, 답안 전송이 완료된 상태를 확인한 것으로 합니다. 답안 전송 확인 후 문제지는 감독위원에게 제출한 후 퇴실하여야 합니다.

11. 답안 전송이 완료된 경우에는 수정 또는 정정이 불가능합니다.

12. 시험 시행 후 문제 공개 및 합격자 발표는 홈페이지(www.ihd.or.kr)에서 확인하시기 바랍니다.
   1) 문제 및 정답 공개 : 20XX. XX. XX.
   2) 합격자 발표 : 20XX. XX. XX.

※ PhotoShop 프로그램을 활용하여 [문제 01], [문제 02]를 작업하시오.

문제 01 원본파일을 처리조건에 따라 결과파일로 완성하시오. (50점)

| 〈원본파일〉 | 〈결과파일〉 |

《 처리조건 》

▶ 다음과 같이 캔버스 크기를 변경하시오.
  - 캔버스 크기[Canvas Size] ⇒ 가로(650 픽셀[Pixels])×세로(450 픽셀[Pixels])

▶ '사진1.jpg' 이미지를 불러와 기존 캔버스에 복사한 후 다음과 같이 처리하시오.
  - ① ⇒ 복구 브러시 도구[Healing Brush Tool]를 이용하여 이미지 제거
  - ② ⇒ 색상 균형[Color Balance]을 이용하여 보라색 계열로 보정
  - ③ ⇒ 색조/채도[Hue/Saturation]를 이용하여 파란색 계열로 보정
  - 밝기 조정 ⇒ 곡선[Curves]을 이용하여 이미지 조정 (입력[Input] : 80, 출력[Output]: 110)
  - 필터 효과 ⇒ 텍스처화[Texturizer]를 이용하여 필터 적용
          (텍스처[Texture] : 캔버스[Canvas], 비율[Scaling] : 130%, 부조[Relief] : 2, 조명[Light] : 위[Top])

▶ 지시사항이 없는 경우는 기본 값을 적용하시오.

▶ 다음과 같은 규칙으로 JPG 파일과 PSD 파일을 각각 저장하시오.
  - 저장위치 : 바탕화면 – KAIT – 제출파일 폴더

JPG	파일명	dic_01_수검번호(6자리)_이름.JPG	PSD	파일명	dic_01_수검번호(6자리)_이름.PSD
	이미지 크기	600×400 픽셀[Pixels]		이미지 크기	65×45 픽셀[Pixels]

(예 : 수검번호가 DIC–1908–000000인 경우 "dic_01_000000_이름.JPG"과 "dic_01_000000_이름.PSD"로 저장할 것)

(※ dic_01_000000_이름.JPG와 dic_01_000000_이름.PSD 파일 중 하나라도 누락시 "0점" 처리 됨)

문제 02　　원본파일을 처리조건에 따라 결과파일로 완성하시오.　　　　　　(80점)

〈원본파일〉	〈결과파일〉

《 처리조건 》

▶ 다음과 같이 캔버스 크기를 변경하시오.
　• 캔버스 조정 ⇒ 캔버스 크기[Canvas Size] ⇒ 가로(650 픽셀[Pixels])×세로(450 픽셀[Pixels])

▶ '사진2.jpg' 이미지를 불러와 기존 캔버스에 복사한 후 다음과 같이 처리하시오.
　• ① ⇒ 모양 도구[Shape Tool] 이용
　　　　레이어 스타일 – 선/획[Stroke] (크기 : 2px, 색상 : #03a163),
　　　　그라디언트 오버레이[Gradient Overlay] (색상 : #ff3636 – #ffdf31)
　• "A Traditional House" ⇒ 글꼴(Arial), 글꼴 스타일(Bold Italic), 크기(48pt), 색상(#108c7f), 앤티 앨리어싱 :
　　　　　　　　선명하게[Sharp], 레이어 스타일 – 선/획[Stroke] (크기 : 5px, 색상 : #ffea00)
　• "한국의 전통 가옥" ⇒ 글꼴(궁서체), 크기(36pt), 색상(#993109), 앤티 앨리어싱 : 선명하게[Sharp],
　　　　　　　　레이어 스타일 – 선/획[Stroke] (크기 : 2px, 색상 : #ffffff)

▶ 타원 도구[Ellipse Tool]와 '사진3.jpg'를 이용하여 새로운 레이어를 생성하시오.
　• 원의 크기 ⇒ 180 px × 180 px (단, 클리핑 마스크 기능을 이용할 것)
　　　　　　레이어 스타일 – 선/획[Stroke] (크기 : 5px, 색상 : #ffc334, 위치 : 안쪽[Inside]),
　　　　　　그림자 효과[Drop Shadow] (혼합모드[Blend Mode] : 곱하기[Multiply], 각도[Angle] : 120°)

▶ 지시사항이 없는 경우는 기본 값을 적용하시오.

▶ 다음과 같은 규칙으로 JPG 파일과 PSD 파일을 각각 저장하시오.
　• 저장위치 : 바탕화면 – KAIT – 제출파일 폴더

JPG	파일명	dic_02_수검번호(6자리)_이름.JPG	PSD	파일명	dic_02_수검번호(6자리)_이름.PSD
	이미지 크기	600×400 픽셀[Pixels]		이미지 크기	65×45 픽셀[Pixels]

(예 : 수검번호가 DIC–1908–000000인 경우 "dic_02_000000_이름.JPG"과 "dic_02_000000_이름.PSD"로 저장할 것)

(※ dic_02_000000_이름.JPG와 dic_02_000000_이름.PSD 파일 중 하나라도 누락시 "0점" 처리 됨)

※ Gom Mix for DIAT 프로그램을 활용하여 [문제 03]을 작업하시오.

문제 03 　처리조건에 따라 출력형태와 같이 완성하시오. 　(70점)

《 출력형태 》

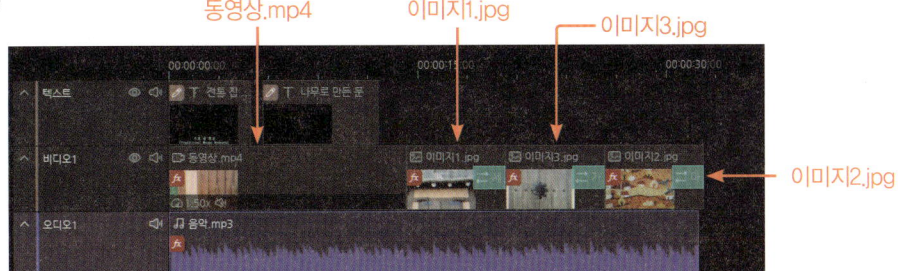

《 처리조건 》

원본 파일	이미지1.jpg, 이미지2.jpg, 이미지3.jpg, 동영상.mp4, 음악.mp3

▶ 미디어 소스의 순서를 다음과 같이 지정하시오.
- 미디어 소스 순서 ⇒ 동영상.mp4 〉 이미지1.jpg 〉 이미지3.jpg 〉 이미지2.jpg

▶ 동영상 파일('동영상.mp4')을 다음과 같이 처리하시오.
- 배속 : 1.5x
- 자르기 : 시작 시간(0.00), 재생 시간(14.10)
- 이펙트 : LUT 필터-에메랄드-에메랄드 05(노출 : 3, 감마 : 0.8)
- 텍스트 ⇒ 텍스트 입력 : 나무로 만든 문
    텍스트 서식(맑은 고딕, 88pt, #144e5c), 윤곽선 설정(없음),
    위치 설정(화면 정가운데 아래), 시작 시간(5.20), 클립 길이(7.00)
- 재생 속도 설정 후 자르기를 하여야 하며, 잘라진 뒷부분의 동영상 및 트랙의 모든 공백을 삭제할 것
- 원본 동영상에 포함된 오디오는 모두 음소거 할 것

▶ 이미지 파일을 다음과 같이 처리하시오.
- '이미지1.jpg' ⇒ 이미지 클립 길이 : 6.00, 오버레이 : 레터 박스 블라로이드(불투명도 : 60),
    클립 트랜지션 : 세로 나누기(앞으로 이동, 재생 시간 : 2.00)
- '이미지3.jpg' ⇒ 이미지 클립 길이 : 6.00, 오버레이 : 원형 비넷(반경 : 60),
    클립 트랜지션 : 가로 나누기(앞으로 이동, 재생 시간 : 2.00)
- '이미지2.jpg' ⇒ 이미지 클립 길이 : 6.00, 오버레이 : 색종이 조각(크기 : 7),
    클립 트랜지션 : 마름모 닫기(앞으로 이동, 재생 시간 : 2.00)
- 지시사항이 없는 경우는 기본 값을 적용하시오.

▶ 다음 조건에 따라 동영상 시작 부분의 텍스트를 지정하시오.
- 텍스트 입력 : 벽화 마을
    (Mural Vilage)

    텍스트 서식(궁서체, 144pt, #b7f9af), 윤곽선 설정(#1e376f, 두께 : 20),
    나타나기(회전하며 나타나기, 지속 시간 : 3.00), 시작 시간(0.00), 클립 길이(4.29)

▶ 다음 조건에 따라 동영상 전체에 음악 파일('음악.mp3')을 삽입하시오.
- 시작 시간 : 0.00, 재생 시간 : 32.00, 페이드 인 : 1.00

▶ 다음과 같은 규칙으로 GMEP 파일을 프로젝트 전체 저장하시오.
- 저장 위치 : 바탕화면 - KAIT - 제출파일 폴더

GMEP 　　파일명	dic_03_수검 번호(6자리)_이름.GMEP

(예 : 수검 번호가 DIC-XXXX-000000인 경우 'dic_03_000000_이름.GMEP'로 프로젝트 전체 저장할 것)
(※ dic_03_000000_이름.GMEP 파일 누락 / 프로젝트 전체 저장 이외의 기능을 이용하여 저장할 시 "0점" 처리됨)

♦ 시험과목 : 멀티미디어제작(포토샵, 곰믹스)
♦ 시험일자 : 20XX. XX. XX (토)
♦ 수검자 기재사항 및 감독위원 확인

수 검 번 호	DIC – XXXX –	감독위원 확인
성 명		

수검자 유의사항

1. 수검자는 신분증을 지참하여야 시험에 응시할 수 있으며, 시험이 종료될 때까지 신분증을 제시하지 못 할 경우 해당 시험은 0점 처리됩니다.

2. 시스템(PC 작동 여부, 네트워크 상태 등)의 이상 여부를 반드시 확인하여야 하며, 시스템 이상이 있을 시 감독위원에게 조치를 받으셔야 합니다.

3. 시험 중 부주의 또는 고의로 시스템을 파손한 경우는 수검자 부담으로 합니다.

4. 답안 전송 프로그램을 통해 다운로드 받은 파일을 이용하여 답안 파일을 작성하시기 바랍니다.

5. 작성한 답안 파일은 답안 전송 프로그램을 통하여 전송됩니다. 감독위원의 지시에 따라 주시기 바랍니다.

6. 다음 사항의 경우 실격(0점) 혹은 부정행위 처리됩니다.

   1) 답안 파일을 저장하지 않았거나, 저장한 파일이 손상되었을 경우

   2) 답안 파일을 지정한 폴더(바탕화면 – "KAIT" 폴더)에 저장하지 않았을 경우

   ※ 답안 전송 프로그램 로그인 시 바탕화면에 자동 생성됨

   3) 답안 파일을 다른 보조 기억장치(USB) 혹은 네트워크(메신저, 게시판 등)로 전송할 경우

   4) 휴대용 전화기 등 통신기기를 사용할 경우

7. 【 】안의 지시사항은 PhotoShop 영문 버전용 입니다.

8. 답안은 PhotoShop과 Gom Mix for DIAT를 활용하여 작성하십시오.

   ※ PhotoShop 답안 파일의 해상도는 72 Pixels/inch로 작성하십시오.

   ※ Gom Mix for DIAT 답안 파일은 반드시 프로젝트 전체 저장으로 저장하십시오(미준수 시 0점 처리).

9. 시험지에 제시된 글꼴이 응시 프로그램에 없는 경우, 반드시 감독위원에게 해당 내용을 통보한 뒤 조치를 받아야 합니다.

10. 시험의 완료는 작성이 완료된 답안을 저장하고, 답안 전송이 완료된 상태를 확인한 것으로 합니다. 답안 전송 확인 후 문제지는 감독위원에게 제출한 후 퇴실하여야 합니다.

11. 답안 전송이 완료된 경우에는 수정 또는 정정이 불가능합니다.

12. 시험 시행 후 문제 공개 및 합격자 발표는 홈페이지(www.ihd.or.kr)에서 확인하시기 바랍니다.

   1) 문제 및 정답 공개 : 20XX. XX. XX.

   2) 합격자 발표 : 20XX. XX. XX.

※ PhotoShop 프로그램을 활용하여 [문제 01], [문제 02]를 작업하시오.

문제 01　　원본파일을 처리조건에 따라 결과파일로 완성하시오.　　　　　(50점)

〈원본파일〉　　　　　　　　　　　　　　　　〈결과파일〉

《 처리조건 》

▶ 다음과 같이 캔버스 크기를 변경하시오.
- 캔버스 크기[Canvas Size] ⇒ 가로(650 픽셀[Pixels])×세로(450 픽셀[Pixels])

▶ '사진1.jpg' 이미지를 불러와 기존 캔버스에 복사한 후 다음과 같이 처리하시오.
- ① ⇒ 복제 도장 도구[Clone Stamp Tool]를 이용하여 이미지 복사
- ② ⇒ 색조/채도[Hue/Saturation]를 이용하여 빨간색 계열로 보정
- ③ ⇒ 색상 균형[Color Balance]을 이용하여 초록색 계열로 보정
- 밝기 조정 ⇒ 곡선[Curves]을 이용하여 이미지 조정 (입력[Input] : 80, 출력[Output] : 110)
- 필터 효과 ⇒ 텍스처화[Texturizer]를 이용하여 필터 적용
　　　　　　　　(텍스처[Texture] : 벽돌[Brick], 비율[Scaling] : 150%, 부조[Relief] : 3, 조명[Light] : 위[Top])

▶ 지시사항이 없는 경우는 기본 값을 적용하시오.

▶ 다음과 같은 규칙으로 JPG 파일과 PSD 파일을 각각 저장하시오.
- 저장위치 : 바탕화면 – KAIT – 제출파일 폴더

JPG	파일명	dic_01_수검번호(6자리)_이름.JPG	PSD	파일명	dic_01_수검번호(6자리)_이름.PSD
	이미지 크기	600×400 픽셀[Pixels]		이미지 크기	65×45 픽셀[Pixels]

(예 : 수검번호가 DIC–1908–000000인 경우 "dic_01_000000_이름.JPG"과 "dic_01_000000_이름.PSD"로 저장할 것)

(※ dic_01_000000_이름.JPG와 dic_01_000000_이름.PSD 파일 중 하나라도 누락시 "0점" 처리 됨)

문제 02   원본파일을 처리조건에 따라 결과파일로 완성하시오.   (80점)

〈원본파일〉	〈결과파일〉

《 처리조건 》

▶ 다음과 같이 캔버스 크기를 변경하시오.
- 캔버스 조정 ⇒ 캔버스 크기[Canvas Size] ⇒ 가로(650 픽셀[Pixels])×세로(350 픽셀[Pixels]),
   캔버스 배경색(색상 : #ffff00)

▶ '사진2.jpg' 이미지를 불러와 기존 캔버스에 복사한 후 다음과 같이 처리하시오.
- 이미지 복사 ⇒ 자유 변형[Free Transform] 으로 캔버스 크기에 맞게 변형, 레이어 이름 – '피자',
   레이어 마스크[Layer Mask] 설정, 가로 방향으로 흐릿하게
- "Delicious Food" ⇒ 글꼴(Arial), 글꼴 스타일(Bold Italic), 크기(48pt), 색상(#ff7200), 앤티 앨리어싱 :
   선명하게[Sharp], 레이어 스타일 – 선/획[Stroke] (크기 : 5px, 색상 : #f4ffab)
- "맛있는 음식" ⇒ 글꼴(궁서체), 크기(36pt), 색상(#d8ff00), 앤티 앨리어싱 : 선명하게[Sharp],
   레이어 스타일 – 선/획[Stroke] (크기 : 2px, 색상 : #000000)

▶ '사진3.jpg'를 이용하여 새로운 레이어를 생성하시오.
- 이미지 복사 ⇒ 자유 변형[Free Transform]으로 크기 변형, 레이어 이름 – '소시지'
   레이어 스타일 – 그림자 효과[Drop Shadow] (혼합모드[Blend Mode] : 곱하기[Multiply],
   각도(Angle) : 120°)
- '사진3.jpg'의 자유 변형[Free Transform] 후, 이미지의 형태는 결과파일과 동일할 것

▶ 지시사항이 없는 경우는 기본 값을 적용하시오.

▶ 다음과 같은 규칙으로 JPG 파일과 PSD 파일을 각각 저장하시오.
- 저장위치 : 바탕화면 – KAIT – 제출파일 폴더

JPG	파일명	dic_02_수검번호(6자리)_이름.JPG	PSD	파일명	dic_02_수검번호(6자리)_이름.PSD
	이미지 크기	600×300 픽셀[Pixels]		이미지 크기	65×35 픽셀[Pixels]

(예 : 수검번호가 DIC–1908–000000인 경우 "dic_02_000000_이름.JPG"과 "dic_02_000000_이름.PSD"로 저장할 것)

(※ dic_02_000000_이름.JPG와 dic_02_000000_이름.PSD 파일 중 하나라도 누락시 "0점" 처리 됨)

※ Gom Mix for DIAT 프로그램을 활용하여 [문제 03]을 작업하시오.

문제 03　　처리조건에 따라 출력형태와 같이 완성하시오.　　　　　　　　　　(70점)

《 출력형태 》

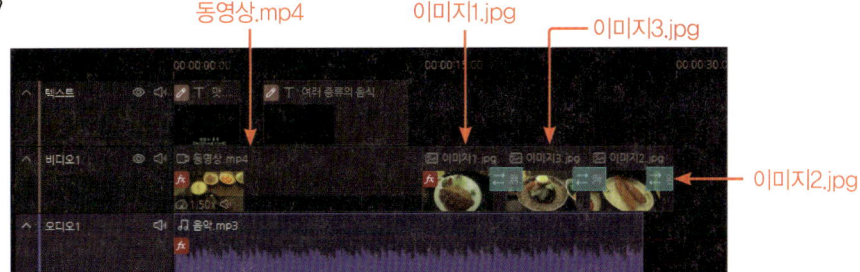

《 처리조건 》

원본 파일	이미지1.jpg, 이미지2.jpg, 이미지3.jpg, 동영상.mp4, 음악.mp3

▶ 미디어 소스의 순서를 다음과 같이 지정하시오.
  • 미디어 소스 순서 ⇒ 동영상.mp4 〉이미지1.jpg 〉이미지3.jpg 〉이미지2.jpg

▶ 동영상 파일('동영상.mp4')을 다음과 같이 처리하시오.
  • 배속 : 1.5x
  • 이펙트 : LUT 필터-빈티지-빈티지 05(노출 : 15, 감마 : 0.7)
  • 텍스트 ⇒ 텍스트 입력 : [여러 종류의 음식]
  • 자르기 : 시작 시간(0.00), 재생 시간(14.25)
  　　　　텍스트 서식(굴림체, 88pt, #cfce25), 윤곽선 설정(없음),
  　　　　위치 설정(화면 정가운데 아래), 시작 시간(5.10), 클립 길이(8.20)
  • 재생 속도 설정 후 자르기를 하여야 하며, 잘라진 뒷부분의 동영상 및 트랙의 모든 공백을 삭제할 것
  • 원본 동영상에 포함된 오디오는 모두 음소거 할 것

▶ 이미지 파일을 다음과 같이 처리하시오.
  • '이미지1.jpg' ⇒ 이미지 클립 길이 : 5.00, 오버레이 : 스페이스 01(속도 : 6),
  　　　　　　　　클립 트랜지션 : 위로 덮기(오버랩, 재생 시간 : 2.00)
  • '이미지3.jpg' ⇒ 이미지 클립 길이 : 5.00, 오버레이 : 떠오르는 하트(크기 : 3),
  　　　　　　　　클립 트랜지션 : 아래로 덮기(오버랩, 재생 시간 : 2.00)
  • '이미지2.jpg' ⇒ 이미지 클립 길이 : 5.00, 오버레이 : 떠오르는(속도 : 8),
  　　　　　　　　클립 트랜지션 : 왼쪽으로 닦아내기(앞으로 이동, 재생 시간 : 1.20)
  • 지시사항이 없는 경우는 기본 값을 적용하시오.

▶ 다음 조건에 따라 동영상 시작 부분의 텍스트를 지정하시오.
  • 텍스트 입력 : [맛있는 음식　(Delicious food)]

  텍스트 서식(궁서, 144pt, #bcebf7), 윤곽선 설정(#2d7e22, 두께 : 30),
  나타나기(작아지며 나타나기(회전), 지속 시간 : 3.00), 시작 시간(0.00), 클립 길이(4.00)

▶ 다음 조건에 따라 동영상 전체에 음악 파일('음악.mp3')을 삽입하시오.
  • 시작 시간 : 0.00, 재생 시간 : 28.00, 페이드 아웃 : 1.20

▶ 다음과 같은 규칙으로 GMEP 파일을 프로젝트 전체 저장하시오.
  • 저장 위치 : 바탕화면 - KAIT - 제출파일 폴더

GMEP	파일명	dic_03_수검 번호(6자리)_이름.GMEP

(예 : 수검 번호가 DIC-XXXX-000000인 경우 'dic_03_000000_이름.GMEP'로 프로젝트 전체 저장할 것)

(※ dic_03_000000_이름.GMEP 파일 누락 / 프로젝트 전체 저장 이외의 기능을 이용하여 저장할 시 "0점" 처리됨)

제08회 디지털정보활용능력 최신유형 기출문제

◆ 시험과목 : 멀티미디어제작(포토샵, 곰믹스)
◆ 시험일자 : 20XX. XX. XX (토)
◆ 수검자 기재사항 및 감독위원 확인

수 검 번 호	DIC - XXXX -	감독위원 확인
성 명		

수검자 유의사항

1. 수검자는 신분증을 지참하여야 시험에 응시할 수 있으며, 시험이 종료될 때까지 신분증을 제시하지 못 할 경우 해당 시험은 0점 처리됩니다.

2. 시스템(PC 작동 여부, 네트워크 상태 등)의 이상 여부를 반드시 확인하여야 하며, 시스템 이상이 있을 시 감독위원에게 조치를 받으셔야 합니다.

3. 시험 중 부주의 또는 고의로 시스템을 파손한 경우는 수검자 부담으로 합니다.

4. 답안 전송 프로그램을 통해 다운로드 받은 파일을 이용하여 답안 파일을 작성하시기 바랍니다.

5. 작성한 답안 파일은 답안 전송 프로그램을 통하여 전송됩니다. 감독위원의 지시에 따라 주시기 바랍니다.

6. 다음 사항의 경우 실격(0점) 혹은 부정행위 처리됩니다.

   1) 답안 파일을 저장하지 않았거나, 저장한 파일이 손상되었을 경우
   2) 답안 파일을 지정한 폴더(바탕화면 – "KAIT" 폴더)에 저장하지 않았을 경우
   ※ 답안 전송 프로그램 로그인 시 바탕화면에 자동 생성됨
   3) 답안 파일을 다른 보조 기억장치(USB) 혹은 네트워크(메신저, 게시판 등)로 전송할 경우
   4) 휴대용 전화기 등 통신기기를 사용할 경우

7. 【 】안의 지시사항은 PhotoShop 영문 버전용 입니다.

8. 답안은 PhotoShop과 Gom Mix for DIAT를 활용하여 작성하십시오.
   ※ PhotoShop 답안 파일의 해상도는 72 Pixels/inch로 작성하십시오.
   ※ Gom Mix for DIAT 답안 파일은 반드시 프로젝트 전체 저장으로 저장하십시오(미준수 시 0점 처리).

9. 시험지에 제시된 글꼴이 응시 프로그램에 없는 경우, 반드시 감독위원에게 해당 내용을 통보한 뒤 조치를 받아야 합니다.

10. 시험의 완료는 작성이 완료된 답안을 저장하고, 답안 전송이 완료된 상태를 확인한 것으로 합니다. 답안 전송 확인 후 문제지는 감독위원에게 제출한 후 퇴실하여야 합니다.

11. 답안 전송이 완료된 경우에는 수정 또는 정정이 불가능합니다.

12. 시험 시행 후 문제 공개 및 합격자 발표는 홈페이지(www.ihd.or.kr)에서 확인하시기 바랍니다.
    1) 문제 및 정답 공개 : 20XX. XX. XX.
    2) 합격자 발표 : 20XX. XX. XX.

※ PhotoShop 프로그램을 활용하여 [문제 01], [문제 02]를 작업하시오.

문제 01　　원본파일을 처리조건에 따라 결과파일로 완성하시오.　　(50점)

〈원본파일〉	〈결과파일〉

《 처리조건 》

▶ 다음과 같이 캔버스 크기를 변경하시오.
  • 캔버스 크기[Canvas Size] ⇒ 가로(650 픽셀[Pixels])×세로(450 픽셀[Pixels])

▶ '사진1.jpg' 이미지를 불러와 기존 캔버스에 복사한 후 다음과 같이 처리하시오.
  • ① ⇒ 복구 브러시 도구[Healing Brush Tool]를 이용하여 이미지 제거
  • ② ⇒ 색상 균형[Color Balance]을 이용하여 초록색 계열로 보정
  • ③ ⇒ 색조/채도[Hue/Saturation]를 이용하여 파란색 계열로 보정
  • 밝기 조정 ⇒ 곡선[Curves]을 이용하여 이미지 조정 (입력[Input] : 80, 출력[Output] : 110)
  • 필터 효과 ⇒ 그레인[Grain]을 이용하여 필터 적용
　　　　　　(강도[Intensity] : 25, 대비[Contrast] : 35, 그레인 유형[Grain Type] : 보통[Regular])

▶ 지시사항이 없는 경우는 기본 값을 적용하시오.

▶ 다음과 같은 규칙으로 JPG 파일과 PSD 파일을 각각 저장하시오.
  • 저장위치 : 바탕화면 – KAIT – 제출파일 폴더

JPG	파일명	dic_01_수검번호(6자리)_이름.JPG	PSD	파일명	dic_01_수검번호(6자리)_이름.PSD
	이미지 크기	600×400 픽셀[Pixels]		이미지 크기	65×45 픽셀[Pixels]

(예 : 수검번호가 DIC–1908–000000인 경우 "dic_01_000000_이름.JPG"과 "dic_01_000000_이름.PSD"로 저장할 것)

(※ dic_01_000000_이름.JPG와 dic_01_000000_이름.PSD 파일 중 하나라도 누락시 "0점" 처리 됨)

문제 02　　원본파일을 처리조건에 따라 결과파일로 완성하시오.　　　　　　　　(80점)

〈원본파일〉	〈결과파일〉

《 처리조건 》

▶ 다음과 같이 캔버스 크기를 변경하시오.
 • 캔버스 조정 ⇒ 캔버스 크기[Canvas Size] ⇒ 가로(650 픽셀[Pixels])×세로(350 픽셀[Pixels]),
　　　　　　　　캔버스 배경색(색상 : #00cc33)

▶ '사진2.jpg' 이미지를 불러와 기존 캔버스에 복사한 후 다음과 같이 처리하시오.
 • 이미지 복사 ⇒ 자유 변형[Free Transform] 으로 캔버스 크기에 맞게 변형, 레이어 이름 – '기둥',
　　　　　　　　레이어 마스크[Layer Mask] 설정, 가로 방향으로 흐릿하게
 • "Cool Summer" ⇒ 글꼴(Arial), 글꼴 스타일(Bold Italic), 크기(48pt), 색상(#baff00), 앤티 앨리어싱 :
　　　　　　　　선명하게[Sharp], 레이어 스타일 – 선/획[Stroke] (크기 : 5px, 색상 : #000000)
 • "시원한 여름" ⇒ 글꼴(궁서체), 크기(36pt), 색상(#0078ff), 앤티 앨리어싱 : 선명하게[Sharp],
　　　　　　　　레이어 스타일 – 선/획[Stroke] (크기 : 2px, 색상 : #ffffff)

▶ '사진3.jpg'를 이용하여 새로운 레이어를 생성하시오.
 • 이미지 복사 ⇒ 자유 변형[Free Transform]으로 크기 변형, 레이어 이름 – '아이스크림'
　　　　　　　　레이어 스타일 – 그림자 효과[Drop Shadow] (혼합모드[Blend Mode] : 곱하기[Multiply],
　　　　　　　　각도(Angle) : 120°)
 • '사진3.jpg'의 자유 변형[Free Transform] 후, 이미지의 형태는 결과파일과 동일할 것

▶ 지시사항이 없는 경우는 기본 값을 적용하시오.

▶ 다음과 같은 규칙으로 JPG 파일과 PSD 파일을 각각 저장하시오.
 • 저장위치 : 바탕화면 – KAIT – 제출파일 폴더

JPG	파일명	dic_02_수검번호(6자리)_이름.JPG	PSD	파일명	dic_02_수검번호(6자리)_이름.PSD
	이미지 크기	600×300 픽셀[Pixels]		이미지 크기	65×35 픽셀[Pixels]

(예 : 수검번호가 DIC-1908-000000인 경우 "dic_02_000000_이름.JPG"과 "dic_02_000000_이름.PSD"로 저장할 것)

(※ dic_02_000000_이름.JPG와 dic_02_000000_이름.PSD 파일 중 하나라도 누락시 "0점" 처리 됨)

※ Gom Mix for DIAT 프로그램을 활용하여 [문제 03]을 작업하시오.

문제 03　처리조건에 따라 출력형태와 같이 완성하시오.　(70점)

《 출력형태 》

《 처리조건 》

원본 파일	이미지1.jpg, 이미지2.jpg, 이미지3.jpg, 동영상.mp4, 음악.mp3

▶ 미디어 소스의 순서를 다음과 같이 지정하시오.
- 미디어 소스 순서 ⇒ 동영상.mp4 〉 이미지2.jpg 〉 이미지1.jpg 〉 이미지3.jpg

▶ 동영상 파일('동영상.mp4')을 다음과 같이 처리하시오.
- 배속 : 1.5x
- 자르기 : 시작 시간(0.00), 재생 시간(14.25)
- 이펙트 : LUT 필터-옛날 사진-옛날 사진 06(노출 : -20, 감마 : 1.3)
- 텍스트 ⇒ 텍스트 입력 : ┌ 재미있는 캐릭터 ┐
  텍스트 서식(바탕, 88pt, #990000), 윤곽선 설정(없음),
  위치 설정(화면 정가운데 아래), 시작 시간(5.20), 클립 길이(8.20)
- 재생 속도 설정 후 자르기를 하여야 하며, 잘라진 뒷부분의 동영상 및 트랙의 모든 공백을 삭제할 것
- 원본 동영상에 포함된 오디오는 모두 음소거 할 것

▶ 이미지 파일을 다음과 같이 처리하시오.
- '이미지2.jpg' ⇒ 이미지 클립 길이 : 6.00, 오버레이 : 가랜드(줄 색상 : #68217a),
  클립 트랜지션 : 오른쪽으로 밀기(오버랩, 재생 시간 : 2.00)
- '이미지1.jpg' ⇒ 이미지 클립 길이 : 5.00, 오버레이 : 좋아요(크기 : 5),
  클립 트랜지션 : 위로 밀기(오버랩, 재생 시간 : 2.00)
- '이미지3.jpg' ⇒ 이미지 클립 길이 : 5.00, 오버레이 : 떨림(강도 : 8),
  클립 트랜지션 : 아래로 밀기(앞으로 이동, 재생 시간 : 2.00)
- 지시사항이 없는 경우는 기본 값을 적용하시오.

▶ 다음 조건에 따라 동영상 시작 부분의 텍스트를 지정하시오.
- 텍스트 입력 : ┌ 재밌는 캐릭터 여행 ┐
  └ (Fun Character Travel) ┘

  텍스트 서식(바탕체, 144pt, #fccff8), 윤곽선 설정(#9a4400, 두께 : 30),
  나타나기(클립 위에서 나타나기, 지속 시간 : 3.00), 시작 시간(0.00), 클립 길이(4.10)

▶ 다음 조건에 따라 동영상 전체에 음악 파일('음악.mp3')을 삽입하시오.
- 시작 시간 : 0.00, 재생 시간 : 30.20, 페이드 인 : 1.20

▶ 다음과 같은 규칙으로 GMEP 파일을 프로젝트 전체 저장하시오.
- 저장 위치 : 바탕화면 – KAIT – 제출파일 폴더

GMEP	파일명	dic_03_수검 번호(6자리)_이름.GMEP

(예 : 수검 번호가 DIC-XXXX-000000인 경우 'dic_03_000000_이름.GMEP'로 프로젝트 전체 저장할 것)

(※ dic_03_000000_이름.GMEP 파일 누락 / 프로젝트 전체 저장 이외의 기능을 이용하여 저장할 시 "0점" 처리됨)

◆ 시험과목 : 멀티미디어제작(포토샵, 곰믹스)
◆ 시험일자 : 20XX. XX. XX (토)
◆ 수검자 기재사항 및 감독위원 확인

수검번호	DIC – XXXX –	감독위원 확인
성 명		

수검자 유의사항

1. 수검자는 신분증을 지참하여야 시험에 응시할 수 있으며, 시험이 종료될 때까지 신분증을 제시하지 못 할 경우 해당 시험은 0점 처리됩니다.

2. 시스템(PC 작동 여부, 네트워크 상태 등)의 이상 여부를 반드시 확인하여야 하며, 시스템 이상이 있을 시 감독위원에게 조치를 받으셔야 합니다.

3. 시험 중 부주의 또는 고의로 시스템을 파손한 경우는 수검자 부담으로 합니다.

4. 답안 전송 프로그램을 통해 다운로드 받은 파일을 이용하여 답안 파일을 작성하시기 바랍니다.

5. 작성한 답안 파일은 답안 전송 프로그램을 통하여 전송됩니다. 감독위원의 지시에 따라 주시기 바랍니다.

6. 다음 사항의 경우 실격(0점) 혹은 부정행위 처리됩니다.
    1) 답안 파일을 저장하지 않았거나, 저장한 파일이 손상되었을 경우
    2) 답안 파일을 지정한 폴더(바탕화면 – "KAIT" 폴더)에 저장하지 않았을 경우
    ※ 답안 전송 프로그램 로그인 시 바탕화면에 자동 생성됨
    3) 답안 파일을 다른 보조 기억장치(USB) 혹은 네트워크(메신저, 게시판 등)로 전송할 경우
    4) 휴대용 전화기 등 통신기기를 사용할 경우

7. 【 】안의 지시사항은 PhotoShop 영문 버전용 입니다.

8. 답안은 PhotoShop과 Gom Mix for DIAT를 활용하여 작성하십시오.
    ※ PhotoShop 답안 파일의 해상도는 72 Pixels/inch로 작성하십시오.
    ※ Gom Mix for DIAT 답안 파일은 반드시 프로젝트 전체 저장으로 저장하십시오(미준수 시 0점 처리).

9. 시험지에 제시된 글꼴이 응시 프로그램에 없는 경우, 반드시 감독위원에게 해당 내용을 통보한 뒤 조치를 받아야 합니다.

10. 시험의 완료는 작성이 완료된 답안을 저장하고, 답안 전송이 완료된 상태를 확인한 것으로 합니다. 답안 전송 확인 후 문제지는 감독위원에게 제출한 후 퇴실하여야 합니다.

11. 답안 전송이 완료된 경우에는 수정 또는 정정이 불가능합니다.

12. 시험 시행 후 문제 공개 및 합격자 발표는 홈페이지(www.ihd.or.kr)에서 확인하시기 바랍니다.
    1) 문제 및 정답 공개 : 20XX. XX. XX.
    2) 합격자 발표 : 20XX. XX. XX.

※ PhotoShop 프로그램을 활용하여 [문제 01], [문제 02]를 작업하시오.

문제 01 원본파일을 처리조건에 따라 결과파일로 완성하시오. (50점)

〈원본파일〉	〈결과파일〉

《 처리조건 》

▶ 다음과 같이 캔버스 크기를 변경하시오.
- 캔버스 크기[Canvas Size] ⇒ 가로(650 픽셀[Pixels])×세로(450 픽셀[Pixels])

▶ '사진1.jpg' 이미지를 불러와 기존 캔버스에 복사한 후 다음과 같이 처리하시오.
- ① ⇒ 복제 도장 도구[Clone Stamp Tool]를 이용하여 이미지 복사
- ② ⇒ 색조/채도[Hue/Saturation]를 이용하여 초록색 계열로 보정
- ③ ⇒ 색상 균형[Color Balance]을 이용하여 빨간색 계열로 보정
- 밝기 조정 ⇒ 곡선[Curves]을 이용하여 이미지 조정 (입력[Input] : 80, 출력[Output] : 110)
- 필터 효과 ⇒ 렌즈 플레어[Lens Flare]를 이용하여 필터 적용
  (명도[Brightness] : 125%, 렌즈 유형[Lens Type] : 35mm 프라임(Prime))

▶ 지시사항이 없는 경우는 기본 값을 적용하시오.

▶ 다음과 같은 규칙으로 JPG 파일과 PSD 파일을 각각 저장하시오.
- 저장위치 : 바탕화면 – KAIT – 제출파일 폴더

JPG	파일명	dic_01_수검번호(6자리)_이름.JPG	PSD	파일명	dic_01_수검번호(6자리)_이름.PSD
	이미지 크기	600×400 픽셀[Pixels]		이미지 크기	65×45 픽셀[Pixels]

(예 : 수검번호가 DIC-1908-000000인 경우 "dic_01_000000_이름.JPG"과 "dic_01_000000_이름.PSD"로 저장할 것)
(※ dic_01_000000_이름.JPG와 dic_01_000000_이름.PSD 파일 중 하나라도 누락시 "0점" 처리 됨)

문제 02 ▶ 원본파일을 처리조건에 따라 결과파일로 완성하시오. 　　　　　(80점)

〈원본파일〉	〈결과파일〉

① ←

《 처리조건 》

▶ 다음과 같이 캔버스 크기를 변경하시오.
 • 캔버스 조정 ⇒ 캔버스 크기[Canvas Size] ⇒ 가로(650 픽셀[Pixels])×세로(450 픽셀[Pixels])

▶ '사진2.jpg' 이미지를 불러와 기존 캔버스에 복사한 후 다음과 같이 처리하시오.
 • ① ⇒ 모양 도구[Shape Tool] 이용
　　　　레이어 스타일 – 선/획[Stroke] (크기 : 2px, 색상 : #006e00),
　　　　그라디언트 오버레이[Gradient Overlay] (색상 : #299100 – #fffc00)
 • "Fairy tale world" ⇒ 글꼴(Arial), 글꼴 스타일(Bold Italic), 크기(48pt), 색상(#ffff00), 앤티 앨리어싱 :
　　　　　　　선명하게[Sharp], 레이어 스타일 – 선/획[Stroke] (크기 : 5px, 색상 : #065900)
 • "동화의 세상" ⇒ 글꼴(휴먼옛체), 크기(36pt), 색상(#ffa800), 앤티 앨리어싱 : 선명하게[Sharp],
　　　　　　　레이어 스타일 – 선/획[Stroke] (크기 : 2px, 색상 : #000000)

▶ 타원 도구[Ellipse Tool]와 '사진3.jpg'를 이용하여 새로운 레이어를 생성하시오.
 • 원의 크기 ⇒ 180 px × 180 px (단, 클리핑 마스크 기능을 이용할 것)
　　　　　　　레이어 스타일 – 선/획[Stroke] (크기 : 5px, 색상 : #ffff66, 위치 : 안쪽[Inside]),
　　　　　　　그림자 효과[Drop Shadow] (혼합모드[Blend Mode] : 곱하기[Multiply], 각도[Angle] : 120°)

▶ 지시사항이 없는 경우는 기본 값을 적용하시오.

▶ 다음과 같은 규칙으로 JPG 파일과 PSD 파일을 각각 저장하시오.
 • 저장위치 : 바탕화면 – KAIT – 제출파일 폴더

JPG	파일명	dic_02_수검번호(6자리)_이름.JPG	PSD	파일명	dic_02_수검번호(6자리)_이름.PSD
	이미지 크기	600×400 픽셀[Pixels]		이미지 크기	65×45 픽셀[Pixels]

(예 : 수검번호가 DIC–1908–000000인 경우 "dic_02_000000_이름.JPG"과 "dic_02_000000_이름.PSD"로 저장할 것)

(※ dic_02_000000_이름.JPG와 dic_02_000000_이름.PSD 파일 중 하나라도 누락시 "0점" 처리 됨)

※ Gom Mix for DIAT 프로그램을 활용하여 [문제 03]을 작업하시오.

문제 03　처리조건에 따라 출력형태와 같이 완성하시오.　　　　　　　　　(70점)

《 출력형태 》

《 처리조건 》

원본 파일	이미지1.jpg, 이미지2.jpg, 이미지3.jpg, 동영상.mp4, 음악.mp3

▶ 미디어 소스의 순서를 다음과 같이 지정하시오.
　• 미디어 소스 순서 ⇒ 동영상.mp4 〉 이미지3.jpg 〉 이미지2.jpg 〉 이미지1.jpg

▶ 동영상 파일('동영상.mp4')을 다음과 같이 처리하시오.
　• 배속 : 1.5x　　　　　　　　　　　　　• 자르기 : 시작 시간(0.00), 재생 시간(15.00)
　• 이펙트 : 변환-변환(크기 : 100, 불투명도 : 50)
　• 텍스트 ⇒ 텍스트 입력 : 동화나라의 숲에서 한가롭게
　　　　　　텍스트 서식(궁서, 80pt, #1e376f), 윤곽선 설정(없음),
　　　　　　위치 설정(화면 정가운데 아래), 시작 시간(4.29), 클립 길이(9.20)
　• 재생 속도 설정 후 자르기를 하여야 하며, 잘라진 뒷부분의 동영상 및 트랙의 모든 공백을 삭제할 것
　• 원본 동영상에 포함된 오디오는 모두 음소거 할 것

▶ 이미지 파일을 다음과 같이 처리하시오.
　• '이미지3.jpg' ⇒ 이미지 클립 길이 : 6.00, 오버레이 : 후광 프레임(내부 반경 : 50),
　　　　　　　　　　클립 트랜지션 : 타원 열기(앞으로 이동, 재생 시간 : 2.00)
　• '이미지2.jpg' ⇒ 이미지 클립 길이 : 6.00, 오버레이 : 레디얼 라이트(크기 : 70),
　　　　　　　　　　클립 트랜지션 : 왼쪽으로 닦아내기(앞으로 이동, 재생 시간 : 2.00)
　• '이미지1.jpg' ⇒ 이미지 클립 길이 : 5.00, 오버레이 : 수면 아래 01(속도 : 8),
　　　　　　　　　　클립 트랜지션 : 타원 닫기(앞으로 이동, 재생 시간 : 2.00)
　• 지시사항이 없는 경우는 기본 값을 적용하시오.

▶ 다음 조건에 따라 동영상 시작 부분의 텍스트를 지정하시오.
　• 텍스트 입력 : 평화로운 숲 (Peaceful Forest)

　　텍스트 서식(궁서체, 144pt, #43b335), 윤곽선 설정(#c80000, 두께 : 20),
　　나타나기(왼쪽으로 닦아내기, 지속 시간 : 2.00), 시작 시간(0.00), 클립 길이(4.20)

▶ 다음 조건에 따라 동영상 전체에 음악 파일('음악.mp3')을 삽입하시오.
　• 시작 시간 : 0.00, 재생 시간 : 32.00, 페이드 인 : 2.10

▶ 다음과 같은 규칙으로 GMEP 파일을 프로젝트 전체 저장하시오.
　• 저장 위치 : 바탕화면 - KAIT - 제출파일 폴더

GMEP	파일명	dic_03_수검 번호(6자리)_이름.GMEP

(예 : 수검 번호가 DIC-XXXX-000000인 경우 'dic_03_000000_이름.GMEP'로 프로젝트 전체 저장할 것)
(※ dic_03_000000_이름.GMEP 파일 누락 / 프로젝트 전체 저장 이외의 기능을 이용하여 저장할 시 "0점" 처리됨)

제10회 디지털정보활용능력 최신유형 기출문제

◆ **시험과목 : 멀티미디어제작(포토샵, 곰믹스)**
◆ **시험일자 : 20XX. XX. XX (토)**
◆ **수검자 기재사항 및 감독위원 확인**

수 검 번 호	DIC – XXXX –	감독위원 확인
성 명		

수검자 유의사항

1. 수검자는 신분증을 지참하여야 시험에 응시할 수 있으며, 시험이 종료될 때까지 신분증을 제시하지 못 할 경우 해당 시험은 0점 처리됩니다.

2. 시스템(PC 작동 여부, 네트워크 상태 등)의 이상 여부를 반드시 확인하여야 하며, 시스템 이상이 있을 시 감독위원에게 조치를 받으셔야 합니다.

3. 시험 중 부주의 또는 고의로 시스템을 파손한 경우는 수검자 부담으로 합니다.

4. 답안 전송 프로그램을 통해 다운로드 받은 파일을 이용하여 답안 파일을 작성하시기 바랍니다.

5. 작성한 답안 파일은 답안 전송 프로그램을 통하여 전송됩니다. 감독위원의 지시에 따라 주시기 바랍니다.

6. 다음 사항의 경우 실격(0점) 혹은 부정행위 처리됩니다.
   1) 답안 파일을 저장하지 않았거나, 저장한 파일이 손상되었을 경우
   2) 답안 파일을 지정한 폴더(바탕화면 – "KAIT" 폴더)에 저장하지 않았을 경우
   ※ 답안 전송 프로그램 로그인 시 바탕화면에 자동 생성됨
   3) 답안 파일을 다른 보조 기억장치(USB) 혹은 네트워크(메신저, 게시판 등)로 전송할 경우
   4) 휴대용 전화기 등 통신기기를 사용할 경우

7. 【 】안의 지시사항은 PhotoShop 영문 버전용 입니다.

8. 답안은 PhotoShop과 Gom Mix for DIAT를 활용하여 작성하십시오.
   ※ PhotoShop 답안 파일의 해상도는 72 Pixels/inch로 작성하십시오.
   ※ Gom Mix for DIAT 답안 파일은 반드시 프로젝트 전체 저장으로 저장하십시오(미준수 시 0점 처리).

9. 시험지에 제시된 글꼴이 응시 프로그램에 없는 경우, 반드시 감독위원에게 해당 내용을 통보한 뒤 조치를 받아야 합니다.

10. 시험의 완료는 작성이 완료된 답안을 저장하고, 답안 전송이 완료된 상태를 확인한 것으로 합니다. 답안 전송 확인 후 문제지는 감독위원에게 제출한 후 퇴실하여야 합니다.

11. 답안 전송이 완료된 경우에는 수정 또는 정정이 불가능합니다.

12. 시험 시행 후 문제 공개 및 합격자 발표는 홈페이지(www.ihd.or.kr)에서 확인하시기 바랍니다.
   1) 문제 및 정답 공개 : 20XX. XX. XX.
   2) 합격자 발표 : 20XX. XX. XX.

※ PhotoShop 프로그램을 활용하여 [문제 01], [문제 02]를 작업하시오.

문제 01　　원본파일을 처리조건에 따라 결과파일로 완성하시오.　　　　　(50점)

〈원본파일〉	〈결과파일〉

《 처리조건 》

▶ 다음과 같이 캔버스 크기를 변경하시오.
- 캔버스 크기[Canvas Size] ⇒ 가로(650 픽셀[Pixels])×세로(450 픽셀[Pixels])

▶ '사진1.jpg' 이미지를 불러와 기존 캔버스에 복사한 후 다음과 같이 처리하시오.
- ① ⇒ 복구 브러시 도구[Healing Brush Tool]를 이용하여 이미지 제거
- ② ⇒ 색상 균형[Color Balance]을 이용하여 빨간색 계열로 보정
- ③ ⇒ 색조/채도[Hue/Saturation]를 이용하여 파란색 계열로 보정
- 밝기 조정 ⇒ 곡선[Curves]을 이용하여 이미지 조정 (입력[Input] : 80, 출력[Output]: 120)
- 필터 효과 ⇒ 그물눈[Crosshatch]를 이용하여 필터 적용
  (선 길이[Stroke Length] : 5, 선명도[Sharpness] : 2, 강도[Strength] : 1)

▶ 지시사항이 없는 경우는 기본 값을 적용하시오.

▶ 다음과 같은 규칙으로 JPG 파일과 PSD 파일을 각각 저장하시오.
- 저장위치 : 바탕화면 – KAIT – 제출파일 폴더

JPG	파일명	dic_01_수검번호(6자리)_이름.JPG	PSD	파일명	dic_01_수검번호(6자리)_이름.PSD
	이미지 크기	600×400 픽셀[Pixels]		이미지 크기	65×45 픽셀[Pixels]

(예 : 수검번호가 DIC–1908–000000인 경우 "dic_01_000000_이름.JPG"과 "dic_01_000000_이름.PSD"로 저장할 것)

(※ dic_01_000000_이름.JPG와 dic_01_000000_이름.PSD 파일 중 하나라도 누락시 "0점" 처리 됨)

문제 02　원본파일을 처리조건에 따라 결과파일로 완성하시오.　　　　　(80점)

〈원본파일〉	〈결과파일〉

《 처리조건 》

▶ 다음과 같이 캔버스 크기를 변경하시오.
  • 캔버스 조정 ⇒ 캔버스 크기[Canvas Size] ⇒ 가로(650 픽셀[Pixels]) × 세로(450 픽셀[Pixels])

▶ ① ⇒ 모양 도구[Shape Tool] 이용
  　레이어 스타일 – 선/획[Stroke] (크기 : 2px, 색상 : #003067),
  　그라디언트 오버레이[Gradient Overlay] (색상 : #0083d6 – #eaff00)
  • "Steam Engine" ⇒ 글꼴(Arial), 글꼴 스타일(Bold Italic), 크기(48pt), 색상(#009933), 앤티 앨리어싱 :
  　　　　　선명하게[Sharp], 레이어 스타일 – 선/획[Stroke] (크기 : 5px, 색상 : #ffffff)
  • "증기 기관" ⇒ 글꼴(궁서체), 크기(36pt), 색상(#fff600), 앤티 앨리어싱 : 선명하게[Sharp],
  　　　　　레이어 스타일 – 선/획[Stroke] (크기 : 2px, 색상 : #724b1e)

▶ 타원 도구[Ellipse Tool]와 '사진3.jpg'를 이용하여 새로운 레이어를 생성하시오.
  • 원의 크기 ⇒ 180 px × 180 px (단, 클리핑 마스크 기능을 이용할 것)
  　　　　레이어 스타일 – 선/획[Stroke] (크기 : 5px, 색상 : #ffae00, 위치 : 안쪽[Inside]),
  　　　　그림자 효과[Drop Shadow] (혼합모드[Blend Mode] : 곱하기[Multiply], 각도[Angle] : 120°)

▶ 지시사항이 없는 경우는 기본 값을 적용하시오.

▶ 다음과 같은 규칙으로 JPG 파일과 PSD 파일을 각각 저장하시오.
  • 저장위치 : 바탕화면 – KAIT – 제출파일 폴더

JPG	파일명	dic_02_수검번호(6자리)_이름.JPG	PSD	파일명	dic_02_수검번호(6자리)_이름.PSD
	이미지 크기	600×400 픽셀[Pixels]		이미지 크기	65×45 픽셀[Pixels]

(예 : 수검번호가 DIC–1908–000000인 경우 "dic_02_000000_이름.JPG"과 "dic_02_000000_이름.PSD"로 저장할 것)
(※ dic_02_000000_이름.JPG와 dic_02_000000_이름.PSD 파일 중 하나라도 누락시 "0점" 처리 됨)

※ Gom Mix for DIAT 프로그램을 활용하여 [문제 03]을 작업하시오.

문제 03　처리조건에 따라 출력형태와 같이 완성하시오.　(70점)

《 출력형태 》

《 처리조건 》

원본 파일	이미지1.jpg, 이미지2.jpg, 이미지3.jpg, 동영상.mp4, 음악.mp3

▶ 미디어 소스의 순서를 다음과 같이 지정하시오.
　• 미디어 소스 순서 ⇒ 동영상.mp4 〉 이미지3.jpg 〉 이미지2.jpg 〉 이미지1.jpg

▶ 동영상 파일('동영상.mp4')을 다음과 같이 처리하시오.
　• 배속 : 1.5x　　　　　　　　　　　　　• 자르기 : 시작 시간(0.00), 재생 시간(15.20)
　• 이펙트 : 변환-노이즈 페이드(나타나는 : 3.0, 사라지는 : 3.0)
　• 텍스트 ⇒ 텍스트 입력 :　칙칙폭폭 칙칙폭폭
　　　　　　　　텍스트 서식(돋움체, 88pt, #48007d), 윤곽선 설정(없음),
　　　　　　　　위치 설정(화면 정가운데 아래), 시작 시간(5.20), 클립 길이(8.20)
　• 재생 속도 설정 후 자르기를 하여야 하며, 잘라진 뒷부분의 동영상 및 트랙의 모든 공백을 삭제할 것
　• 원본 동영상에 포함된 오디오는 모두 음소거 할 것

▶ 이미지 파일을 다음과 같이 처리하시오.
　• '이미지3.jpg' ⇒ 이미지 클립 길이 : 6.00, 오버레이 : 비누 방울(크기 : 7),
　　　　　　　　　　　클립 트랜지션 : 디졸브(오버랩, 재생 시간 : 2.00)
　• '이미지2.jpg' ⇒ 이미지 클립 길이 : 6.00, 오버레이 : 불꽃 스파크(속도 : 8),
　　　　　　　　　　　클립 트랜지션 : 위로 밀기(오버랩, 재생 시간 : 2.00)
　• '이미지1.jpg' ⇒ 이미지 클립 길이 : 5.00, 오버레이 : 영롱한(속도 : 7),
　　　　　　　　　　　클립 트랜지션 : 문 닫기(앞으로 이동, 재생 시간 : 2.00)
　• 지시사항이 없는 경우는 기본 값을 적용하시오.

▶ 다음 조건에 따라 동영상 시작 부분의 텍스트를 지정하시오.
　• 텍스트 입력 :　증기로 움직이는 기계
　　　　　　　　　(Steam-operated Machines)

　텍스트 서식(돋움, 132pt, #bcebf7), 윤곽선 설정(#2d7e22, 두께 : 20),
　나타나기(클립 오른쪽에서 나타나기, 지속 시간 : 3.00), 시작 시간(0.00), 클립 길이(4.25)

▶ 다음 조건에 따라 동영상 전체에 음악 파일('음악.mp3')을 삽입하시오.
　• 시작 시간 : 0.00, 재생 시간 : 32.19, 페이드 아웃 : 2.10

▶ 다음과 같은 규칙으로 GMEP 파일을 프로젝트 전체 저장하시오.
　• 저장 위치 : 바탕화면 - KAIT - 제출파일 폴더

GMEP	파일명	dic_03_수검 번호(6자리)_이름.GMEP

(예 : 수검 번호가 DIC-XXXX-000000인 경우 'dic_03_000000_이름.GMEP'로 프로젝트 전체 저장할 것)

(※ dic_03_000000_이름.GMEP 파일 누락 / 프로젝트 전체 저장 이외의 기능을 이용하여 저장할 시 "0점" 처리됨)

MEMO

DIAT